Christian Hiller von Gaertringen

DIE NEUORDNUNG DER WELT

DIE NEUORDNUNG DER WELT

Der Aufstieg der Schwellenländer und die Arroganz des Westens

Christian Hiller von Gaertringen

Bibliografische Information der Deutschen Nationalbibliothek:
Die Deutsche Nationalbibliothek verzeichnet diese Publikation in der Deutschen Nationalbibliografie. Detaillierte bibliografische Daten sind im Internet über http://dnb.d-nb.de abrufbar.

Für Fragen und Anregungen:
info@finanzbuchverlag.de

2., aktualisierte Auflage 2023

Türkenstraße 89
80799 München
Tel.: 089 651285-0
Fax: 089 652096

Redaktion: Daniel Bussenius
Korrektorat: Anke Schenker
Umschlaggestaltung: Pamela Machleidt
Umschlagabbildung: shutterstock/Triff
Satz: Daniel Förster
Druck: GGP Media GmbH, Pößneck
Printed in Germany

ISBN Print 978-3-95972-648-1
ISBN E-Book (PDF) 978-3-98609-243-6
ISBN E-Book (EPUB, Mobi) 978-3-98609-242-9

Weitere Informationen zum Verlag finden Sie unter

www.finanzbuchverlag.de

Beachten Sie auch unsere weiteren Verlage unter www.m-vg.de.

INHALT

EINLEITUNG

Wie der Westen nach dem Fall der Berliner Mauer die Welt beherrschen wollte – und die einstigen Billiglohnländer selbst zu starken Wirtschaftsnationen aufstiegen.

Mehr als 30 Jahre lang hat der Westen in der Überzeugung gelebt, die beste aller Staatsformen hervorgebracht zu haben. Der Fall der Berliner Mauer am 9. November 1989 galt zugleich als der Triumph des westlich geprägten Liberalismus über den Kommunismus, der mehr als 40 Jahre lang die größte Herausforderung des Kapitalismus dargestellt hatte. Von da an sollte der Glauben an die Vorteile einer globalen Arbeitsteilung herrschen. Damit meinte der Westen eine neue Weltordnung, in der er selbst oben steht und die Welt technisch, wirtschaftlich und ethisch dominiert, während die ärmeren Länder ihm mit billigen Arbeitskräften zuarbeiten sollten. Der Zerfall der Sowjetunion 1991 unterstrich für die reichen Nationen in Europa und Nordamerika die Überlegenheit ihrer Werte und ihres Systems.

Drei Jahre nach dem Fall der Berliner Mauer veröffentlichte der amerikanische Politikwissenschaftler Francis Fukuyama das Manifest des neuen Zeitalters der liberalen Globalisierung: *The End of History and the Last Man* hieß das Credo der neuen Zeit.[1] Nach dem Zusammenbruch der Sowjetunion, so Fukuyamas These, würden sich überall auf der Welt Demokratie und Marktwirtschaft durchsetzen. Mit dem Sieg des liberalen Politik- und

Wirtschaftsmodells würde die Globalisierung die Konkurrenz der gesellschaftlichen Ordnungsmodelle beenden. Fukuyama sollte der Vordenker dieser neuen Weltordnung sein, der die Überlegenheit Europas und Nordamerikas auf alle Ewigkeit festschreiben wollte.

In der Tat folgte auf den Fall des Eisernen Vorhangs die lange Ära einer relativ friedlichen Globalisierung. Unternehmen im Westen begannen, ihre Produktion ins Ausland zu verlagern und weniger im Inland zu produzieren. Schon in den Jahrzehnten davor hatten westliche Unternehmen begonnen, lohnintensive Fertigung in Länder mit niedrigen Löhnen zu verlagern. Mit der Globalisierung erreichte dieser Trend eine neue Qualität: Die westlichen Unternehmen integrierten die Fertigungsstätten in den Schwellenländern vollständig in ihre Wertschöpfungskette. Deutsche Autos und deutsche Maschinen wurden zunehmend in Osteuropa oder in Ostasien gebaut. »Made in Germany«, jahrzehntelang das Markenzeichen deutscher Wertarbeit, verblasste angesichts der Tatsache, dass die Produkte deutscher Ingenieurskunst zunehmend im Ausland hergestellt wurden. Gleichzeitig machte sich der Westen zunehmend von der Lieferung wichtiger Vorprodukte aus China und den Schwellenländern abhängig. Dies bekamen amerikanische und europäische Unternehmen im Laufe der Corona-Pandemie schmerzhaft zu spüren, als die Lieferung von Computerchips und anderen wichtigen Komponenten empfindlich gestört war.

Die Globalisierung sollte ungeahnten Wohlstand für breite Massen in der gesamten Welt bringen. Die Schwellenländer in Asien und Afrika sollten nicht mehr ausschließlich Billiglohnproduzenten sein, sondern in die Wertschöpfungskette der reichen Nationen eingebunden werden und am steigenden Wohlstand auf der Welt teilhaben. Dennoch war die Arbeitsteilung in den Augen der multinationalen Konzerne festgeschrieben: Den Schwellenländern war die Rolle des Zuarbeiters zugewiesen. Die westlichen Unternehmen lagerten Tausende von Arbeitsplätzen in die neuen aufstrebenden Länder aus. Diese Verlagerung von Arbeitsplätzen traf nicht nur die Arbeiter am Fließband. Der Frankfurter Maschinenbauer Lurgi beschloss etwa 1997, circa 400 Ingenieure in Deutschland zu entlassen und ihre Arbeitsplätze nach Polen und Indien zu verlagern.[2] Zur Begründung hieß es, in Deutschland koste eine Ingenieurstunde 200 bis 300 D-Mark (rund 102 bis 153 Euro), in Polen oder Indien 30 bis 60 D-Mark (rund 15 bis 30 Euro).

Der Westen strotzte in dieser Zeit nur so vor Selbstbewusstsein, waren die Protagonisten der Globalisierung doch davon überzeugt, mit den Werten des Westens der Welt Freiheit, Glück und Wohlstand für alle zu bringen. Ein dauerhaft hohes Wirtschaftswachstum sollte dafür sorgen, dass alle an den Wohlstandsgewinnen teilhaben.

Heute wissen wir, dass wir das Zeitalter der Geschichtslosigkeit noch lange nicht erreicht haben und dass der Westen für seine Überheblichkeit der 1990er-Jahre heute einen hohen Preis bezahlt. In Afghanistan ist der Versuch, ein westliches Wirtschafts- und Politikmodell einzuführen, genauso gescheitert wie im Irak. Und am Donnerstag, dem 24. Februar 2022, ist schließlich der russische Staatspräsident Wladimir Putin mit dem Einmarsch in die Ukraine in einen offenen Konflikt zum Westen gegangen. Mit diesem Krieg wurde allerdings auch offenbar, wie schwach die russische Armee tatsächlich aufgestellt ist und dass Russland unter Putin nicht zu den wirtschaftlichen Gewinnern der Neuordnung der Welt aufgestiegen ist.

Und doch kann der Westen nicht mehr übersehen, wie sich die Schwellenländer neu formieren. Dabei begeben sie sich nicht unbedingt in Opposition zum Westen, aber eindeutig haben sie damit begonnen, ihre eigenen Allianzen zu bilden unabhängig von den Institutionen, wie sie der Westen nach dem Zweiten Weltkrieg für die damalige Neuordnung der Welt entworfen hat.

Im Februar 2023 schreckte im Westen viele Menschen die Nachricht auf, dass Südafrika vor seiner Küste ein Marinemanöver gemeinsam mit Streitkräften aus Russland und China abhielt. Ein starkes Zeichen in einem Augenblick, in dem der Westen erfolglos versuchte, Schwellenländer wie Südafrika, Indien oder Brasilien dazu bringen, seine Verurteilung Russlands im Ukraine-Krieg zu unterstützen. Anstatt dass sich diese Länder dem Westen anschließen, gerät die Vereinigung der BRICS-Staaten, mit der wir uns noch eingehender befassen werden, wieder verstärkt in den Fokus. Das Kürzel steht für die Ländergruppe Brasilien, Russland, Indien, China, Südafrika. Es war in den vergangenen Jahren in Vergessenheit geraten – bis zum russischen Einmarsch in die Ukraine. Um die BRICS-Staaten herum könnte eine neue Allianz von Schwellenländern entstehen und weit über eine wirtschaftliche Zusammenarbeit hinaus viele andere Bereiche, auch eine militärische Kooperation, umfassen. Auch soll die Gruppe erweitert werden. Argentinien, der Iran und Algerien haben angeblich schon Interesse gezeigt, sich den BRICS-Staaten anzuschließen.[3]

Die Welt teilt sich neu. Auf der einen Seite steht wie zu Zeiten des Kalten Krieges der Westen. Westeuropa und Nordamerika sind trotz aller Unterschiede nach wie vor durch eine gemeinsame Sicht auf die Welt geeint, durch gemeinsame Werte, die auf den individuellen Freiheiten beruhen, wie die beiden Regionen sie zur Zeit der Aufklärung definiert haben. Der Westen ist zudem davon überzeugt, dass eine liberale Wirtschaftsordnung, die auf Marktwirtschaft und privatem Unternehmertum gründet, die beste denkbare Wirtschaftsordnung darstellt.

Auf der anderen Seite steht nicht mehr der von Moskau dominierte Ostblock, sondern die große Zahl der Schwellenländer, die sich von Osteuropa über Zentralasien, Südasien, Ostasien, Südostasien, Afrika bis nach Lateinamerika erstreckt. Es handelt sich um eine Vielzahl von Ländern, die ganz unterschiedliche

Ansichten vertreten, autoritäre Regime, liberale Staaten, pluralistisch und kollektiv geprägte Länder, die aber heute eine weitaus größere Dynamik eint, als sie der Westen erreicht. Um den Unterschied zum alten Ost-West-Konflikt deutlich zu machen, wird die Welt heute von den Beziehungen zwischen Westeuropa und Nordamerika auf der einen Seite und den Schwellenländern mit hohem Wirtschaftswachstum auf der anderen Seite geprägt. Dabei teilt sich die Welt jedoch nicht mehr einheitlich in Blöcke wie zu Zeiten des Ost-West-Konflikts. Vielmehr sind gerade in den Schwellenländern die wirtschaftlichen, politischen, kulturellen und gesellschaftlichen Unterschiede so groß, dass diese trotz vieler Gemeinsamkeiten keine einheitliche Gruppe bilden.

Ein Fakt jedoch liegt heute offen da: Der Rest der Welt will sich ganz offensichtlich nicht der Ordnung fügen, wie sie der Westen in seinem patriarchalischen Großmut für die aufstrebenden Schwellenländer entworfen hat. Denn auch wenn die Interessen zwischen den USA und Europa nicht immer gleichgerichtet sind, so beruht doch die Weltordnung, wie sie nach dem Zweiten Weltkrieg entworfen wurde, auf einem Konsens zwischen den USA und den westeuropäischen Siegermächten Großbritannien und Frankreich.

Als Joe Biden Anfang 2021 die Nachfolge des US-amerikanischen Präsidenten Donald Trump antrat, wollte er für ein anderes Amerika und eine andere Weltordnung als sein Vorgänger stehen. Verbindlicher im Ton, verlässlicher in seiner Politik, sozialer gegenüber Bedürftigen, freundlicher gegenüber Amerikas Verbündeten. Doch in einem Punkt zeigte sich eine erstaunliche Kontinuität. Biden präsentierte sich gegenüber China genauso unnachgiebig wie Donald Trump. So lag auch der provokante Besuch von Nancy Pelosi, der Sprecherin des Repräsentantenhauses, Anfang August 2022 in Taiwan ganz auf der Linie des Weißen Hauses, eine direkte diplomatische Konfrontation mit China nicht mehr zu scheuen.

Der Konflikt zwischen der alternden Großmacht, den USA, und der aufstrebenden neuen Macht, China, scheint vielen politischen Beobachtern der dominierende Konflikt des 21. Jahrhunderts zu sein. Vor allem in wirtschaftlicher Hinsicht ist China dabei, die USA als das Kraftzentrum der Welt abzulösen. Welche Schlussfolgerung liegt auch näher, wenn man sich anschaut, wie rasch es China gelungen ist, von einem verarmten Bauernstaat zu einer führenden Technologienation aufzusteigen? Weniger als 40 Jahre hat China für diese Umwälzung benötigt und dabei in wenigen Jahren im Eiltempo sämtliche Etappen eines aufstrebenden Entwicklungslandes durchlaufen. Anfangs produzierte China billige Massenware, heute ist es das Weltzentrum für Künstliche Intelligenz, Digitalisierung und das Internet der Dinge, mit dessen Hilfe sich Maschinen selbstständig vernetzen und sich eigenständig steuern.

Anstatt im Ende der Geschichte zu schwelgen, befinden wir uns in einer Welt, in der sich Krisen und Konflikte – vom rapide voranschreitenden Klimawandel bis zu den neuen geopolitischen Herausforderungen – häufen wie seit dem Ende des Zweiten Weltkriegs nicht mehr. Der islamistische Terror, Chinas härterer Kurs, der Aufstieg der Autokraten in vielen Ländern, selbst in Europa, und nun auch Putins Krieg gegen die Ukraine stellen das Entwicklungsmodell des Westens der vergangenen 30 Jahre grundlegend infrage. Was ist geschehen? Warum hat sich das westliche Modell, das Freiheit und Wohlstand verspricht, nicht durchgesetzt? Warum haben sich Fukuyama und all diejenigen, die an den Siegeszug des westlichen liberalen Modells der Globalisierung glaubten, so grundlegend geirrt?

Es wäre jedoch verkürzt, die großen Umwälzungen, die unsere Welt verändern, auf einen Konflikt zwischen dem Westen, allen voran die USA, und China reduzieren zu wollen. Der Aufstieg Chinas scheint uns den Blick darauf zu verstellen, dass allerorten einst rückständige Länder nach einem Platz ganz oben in der

Weltordnung streben. Indien, Vietnam, Bangladesch, Nigeria, Kenia, Pakistan, Brasilien, Mexiko, lange Zeit die Türkei oder auch Ägypten haben nicht ganz so spektakuläre Wirtschaftserfolge vorzuweisen wie China. Doch auch diese Länder befinden sich in einem lang anhaltenden Aufschwung, den wenige noch zu Beginn dieses dritten Jahrtausends unserer Zeitrechnung für möglich gehalten hätten.

Die Gewichte auf der Welt verschieben sich. Jene Mächte, die in den Jahren nach dem Zweiten Weltkrieg eine Weltordnung schufen, verlieren, relativ gesehen, an Gewicht. Sie wachsen nicht mehr so schnell wie die aufstrebenden Länder, sodass der Abstand zwischen den entwickelten Ländern und den ehemaligen Entwicklungsländern schrumpft.

»Die Welt wird erzittern«

Was die Wirtschaftsleistung betrifft, so liegt China mit einem Bruttoinlandsprodukt von knapp 25 Billionen Dollar jährlich nach Kaufkraftparität, also nach Ausschluss der Wirkung von Wechselkursen, weltweit auf dem 1. Rang. Die USA folgen knapp mit rund 23 Billionen Dollar. Sicher, auf die Einwohner umgerechnet liegt China noch deutlich zurück: Knapp 17.000 Dollar je Einwohner nach Kaufkraftparität erreicht China, während jeder Amerikaner auf eine jährliche Wirtschaftsleistung von durchschnittlich 65.000 Dollar kommt. Doch auch in diesem Punkt wird China rasch aufholen, falls es der Regierung gelingt, das Wirtschaftswachstum von den boomenden Küstenregionen weiter ins Landesinnere zu tragen. Denn China folgt in diesem Punkt dem Westen: Angesichts einer schrumpfenden Bevölkerung – eine verheerende Folge der jahrelang verfolgten Politik, jeder Familie nur ein Kind zuzugestehen – ist China dabei, immer mehr Lohnfertigung in Billiglohnländer auszulagern. Zunächst wanderten diese Arbeitsplätze vor allem nach Südostasien, nach Malaysia, Vietnam, auf die Philippinen und nach Indonesien. Heute werden viele Fabriken auch nach Afrika ausgelagert, beispielsweise nach Äthiopien.

Wer hätte diesen rasanten Aufstieg Chinas vor 40 oder 50 Jahren für möglich gehalten? »Wenn sich China erhebt ... wird die Welt erzittern« lautete schon im Jahr 1973 die Überschrift eines berühmten Essays des französischen Politikers und Mitglieds der Académie Française Alain Peyrefitte. Mit diesem Titel bezog er sich auf eine Aussage, die ursprünglich Napoleon Bonaparte zugeschrieben wurde. Er soll zu Beginn des 19. Jahrhunderts gesagt haben: »Lasst China doch schlafen, denn wenn China sich erhebt, wird die Welt erzittern.« Die Aussage ist nicht verbürgt. Doch wie so vieles in der Geschichte, klingt diese Prophezeiung so schön, dass man sie gerne für wahr halten möchte.

Peyrefitte stellte Anfang der 1970er-Jahre eine für die damalige Zeit gewagte These auf, die heftige Kontroversen weit über die Grenzen Frankreichs hinaus auslöste. Denn damals knechtete Chinas Machthaber Mao Zedong das Land noch mit eiserner Hand und drangsalierte seine Bevölkerung mit der Kulturrevolution, die China unwiderruflich auf den Weg des Kommunismus führen sollte. Die Kulturrevolution stürzte das Land in Leid, Angst und furchtbare Hungerkrisen. Millionen Menschen wurden verschleppt, inhaftiert, in Lagern gefoltert und ermordet. Die Kulturrevolution, deren Ende erst 1976 – im Jahr von Maos Tod – beschlossen wurde, warf das Land wirtschaftlich um Jahrzehnte zurück. Mao war ein erfolgreicher Revolutionsführer im Chinesischen Bürgerkrieg, doch er war kein Führer für den Frieden.

Inmitten des Leids, das Mao über China brachte, erkannte Peyrefitte schon vor der ersten Ölpreiskrise, die im Jahr 1973 den Westen erschütterte, wie sich die Gewichte in der Welt von den damaligen Industriestaaten weg in Richtung China verlagern könnten. So wie Peyrefitte über die aktuelle Situation hinweg versucht hat, mit klarem, unbestechlichem Blick das Potenzial Chinas zu erkennen, so sollten auch wir versuchen, nüchtern und rational zu sehen, wie sich unsere Welt verändert und zu welchen Entwicklungen die Schwellenländer im Süden imstande sind. Dazu soll dieses Buch beitragen. »Schreiben, was ist«, hatte der Gründer des Nachrichtenmagazins *Der Spiegel*, Rudolf Augstein, seinen Redakteuren als Richtschnur vorgegeben. Daran wollen auch wir uns halten.

Der unterentwickelte Westen

Schon die Art, wie wir die Welt einteilen, wird zunehmend strittig. Da stellen wir auf die eine Seite die »Industrienationen«. Damit sind vor allem die USA, Kanada, Westeuropa, Japan, Australien und Neuseeland gemeint. Dabei sind diese Länder seit mindestens 40, 50 Jahren vor allem mit ihrer Deindustrialisierung beschäftigt, mit dem Wandel von einer Wirtschaft, die auf der Schwerindustrie basiert, hin zu einer Wirtschaft, die von Dienstleistungen und von der Fähigkeit, neue Produkte zu erdenken, geprägt ist. Für diese Ländergruppe wird auch gerne der Begriff »entwickelte Länder« verwendet – als wäre die Entwicklung in Europa und Nordamerika abgeschlossen. Das Gegenteil ist der Fall: In vielen Bereichen sind wir unterentwickelt, nicht nur im Klimaschutz, sondern auch in der Digitalisierung, wie Millionen Schulkinder in Deutschland während der Covid-19-Pandemie schmerzlich erleben mussten. Auch in anderen digitalen Bereichen wie der Künstlichen Intelligenz, der Vernetzung von Maschinen und Geräten, der Telemedizin, der Entwicklung von 5G-Mobilfunk oder Hochgeschwindigkeitszügen ist Europa im Vergleich zu Japan, Singapur oder China unterentwickelt.

Der Rest der Welt wurde lange Zeit als »Dritte Welt« bezeichnet. Ursprünglich war »Dritte Welt« ein Kampfbegriff der Bewegung, die gegen den Kolonialismus kämpfte. Der französische Demograph Alfred Sauvy prägte diesen Begriff im Jahr 1952 in einem Artikel für die französische Zeitung *L'Observateur*. Sauvy gab dem Begriff zwei Bedeutungen: Zum einen wollte er damit zum Ausdruck bringen, dass es neben dem kapitalistischen Westen und dem kommunistischen Ostblock eine andere, eine dritte Welt gebe. Zum anderen verwendete Sauvy den Begriff »Dritte Welt« in Anlehnung an den »Dritten Stand«, wie es ihn vor der Französischen Revolution gab – in Abgrenzung zu den Kirchenvertretern, dem Ersten Stand, und dem Adel, dem Zweiten Stand. »Diese Dritte Welt, missachtet, ausgebeutet, verachtet ... will auch etwas gelten«, schrieb Sauvy.[4] Mit der Zeit wurde der Begriff »Dritte Welt« politisch unbeliebt, da sich die Meinung durchsetzte, er könne eine Rangfolge innerhalb der Staatengemeinschaft gedanklich zementieren, er stehe also genau für das, wogegen Sauvy diesen Begriff prägte.

Heute sprechen wir vor allem von Schwellenländern, einem Begriff, den viele Organisationen wie die Weltbank, der Internationale Währungsfonds (IWF) oder die Europäische Union verwenden. Er bezeichnet Länder, die an der Schwelle, am Übergang von einem Entwicklungsland zu einer entwickelten Wirtschaft stehen. Allerdings umfasst dieser Begriff je nach Autor oder Institution andere Länder und unterschiedliche Entwicklungsstufen. Die Weltbank kommt auf 55 Schwellenländer und zählt beispielsweise Südafrika, Mexiko, Brasilien, Malaysia, Russland, die Ukraine und die Türkei dazu. Der IWF kommt auf 150 Schwellenländer und hat, anders als die Weltbank, auch Pakistan, die Philippinen, Thailand, China und Äthiopien auf seiner Liste. Dabei liegen zwischen der wirtschaftlichen Entwicklung Chinas und Äthiopiens Welten. Südkorea oder Israel gelten in vielen Klassifizierungen als Schwellenland. Der amerikanische

Anbieter von Indizes auf Finanzinstrumente MSCI hat Südkorea aus seinem Aktienindex »Emerging Markets« herausgenommen und zu den entwickelten Ländern hochgestuft.

Daneben gibt es viele andere Begriffe für diese aufstrebenden Länder. In den 1990er-Jahren war viel von den »Tigerstaaten« die Rede, von den schnell wachsenden Ländern in Asien wie Südkorea, Singapur, Taiwan und Hongkong, später auch Malaysia, Thailand, Indonesien und die Philippinen. Später setzten die »Löwenstaaten« zum Sprung ins öffentliche Bewusstsein an, als Bezeichnung für Afrikas Wachstumszentren Kenia, Nigeria und Südafrika.

Im Jahr 2001 kam der Begriff der BRIC-Staaten in Mode, ein Kunstwort für die vier Länder Brasilien, Russland, Indien und China. Der damalige Chefökonom der amerikanischen Investmentbank Goldman Sachs, Jim O'Neill, prägte ihn. Aus den BRIC-Staaten wurden die BRICS, als einige Jahre später Südafrika dazugezählt wurde. Diese Ländergruppe konnte kaum unterschiedlicher sein. Doch es war ihnen angeblich gemein, dass sie schneller als die entwickelten Staaten des Westens wachsen und Finanzinvestoren deshalb besonders interessante Anlagemöglichkeiten bieten. Heute spricht kaum noch jemand von BRIC oder BRICS. Russland lebt nach wie vor hauptsächlich von der Ausbeutung seiner Rohstoffe. Brasilien wie auch Südafrika sind in einem Sumpf aus politischer Inkompetenz, grenzenloser Gier ihrer Politiker und Korruption politisch und wirtschaftlich gefangen. Und China litt in den Jahren 2020 bis 2022 unter den wirtschaftlichen Folgen einer immer härteren Null-Covid-Politik. Immerhin hatte das Konzept der BRIC-Staaten den Vorteil, den Blick der Europäer und Amerikaner auf jene Länder zu lenken, die ihnen mit hohen Wachstumsraten enteilten.

Gleichgültig, welcher Begriff gewählt wird, sie alle unterstellen, dass es Länder gibt, die jahrelang in einer Art Dornröschenschlaf gelebt haben und dann plötzlich wie von Zauberhand auferstehen und wirtschaftlich in einem Märchenland landen. Die Wirklichkeit ist weniger feenhaft. Ein hohes Wirtschaftswachstum, über Jahre hinweg durchgehalten, ist in der Regel mit heftigen sozialen Umwälzungen verbunden, die zumindest anfangs viele Verlierer und wenige Gewinner hervorrufen. Millionen entwurzelter Menschen müssen in die Städte ziehen, unter elendiglichen Bedingungen leben, mit Hungerlöhnen ihre Familien durchbringen und darauf hoffen, dass es wenigstens ihren Kindern vergönnt sein wird, zu guter Bildung, einem vielversprechenden Job und Wohlstand zu kommen.

Gemeinsam sind den Schwellenländern – bleiben wir bei diesem Begriff – hohe Wachstumsraten, eine rasche Urbanisierung, eine gewisse Industrialisierung und eine soziale Ungleichheit, die häufig genauso rasch wie die und oft sogar schneller als die Wirtschaftsleistung wächst.

Fliegende Gänse

In der amerikanischen Vorstellung herrscht der Begriff des »take off« vor – die wirtschaftliche Entwicklung eines Landes könne abheben wie ein Flugzeug. Asiaten greifen lieber auf das Bild der Fluggänse zurück, wie es der japanische Ökonom Akamatsu Kaname geprägt hat: Ein Land – zuerst Japan, dann China – muss voranfliegen und die anderen Gänse führen, die weniger entwickelten Länder, die nicht die Kraft haben, um an der Spitze der Formation gegen den Wind zu fliegen. Dank der führenden Gans werden die hinterherfliegenden Gänse wirtschaftlich genauso erfolgreich wie die Fluggans an der Spitze der Formation. Diese Vorstellung prägt stark die chinesische Rhetorik über das gigantische Infrastrukturprojekt der Neuen Seidenstraße.

Das Bild von Ländern, die an der Schwelle zur Industrialisierung und einer hohen Wirtschaftsdynamik stehen, hat den

Vorzug, besonders eingängig zu sein. Doch wie jedes Bild verstellt auch dieses Bild den Blick auf andere Aspekte. Dieses Bild unterstellt, dass Länder einen vorgezeichneten Entwicklungsweg gehen, von der Agrarwirtschaft zum Industriestaat und von dort zur Dienstleistungsgesellschaft. Doch das ist immer weniger der Fall. Viele Schwellenländer stehen an der Schwelle vom verarmten Agrarland zum hochtechnologischen IT-Staat, ohne dass sie jemals die Phase der Industrialisierung durchlaufen hätten.

Auch weckt der Begriff »Schwellenländer« die Vorstellung, es handele sich hier um eine einheitliche Gruppe von Ländern mit gleichen politischen, kulturellen, sozialen und wirtschaftlichen Merkmalen. Und wie im Bild von der Formation der Fluggänse sei China die Führungsgans, die alle anderen Schwellenländer mit sich nach vorne ziehe. Dies verleitete Justin Leverenz, Aktienfondsmanager für Schwellenländer bei der amerikanischen Fondsgesellschaft Invesco, gar zu der Aussage, dass Schwellenländer in den Augen der großen Investoren an den Finanzmärkten zunehmend »China plus der Rest« seien, sowohl in Bezug auf die relative Größe des Aktienmarktes als auch auf die Auswirkungen der chinesischen Wirtschaft auf die restlichen Schwellenländer.

Auch wenn es richtig ist, dass der Fokus seit Jahren auf China liegt, so wäre es verfehlt, die Veränderungen, die zu neuen Kräfteverhältnissen in der Weltwirtschaft führen werden, auf den Aufstieg Chinas zu verkürzen. Ohne die rasche Entwicklung in den anderen Schwellenländern hätte China als einsame Fluggans allein am weiten Himmel nicht den Aufstieg erleben können, den das Land unbestritten erreicht hat. Auch sind die Unterschiede zwischen Schwellenländern wie Brasilien, Russland oder Nigeria so groß, dass weder von einer Einheitlichkeit unter den Schwellenländern die Rede sein kann, noch davon, dass sich ihre Entwicklungsmodelle an China ausrichteten. In vielen Schwellenländern ist der Einfluss Chinas denkbar gering.

Die Neue Seidenstraße ist auf der einen Seite mit Sicherheit ein geoökonomisches Projekt, mit dem China seinen Einfluss auf die Weltpolitik vergrößern und seine Handelswege nach Westen verlängern will. Auf der anderen Seite ist es aber mit Sicherheit auch der Versuch, erst noch einen politischen Einfluss zu erhalten, den China bisher nicht hat – nicht nur auf europäische Länder wie Griechenland, Polen, Portugal oder Deutschland, sondern auch auf Regionen und Länder, die an den großen Seestraßen liegen wie Sri Lanka, Ostafrika, südliches Afrika, Westafrika.

Getragen wurde der neue Aufstieg Chinas zu einer angehenden Weltmacht von einer in der Geschichte wohl einmaligen Wirtschaftsdynamik. 30 Jahre lang erreichte das Land beeindruckende Wachstumsraten von 8 bis 10 Prozent jährlich. Doch in der Zwischenzeit sind sie auf rund die Hälfte gesunken. Sicher, die 5 bis 7 Prozent, die China jetzt ausweist, sind immer noch zwei- bis dreimal so hoch wie das Wirtschaftswachstum in Deutschland. Doch das Wirtschaftswachstum in China wird sich zwangsweise normalisieren. Dies wird allein schon eine Folge der schrumpfenden Bevölkerung sein, eine Folge der jahrzehntelang brutal durchgesetzten Ein-Kind-Politik, die das Land erst in jüngster Zeit lockert. Auch wenn chinesischen Familien in Zukunft wieder mehr Kinder gestattet werden, werden die Nachwirkungen der Ein-Kind-Politik, die mehr Jungs als Mädchen hervorbrachte, gravierende demographische Veränderungen bringen. Die Regierung wird nicht mehr verhindern können, dass sich China auf dem Weg zu einer überalterten und schrumpfenden Gesellschaft befindet. Diese wird – wie wir es in Europa schon erleben – nicht mehr von der Dynamik einer jugendlichen Bevölkerung vorangetrieben, sondern mehr und mehr von Besitzstandsdenken geprägt sein. Alternde Bevölkerungen verlieren an Dynamik. Einkommen wird in alternden Bevölkerungen weniger wichtig als Vermögen.

Chinesisches Zeitalter?

Überalterte Gesellschaften wie China (und auch Deutschland) müssen einen immer größeren Teil der volkswirtschaftlichen Wohlstandsgewinne für die Versorgung der älteren Bevölkerung aufwenden. Gleichzeitig wird in China – wie auch in Deutschland – das Angebot an Arbeitskraft abnehmen. Wie Deutschland auch hat China in den vergangenen Jahren Lohnfertigungen stark ins Ausland verlagert. Allein aus diesem Grund muss die führende Fluggans China andere Gänse in ihre Formation aufnehmen, Produktionsstätten und somit auch Know-how in andere Schwellenländer auslagern. Das verschafft Ländern wie Indien, Südafrika, Nigeria, Bangladesch oder Kenia wiederum die Möglichkeit, in den kommenden Jahrzehnten wirtschaftlich aufzuschließen. Und wie es auch dem Westen nicht gelungen ist, die Billiglohnländer auf dem Niveau einfacher Zulieferer zu halten, so werden sich auch jene Länder, die heute von chinesischer Lohnfertigung profitieren, rasch entwickeln. Sie werden weiter nach oben streben und sich weiterentwickeln.

Die großen Veränderungen, die derzeit in der Welt stattfinden, lassen sich deshalb nicht auf den Aufstieg Chinas verkürzen. Was in den vergangenen 20 Jahren in Ländern wie Indien, der Türkei oder in vielen Ländern Afrikas geschehen ist, wird die Welt genauso verändern, wenn auf Dauer gesehen nicht noch mehr und am Ende tiefgreifender.

Die Veränderungen, die wir heute in der Welt beobachten, führen dazu, dass die Welt dabei ist, sich von Grund auf zu verändern. Für Europa muss es darum gehen, in diesem neuen Gefüge seinen Platz zu finden. Wie wird die Zukunft aussehen? Welche Wirtschaftsordnung wird künftig in der Welt vorherrschen? Welche Regierungsformen werden sich durchsetzen, liberaldemokratische, autoritäre oder andere politische Modelle? Welche Werte werden künftig in der Welt von Bedeutung sein? Welche

Position will Europa in dieser neuen Welt anstreben? Und vor allem: Welche Position können wir realistischerweise anstreben?

Auf diese Fragen versucht dieses Buch eine Antwort zu geben, oder bescheidener: Bausteine möglicher Antworten zu geben. Doch zuvor müssen wir uns damit beschäftigen, wie die Spielregeln in dieser neuen Welt aussehen werden, wenn sich die Gewichte nach Asien, Afrika und Lateinamerika verschieben. Denn die neue Welt wird nicht mehr vom alten Westen beherrscht werden, von der Weltmacht USA und ihren europäischen Verbündeten. Die amerikanische Vormacht wird mit Sicherheit auch nicht durch eine Weltmacht China abgelöst werden. Wir treten in eine neue Zeit einer multipolaren Welt ein, in der viele verschiedene Länder eine Rolle spielen werden, manche vielleicht nur als Regionalmacht, andere vielleicht als dominierende Macht auf bestimmten Gebieten. Doch die neue Welt wird komplexer und damit auch instabiler sein als die alte Ordnung. Deshalb sollten wir die treibenden Kräfte kennenlernen, die in der Weltwirtschaft von morgen aufstreben, die großen Unternehmer in den Schwellenländern. Und wir müssen uns auch der Frage stellen, ob unsere Wirtschaft auf diese Herausforderungen gut vorbereitet ist und ob wir noch die richtigen Instrumente haben, um die neue Weltwirtschaft mitzugestalten. Der Aufstieg der Schwellenländer, besonders der Chinas, wird meiner Meinung nach zu wenig in seine Geschichte gestellt. Deshalb soll dieses Buch auch zugleich eine kleine Wirtschaftsgeschichte sein, um herauszuarbeiten, wie sehr die Entwicklung der verschiedenen Weltregionen miteinander verwoben ist.

Wie die Welt sich verändert

Seit vielen Jahren beschäftige ich mich mit dem wirtschaftlichen Aufstieg der Schwellenländer. Als junger Journalist in den

1990er-Jahren verfolgte ich fasziniert den rasanten Aufschwung, den damals die »Tigerstaaten« erlebten, wie wir damals die Länder im Südosten Asiens bewundernd nannten. Damals bemerkte ich die Veränderungen, die Afrika erlebte, kaum. Sicher, seit meinem Wirtschaftsstudium in den 1980er-Jahren in Lyon interessierte ich mich für afrikanische Musik und afrikanische Literatur, hauptsächlich die aus Westafrika. Doch für einen Wirtschaftsjournalisten war Afrika damals kein Thema. Das änderte sich schlagartig, als ich Ende 2010 zum ersten Mal nach Kenia reiste. Ich war davon beeindruckt, wie optimistisch die Menschen trotz aller Schwierigkeiten im Alltag nach vorne schauten und an dem rasanten Aufschwung teilhaben wollten, der das gesamte Land erfasst hatte. Ich begann, nach den Ursachen für diesen Aufschwung zu suchen. Denn Kenia hatte weder Gold noch Diamanten, Erdöl oder andere Rohstoffe, die das Land auf den Weltmärkten verkaufen konnte. Es war die Kombination aus Internet und Mobiltelefon, die den entscheidenden Wandel brachte. Das Internet allein bewirkte wenig. Die Menschen drängten sich in stickige Internetcafés, wo sie vor alten Computern mit altersmüden Röhrenbildschirmen mühsam Zugang zur Welt suchten. Erst das Smartphone brachte den entscheidenden Durchbruch, vereinte Internet und mobile Kommunikation.

Bald nach dem Mobiltelefon wurde in Kenia M-Pesa eingeführt. Von da an konnten sich die Menschen per SMS Geld schicken, auch wenn sie wie die meisten Kenianer kein Bankkonto hatten. Das war ein riesiger Fortschritt. Bis dahin mussten Familienväter, wenn sie der Familie zu Hause auf dem Land von Nairobi aus Geld schicken wollten, einem Busfahrer einen Briefumschlag mit Geldscheinen anvertrauen. Dafür verlangte der Fahrer selbstverständlich eine Gebühr. Ein Familienmitglied musste manchmal stundenlang an der Bushaltestelle auf dem Land auf den Bus mit dem Geld warten. Dank M-Pesa war es möglich, Geld binnen Sekunden zu einem Bruchteil der Kosten innerhalb der Familie zu versenden. Bald darauf lief M-Pesa mittels einer App auf den Smartphones und bietet noch viel mehr Möglichkeiten. Heute können die Nutzer mit M-Pesa Steuern bezahlen, Versicherungsverträge abschließen oder Aktien an der Börse handeln. M-Pesa funktioniert heute wie eine digitale Ersatzwährung neben der Landeswährung Schilling.

Ich ahnte, dass hier in den Schwellenländern Veränderungen vor sich gingen, die die Welt nachhaltig verändern würden. Bis dahin herrschte unter Ökonomen der Glaube vor, dass die Entwicklungsländer den Entwicklungspfad der entwickelten Länder im Eiltempo durchlaufen müssten. Doch in Kenia entstand genauso wie in Ostasien oder Lateinamerika etwas Neues, eine Gesellschaft, die sich immer weniger am Westen orientierte, die ihre eigenen Werte und ihre eigenen Regeln entwickelte. Es entstand eine Gesellschaft, die Digitalisierung nicht vorrangig als Bedrohung von persönlichen Rechten empfindet, sondern als Chance, besser an der Welt und ihren neuen Möglichkeiten teilzuhaben.

Ich weitete meine Recherche aus und schrieb das Buch *Afrika ist das neue Asien,*[5] in dem ich diese Beobachtungen verarbeitete. Kurz nach dessen Erscheinen verließ ich meinen langjährigen Arbeitgeber, die *Frankfurter Allgemeine Zeitung*, und widmete mich vorrangig meiner neuen Leidenschaft, der Wirtschaftsentwicklung Afrikas. Mit der Zeit merkte ich, wie sehr in den Schwellenländern die Orientierung am Westen abnahm, in Asien mehr noch als in Afrika. Der Westen wird in diesen Ländern zunehmend als eine Macht wahrgenommen, die zwar überheblich und selbstgefällig auftritt, aber immer mehr von den Erfolgen der Vergangenheit zehrt.

Die Beziehungen in der Welt verändern sich rasant. Lange, auch nach dem Ende der Kolonialzeit, blieb der Handel Afrikas auf Europa und etwas weniger stark auf Nordamerika ausgerichtet. Heute knüpfen die Schwellenländer immer mehr

Beziehungen untereinander. Wer durch Afrika reist, sieht dort wie selbstverständlich Gemüsekonserven aus Saudi-Arabien, Haushaltswaren aus Malaysia, Maschinen aus Brasilien, Traktoren aus der Türkei, Mopeds aus Indien oder Agrarinvestoren aus Israel. Das Bild von hinterwäldlerischen Entwicklungsländern, die krampfhaft versuchen, ihre Rückständigkeit zu überwinden, ist überholt. Vielleicht war diese Sicht schon immer falsch – entstanden aus dem Hochmut eines Westens, in dem die Menschen glaubten, jeder wolle so leben wie sie.

Heute jedenfalls ist es offensichtlich, dass aus den Schwellenländern heraus eine neue Ordnung entsteht, die sich nicht unbedingt in Opposition zu westlichen Werten sieht, sich aber nicht in Bezug auf den Westen definiert. Ihr Anker sind nicht mehr zwingend westliche Kultur und westliche Traditionen. Ihre Bewohner streben nicht mehr unbedingt ein Studium in Europa oder den USA an. Eine Reise nach Dubai ist genauso erstrebenswert wie ein Trip nach Paris. Auch unterwerfen sie sich nicht mehr so leicht vom Westen diktierten Handelsverträgen. Die Schwellenländer entwickeln stattdessen politische und wirtschaftliche Beziehungen untereinander. Mit diesen Veränderungen will ich mich in diesem Buch befassen, mit ihren Ursachen und vor allem mit ihren Folgen für die Welt.

- Die Jahre der Globalisierung waren von einer überheblichen Sicht des Westens auf die Welt geprägt.
- Der Aufstieg Chinas verstellt uns den Blick darauf, wie stark sich andere Schwellenländer entwickeln.
- Die aufstrebenden Länder vernetzen sich mehr und mehr untereinander.

KAPITEL 1

EINE MULTIPOLARE WELT

Die USA sind nicht mehr die unumstrittene Weltmacht. Was wird auf das amerikanische Zeitalter folgen?

David gegen Goliath – die Geschichte des kleinen, schmächtigen Jungen, der einen Zweikampf gegen den riesigen Philister-Krieger Goliat gewinnt, begeistert bis heute. Geschichte ist nicht allein die Geschichte vom Recht des Stärkeren, der den Schwächeren unterwirft. Sie ist voll von Episoden, in denen sich der vermeintlich Schwächere gegen den Stärkeren durchsetzt. Auch Russland besaß die unvergleichlich stärkere und größere Armee, als sein Staatspräsident Wladimir Putin seinen Truppen den Befehl gab, am 24. Februar 2022 von drei Seiten – im Norden, im Osten und im Süden – in die Ukraine einzumarschieren. Der russische Sieg schien anfangs nur eine Frage von Tagen zu sein. Doch die ukrainischen Truppen leisteten nicht nur monatelang erfolgreich Widerstand. Am 14. April wurde der russische Kreuzer »Moskwa« mithilfe zweier ukrainischer Raketen vom Typ Neptun versenkt, wobei die genauen Umstände und eine eventuelle Beteiligung der USA bis heute nicht ganz aufgeklärt sind. Bei diesem Angriff ließ jedenfalls auch der Kommandant Anton Kuprin sein Leben.[1] Dies war zugleich ein Schlag gegen den Stolz der russischen Schwarzmeer-Flotte.

Der russische Einmarsch in die Ukraine bedeutete für Europa das Ende einer Illusion. Putins Aggressionspolitik gegenüber der Ukraine – erst die Annexion der Krim-Halbinsel am 18. März 2014, dann der jahrelange Grabenkrieg in den ostukrainischen Provinzen Luhansk und Donezk, schließlich der Angriff auf die Ukraine am 24. Februar 2022 – machte Europa klar, dass sich die Welt nicht unbedingt friedlich hinter den westlichen Vorstellungen einer politischen und wirtschaftlichen Weltpolitik scharen wird.

Der Krieg in der Ukraine ist auch ein weiteres Indiz dafür, dass die USA nicht mehr unumstritten die Weltmacht Nummer 1 sind. Hätte sich Putin getraut, vom jahrelangen militärischen Konflikt mit der Ukraine in einen offenen Angriffskrieg überzugehen, wenn die USA nicht zuvor militärische Schwäche gezeigt hätten? Schon das Debakel im Irak und mehr noch das in Afghanistan kündigten das Ende ihrer militärischen Vormachtstellung an. Das bedeutet nicht, dass die USA keine Weltmacht mehr sind. Das sind sie, und das werden sie bis auf absehbare Zeit auch bleiben, militärisch allein schon wegen ihrer Atomwaffen und der Macht ihrer Flugzeugträgerflotten. Allerdings kündigt sich der Übergang von einer monopolaren Weltordnung zu einer multipolaren an.

Eine Weltordnung europäischer Prägung

Einen weltgeschichtlich kurzen Augenblick lang drehte sich die Weltpolitik um Europa. Vom Ende der Napoleonischen Kriege 1815 bis etwa 1880 herrschte Großbritannien als die dominierende Weltmacht über die Geschicke auf dem Erdball. Mit dem Beginn der Zweiten Industriellen Revolution in der zweiten Hälfte des 19. Jahrhunderts, dem Aufstieg der Elektrizität, der Chemie und schließlich des Verbrennungsmotors, begann die Vormacht des British Empire zu bröckeln, vor allem weil die USA, dann aber auch das deutsche Kaiserreich eine höhere Wirtschaftsdynamik entfalteten.

Die 60 Jahre bis zum Ende des Zweiten Weltkriegs bildeten eine lange Epoche einer multipolaren Welt, in der neben Großbritannien die USA, aber auch Deutschland, Frankreich, Russland und Japan um die Weltherrschaft rangen. Es brauchte zwei grausame Weltkriege, bis die USA aus diesem Ringen als Sieger und als Zentrum der folgenden Weltordnung hervorgingen.

Die USA wussten den Zweiten Weltkrieg zu nutzen, um die anderen Konkurrenten um eine Vormachtstellung in der Welt wie das British Empire zu überholen und eine lange Ära ihrer Vorherrschaft einzuleiten. Während Großbritannien geschwächt aus diesem Krieg hervorging, nutzten amerikanische Konzerne die neue Weltordnung, um mithilfe des freien Welthandels ihre Konsummarken in der Welt durchzusetzen. Mit dem wirtschaftlichen Aufstieg der USA löste auch der amerikanische Dollar endgültig das britische Pfund als Weltwährung ab. Doch nun, im ersten Viertel des 21. Jahrhunderts, eröffnet der schwindende Einfluss der Weltmacht USA eine neue Zeit einer multipolaren Weltordnung.

Der Aufstieg der Vereinigten Staaten hat das europäische Zeitalter, das mit dem Zeitalter des British Empire begann, noch einmal verlängert. Schließlich stehen uns die Vereinigten Staaten, gegründet von Auswanderern aus Europa, weltanschaulich so nahe, dass wir auch in der zweiten Hälfte des 20. Jahrhunderts die europäischen Werte unter dem Schild der amerikanischen Atomwaffen gut geschützt wussten. Die große Frage ist, welche Weltordnung auf das amerikanische Zeitalter folgen wird.

Die Großmächte der Zukunft

Wer werden die Großmächte der Zukunft sein? Welchen Ländern wird es gelingen, in der neuen multipolaren Weltordnung eine Rolle zu spielen? Russland scheidet als Konkurrent der USA zunehmend aus. Seit der Auflösung der Sowjetunion Ende 1991 lebt Russland von der Ausbeutung seiner immensen Rohstoffvorkommen, deren Erträge sich zunehmend in den Händen einiger weniger Oligarchen konzentrieren. Diese investieren nicht in den Aufbau einer modernen Industrie, sondern verprassen es für mit Gold überladene Villen, obszön überdimensionierte Yachten oder allerlei anderen Tinnef. In allen osteuropäischen Ländern, die der Europäischen Union beigetreten sind, hat sich der Wohlstand der Bevölkerung, gemessen am Pro-Kopf-Einkommen in US-Dollar, rasch verdoppelt.[2] In Russland dagegen hat die Vermögensbildung zum großen Teil in den Händen einer kleinen politischen und wirtschaftlichen Elite stattgefunden, während der Großteil der Bevölkerung nach wie vor in einem Dauerzustand der Prekarität lebt.

Schon durch die unterbliebene Modernisierung seiner Wirtschaft nach dem Ende des Sozialismus schrumpfte Russlands Bedeutung für die Weltpolitik. Der Krieg gegen die Ukraine hat sein Übriges getan und die Schwächen der russischen Wirtschaft, seiner Rüstung und seiner Armee offengelegt. Allenfalls durch sein Arsenal an Atomwaffen und durch seine riesigen Vorkommen an Erdöl, Erdgas und anderen Industrierohstoffen kann Russland noch politischen

Druck aufbauen. Drosselt das Land jedoch seine Rohstoffexporte, schadet sich das Land genauso wie denjenigen, denen es seine Rohstoffe versagt.

China nutzte die Schwäche des Westens

In den vergangenen Jahren begann China zunehmend, die Vormachtstellung der USA infrage zu stellen. Seit den ersten vorsichtigen Öffnungsversuchen vom Jahr 1978 an machte sich China zunächst die Vorteile der Globalisierung unter einer amerikanischen Führung der Weltpolitik zunutze. Kein anderes Land wusste so geschickt die neue Wirtschaftsordnung nach dem Fall des Eisernen Vorhangs für sich zu nutzen. China begnügte sich nicht mit der Rolle als Billiglohnland, primitive Produkte günstiger als andere herzustellen, sondern investierte die Einnahmen geschickt und planmäßig in den Aufbau einer hochmodernen Wirtschaft.

Der entscheidende Einschnitt für den Aufstieg Chinas war die Finanzkrise von 2008, die Europa mehr noch als die USA zurückwarf. Eine ungeahnte Spekulationswelle am amerikanischen Häusermarkt, genährt von billigen Krediten dank niedriger Zinsen, zeugte vom Jahr 2007 an schwerste Verwerfungen. Hinzu kam eine laxe Kontrolle des Finanzsektors, was die Banken zu leichtfertigen Kreditvergaben und zu immer riskanteren Krediten an Darlehensnehmer mit geringer Bonität verführte. Dadurch war der amerikanische Immobilienmarkt viel zu hoch bewertet. Im Jahr 2007 platzte die Immobilienblase in den USA. Zahlungsausfälle führten zu einer Krise des Vertrauens in amerikanische Banken, gipfelten schließlich im Herbst 2008 im Zusammenbruch der amerikanischen Investmentbank Lehman Brothers und stürzten auch das europäische Bankensystem an den Rand des Abgrunds. Den USA gelang es, durch massive Interventionen von Notenbank und Regierung rascher als Europa, das Bankensystem zu stabilisieren. Die Europäische Union tat sich mit dem komplexen System ihrer Währungsunion schwerer. Hier mündete die Finanzkrise wenige Monate später in die griechische Staatsschuldenkrise, die Europa in eine schwere Rezession stürzen und auf Jahre hinaus lähmen sollte.

Die USA überwanden rascher als Europa diese Krise. Mehr denn je dominierten die USA dank ihrer Konzerne die Weltwirtschaft. Es waren nicht mehr die großen Multis wie General Electric oder die riesigen Konsumimperien wie Johnson & Johnson oder Coca-Cola. Vielmehr dominierten die Tech-Konzerne mehr und mehr die Weltwirtschaft: Google (heute heißt der Mutterkonzern Alphabet), Amazon, Facebook (hier heißt der Mutterkonzern jetzt Meta), Apple, Microsoft. Doch der eigentliche Gewinner der Finanzkrise hieß China. Das Land war damals noch weniger als heute in die Weltfinanzwirtschaft integriert und hatte dank seiner starken Exportwirtschaft schon riesige Devisenreserven angehäuft. Dadurch fiel es der chinesischen Staatsführung leichter, ohne größeren Schaden die Finanzkrise von 2009 zu überwinden. Während die westliche Welt mit der Beseitigung der Schäden dieser Finanzkrise beschäftigt war, konnte China unbemerkt seine eigene Tech-Industrie aufbauen mit Konzernen wie Alibaba oder Huawei. Diese agierten zunächst weitgehend auf dem chinesischen Markt. Der war ja in der Zwischenzeit auch schon groß genug. Anschließend expandierten diese auf die Märkte anderer Schwellenländer, nach Ostasien und Afrika.

China nutzte den schwachen Moment des Westens, um seinen Handlungsspielraum Schritt um Schritt auszuweiten. Zunächst begann die Führung des Landes, den chinesischen Einfluss in Ostasien zu erweitern. Gleichzeitig machte sie ihren Einfluss zunehmend in Afrika geltend, einem Kontinent, den der Westen seit Jahrzehnten sträflich vernachlässigt hatte und allenfalls als Empfänger von Entwicklungshilfe gelten lassen wollte.

Die neue Weltführung

Gleichzeitig wäre es verkürzt, den Kampf um eine neue Führungsrolle in der Weltpolitik auf einen Zweikampf zwischen den USA und China reduzieren zu wollen. Andere Länder zeigen ebenfalls eine starke Wirtschaftsdynamik und streben mit Kraft nach oben. Zunächst wären da die Länder in Südostasien, die zunächst vom Aufschwung der japanischen Wirtschaft, vor allem in den 1970er- und den 1980er-Jahren, profitiert haben und heute am Aufschwung der chinesischen Wirtschaft teilhaben.

In wenigen Jahrzehnten ist Singapur vom Fischerdorf zu einem bedeutenden Handelszentrum und einem der wichtigsten Finanzplätze der Welt aufgestiegen. Genauso haben sich Taiwan und Südkorea in wenigen Jahren in beeindruckendem Tempo industrialisiert. Aber auch Länder wie die Philippinen, Malaysia, Indonesien und in jüngster Zeit Vietnam verzeichnen eine rasche Entwicklung. Und ebenso steigt Südasien in raschem Tempo auf. Die indische Wirtschaft bleibt in der Wahrnehmung stets etwas hinter der Chinas zurück. Doch auch dieses komplexe Land hat beeindruckende Unternehmer hervorgebracht, die international immer stärker wahrgenommen werden. Ähnliches gilt für Lateinamerika, allen voran Mexiko.

Genauso hat auch Afrika in den vergangenen 20 Jahren ein starkes Wachstum verzeichnet. Länder wie Marokko, Tunesien, Ägypten oder auch Kenia und Nigeria haben immense

Fortschritte gezeigt. Die marokkanische Großbank Attijariwafa, in Deutschland kaum bekannt, ist mittlerweile in mehr als 20 Ländern Afrikas aktiv. In Südafrika treiben viele Unternehmen mit einer gezielten panafrikanischen Expansion die wirtschaftliche Integration des Kontinents voran.

Dies zeigt, wie sehr die Welt in ein neues Zeitalter der Multipolarität eingetreten ist. Die neuen aufstrebenden Länder werden neben China zunächst wirtschaftlich, in Zukunft aber auch politisch zunehmend eine Rolle in der Welt spielen.

Die wirtschaftlichen Folgen der Multipolarität

Blicken wir kurz in die Vergangenheit: Im Zeitalter der *Pax Americana* dominierte eine wirtschaftsfreundliche Großmacht die Welt, die zunächst den freien Welthandel begünstigte und schließlich die Globalisierung. Wurden anfangs Waren und später Dienstleistungen in zunehmendem Maße ohne Zollschranken und Handelshemmnisse relativ frei rund um den Globus gehandelt, so brachte die Globalisierung durch die zunehmende Verlagerung der Produktion in Schwellenländer weitere Wohlstands- und Effizienzgewinne.

In einer multipolaren Welt ist dies nicht mehr ohne Einschränkung möglich. So hatte Apple zunächst die Produktion seiner iPhones komplett nach China verlagert, um sich dank niedriger Herstellungskosten die Gunst der Kapitalmärkte zu sichern. Heute wird dies jedoch zunehmend als ein Risiko, als ein Zeichen einer »Überabhängigkeit« gewertet, wie der amerikanische Journalist Mark Gurman es bezeichnete.[3] Da kann der Konzernboss Tim Cook noch so sehr herausstreichen, dass die Lieferkette bei Apple »wahrhaftig global« sei und dass die iPhones, iPads und iMacs und all die anderen

Apple-Produkte sowohl in den USA als auch in China, Indien, Vietnam und Japan hergestellt würden. Der wahre Flaschenhals, beharrt Gurman, sei die Endfertigung: Die verschiedenen Komponenten würden aus der ganzen Welt nach China gebracht und dort zentral zu den Geräten verbaut.

Nicht nur auf Apple wächst der Druck, die Lieferkette zu verkürzen und weniger global zu produzieren. Allerorten versuchen Regierungen und Konzerne, die Fertigung strategisch wichtiger Produkte wieder stärker unter ihre Kontrolle zu bringen. Das ist für die Weltwirtschaft die unangenehmste Folge einer multipolaren Weltordnung: Die Unternehmen können die Entscheidung über den Produktionsstandort nicht mehr allein danach treffen, wo die Kosten am niedrigsten sind. In einer multipolaren Welt müssen sie ständig damit rechnen, dass die Versorgung mit wichtigen Komponenten und Rohstoffen unterbrochen oder verzögert werden kann. Weil sich die Weltwirtschaft nicht mehr einer eindeutigen Ordnungsmacht unterordnet, droht diese Gefahr praktisch an jeder Stelle des Produktionsprozesses. Mal kommen die Arbeiter in einer Fabrik in Malaysia nicht zur Arbeit. Mal ist die Hafenausfahrt wichtiger Containerschiffe durch politisch angeordnete Hygienevorschriften blockiert. Ein anderes Mal ist die Lieferung von Kautschuk oder anderen Rohstoffen unterbrochen, weil in einem Exportland Unruhen ausgebrochen sind. Der Krieg Russlands in der Ukraine gefährdet mit einem Schlag die Versorgung der Welt mit Getreide und Düngemittel, zwei Produkten, die bis Februar 2022 als so banal galten, dass ihnen nur selten die Aufmerksamkeit der Weltöffentlichkeit zuteilwurde.

Das Risiko eines Umsturzes, eines Krieges oder eines Massenstreiks in einem Land steigt spürbar, wenn die Initiatoren nicht mehr fürchten müssen, dass eine Weltordnungsmacht da ist und sie zur Ordnung ruft oder gegebenenfalls militärisch in diesem Land eingreift.

Gleichzeitig werden die Unternehmen zunehmend unter diesen Spannungen leiden, nicht nur unter unsicher gewordenen Versorgungsketten mit Rohstoffen und Vorprodukten. Auch auf dem Arbeitsmarkt kommt es zu Engpässen, weil Fachkräfte zunehmend knapp werden. Denn die westlichen Länder sind allesamt alternde Gesellschaften, denen aufgrund jahrzehntelanger niedriger Geburtenraten schon heute in vielen Branchen die Arbeitskräfte fehlen. Allenfalls Künstliche Intelligenz und eine konsequente Digitalisierung könnten diesen Mangel ausgleichen, und selbst das wird kaum genügen, falls nicht doch Roboter irgendwann die Altenpflege oder den Service in den Restaurants übernehmen. Doch wie wir noch sehen werden, ist gerade der Westen denkbar schlecht darauf vorbereitet, die Vorteile der Digitalisierung zu nutzen, schlechter jedenfalls als viele der Schwellenländer.

Somit bedeutet eine multipolare Welt, dass Unternehmen sich nicht mehr beliebig die günstigsten Orte auf der Welt für ihre Produktion suchen können. Sie müssen zunehmend an wirtschaftlich weniger attraktiven Standorten produzieren und angesichts drohender Lieferengpässe ihre Lagerhaltung ausbauen. Holen sie jedoch die Produktion in politisch als sicherer erachtete Länder, nach Europa oder die USA, zurück, werden sie noch mehr unter einer Knappheit an Fachkräften leiden.

Für westliche Unternehmen hat der Übergang zu einer multipolaren Welt zur Folge, dass sie zwangsläufig weniger Gewinne erzielen, ihr Wachstum stagniert und sie dadurch in letzter Konsequenz Gefahr laufen, langsamer zu wachsen als ihre Konkurrenten in den Schwellenländern. Anders stellt sich dort die Lage dar. Zwar leiden auch in den Schwellenländern die Unternehmen kurzfristig unter dem Rückzug ihrer ausländischen Auftraggeber. Doch diese Unternehmen ziehen sich ja nicht nur aus der Produktion im Ausland zurück, sondern zu einem Gutteil auch aus diesen Absatzmärkten, allein schon deshalb, weil sie ihre Produkte künftig teurer anbieten müssen und von daher Angriffspunkte für lokale Wettbewerber bieten, die günstiger produzieren können.

Die Folge dieses Übergangs zu einer neuen multipolaren Welt ist somit eine Entglobalisierung, ein Rückgang der Integration der Weltwirtschaft, der zum großen Teil den aufstrebenden Schwellenländern zugutekommen wird.

- Auf die *Pax Americana* folgt eine multipolare Welt.
- Dies zwingt westliche Unternehmen, ihre Lieferketten zu verkürzen und zu höheren Kosten zu produzieren.
- Dieser Trend kommt Unternehmen aus den Schwellenländern zugute.

KAPITEL 2

DIE GOLDENEN ZEITEN DES WESTENS – UND EINE MORAL MIT ZWEIERLEI MASS

Freiheit und Gleichheit sollten universell sein, doch galten sie im Westen lange Zeit nicht für alle gleichermaßen.

Am 26. August 1789 geschah in Paris etwas wahrhaft Revolutionäres. Durch den Sturm auf die Bastille am 14. Juli 1789, etwas mehr als einen Monat zuvor, wurde dieses Ereignis im August desselben Jahres überschattet. An diesem heißen, trockenen Sommertag beendeten die 1200 Mitglieder der Verfassungsgebenden Versammlung in Versailles ihre Debatte und nahmen die Erklärung der Menschen- und Bürgerrechte an. Dieses bahnbrechende Dokument besiegelte den Sieg der Aufklärung über den Geist des Feudalismus. »Die Menschen sind und bleiben von Geburt frei und gleich an Rechten«, lautet Artikel 1. Es war der zentrale Satz der Französischen Revolution, der bis heute das Fundament der liberalen Demokratie bildet.

Dieses Dokument bedeutete nichts anderes als die Abschaffung der Ständegesellschaft in Frankreich. Es stellte die Welt auf den Kopf, beruhte doch bis dahin die feudale Ordnung in Europa auf der Überzeugung, dass jedem Menschen mit seiner Geburt ein fester, unveränderbarer Platz in der Gesellschaft zugewiesen werde. Die Erklärung der Menschenrechte bildete die Grundlage für die Mission der Französischen Revolution: das Licht der Aufklärung in die Welt zu tragen und alle Menschen von den alten Ketten zu befreien, um sich in Freiheit und Gleichheit – die Brüderlichkeit kam erst später hinzu – zu vereinen.

Und so führte die Verfassungsgebende Versammlung der Französischen Revolution auch die Gleichheit vor dem Gesetz und der Steuer ein, setzte vom Volk gewählte Richter durch[1] und schaffte sowohl die Folter wie auch die inneren Zollschranken im Land ab. Die Gesetze, mit denen der König die Protestanten im Land gängelte, wurden aufgehoben und den Juden wurden volle Bürgerrechte gewährt.

Zwei große Ereignisse setzten dem Feudalismus in Europa ein Ende: die Unabhängigkeitserklärung der Vereinigten Staaten, mit der sich 13 britische Kolonien in Nordamerika im Jahr 1776 von Großbritannien lossagten, und die Französische Revolution im Jahr 1789. Damit setzte sich die Aufklärung im Westen allmählich durch. In den folgenden zwei Jahrhunderten beseelte ein tiefer Glaube Europa und die Vereinigten Staaten: Eine Welt in Frieden und Freiheit würde entstehen und allen Völkern Wohlstand bringen. Die Utopie lief auch in diesem Fall der Wirklichkeit weit voraus. Ungeachtet dieser Werte brachten unzählige Kolonialkriege, der Amerikanische Bürgerkrieg und zwei Weltkriege unsägliches Leid in die Welt.

Und doch war die Parole ausgegeben: Frieden, Freiheit, Wohlstand – das war der Dreiklang, auf den die Vertreter der

Aufklärung politischen Liberalismus und liberale Wirtschaftsordnung zusammenbringen wollten. Politisch freie Menschen seien in der Lage, Güter und Dienstleistungen in freiem Handel zum Wohle aller auszutauschen. Wenn jeder nur seine individuellen, ja egoistischen Ziele verfolgt, so ist am Ende der gesamten Gesellschaft gedient, lautet die Grundüberzeugung der liberalen Demokratie.

Eine liberale Wirtschaftsordnung war deshalb immer eng verwoben mit dem Gedanken einer universellen Definition der Rechte, die jedem Menschen per Geburt zustehen. Gut 150 Jahre nach der amerikanischen Unabhängigkeit und der Französischen Revolution brachten die Siegermächte des Zweiten Weltkriegs auf Betreiben der USA auf der Konferenz von Jalta 1945 die Gründung der Vereinten Nationen auf den Weg. Im Jahr 1948 beschlossen die Vereinten Nationen eine modernisierte Erklärung der Menschenrechte, eine Charta der Grundrechte aller Menschen auf dem Globus. »Alle Menschen sind frei und gleich an Würde und Rechten geboren« heißt es in Artikel 1 der Allgemeinen Erklärung der Menschenrechte von 1948.

Doch diese Erklärungen der Menschenrechte waren keine Dokumente, die alle Menschen einten. Es zeigte sich bald, dass all die verschiedenen Menschenrechtserklärungen eine Weltsicht festhielten, wie sie Europäer und die weißen Siedler in Nordamerika zu Zeiten der Aufklärung vertraten. Für die einheimische Bevölkerung in den europäischen Kolonien in Asien, Afrika und dem Pazifik sollten sie genauso wenig gelten wie für die Algerier. Dabei war Algerien keine französische Kolonie, sondern ein französisches Département. Die Franzosen in Algerien waren somit französische Staatsbürger mit allen Rechten, während die Algerier keine Rechte hatten – ein krasser Widerspruch zu den Prinzipien der Französischen Revolution. Auch für die Millionen Soldaten aus den französischen und britischen Kolonien in Afrika und Asien sollten diese Rechte nicht gelten, obwohl sie ihr Leben eingesetzt hatten, um ihre Kolonialherren von der deutschen NS-Diktatur in Europa zu befreien.

Die Menschenrechte sollten universell sein und doch für einige mehr und für andere weniger gelten. Diese Diskriminierung belastet das Verhältnis zwischen der angeblich entwickelten Welt und der angeblich unterentwickelten Welt bis heute.

Ein individualistischer Freiheitsbegriff

Freiheit für jeden, unabhängig von Stand, Vermögen und Herkunft: Das war der Trennstrich, den die Aufklärer zur Ständeordnung ziehen wollten, in der durch Geburt feststand, wer oben und wer unten in der Gesellschaft stand. Schon die Erklärung von 1789 definierte genau, was die französischen Revolutionäre unter Freiheit verstanden: »Die Freiheit besteht darin, alles tun zu können, was einem anderen nicht schadet« heißt es in Artikel 4. Freiheit bedeutet demnach die Fähigkeit, handeln zu können, ohne dem Zwang eines anderen ausgesetzt zu sein. Sie endet dort, wo die Handlungsfreiheit des Nächsten beginnt. Sie grenzt die Individuen in ihren Rechten gegenüber den Rechten anderer Individuen ab. Schwierig wird es in der Logik dieses Freiheitsbegriffs, wenn ein Individuum nicht in der Lage ist, seinen freien Willen zu äußern, sei es, weil es körperlich oder psychisch dazu nicht in der Lage ist oder weil es dem Zwang eines anderen ausgesetzt ist.

Der bürgerliche Freiheitsbegriff, wie er seit der amerikanischen Unabhängigkeit und der Französischen Revolution im Westen vorherrscht, ist stark von den Gedanken des englischen Philosophen John Locke (1632 bis 1704) geprägt. Für ihn bedeutet Freiheit, »seine Handlungen zu lenken und über seinen Besitz und seine Person zu verfügen, wie es einem am besten scheint – ohne jemandes Erlaubnis einzuholen und ohne vom Willen eines anderen abhängig zu sein«.[2] Zwar haben andere Denker wie später der schwäbische Philosoph Georg Friedrich Wilhelm Hegel (1770 bis 1831) den Begriff der Freiheit um die Einsicht in die Notwendigkeit erweitert. Doch bleiben in der westlichen Welt das Individuum und seine Rechte zentral für die Definition von Freiheit.

Kniffliger wird es mit der Gleichheit. Meinten die Verfasser der französischen Menschenrechtserklärung ausschließlich die Gleichheit vor dem Gesetz, so kam mit dem Aufkommen sozialdemokratischer und sozialistischer Ideen die Forderung nach wirtschaftlicher Gleichheit hinzu. Das geht so weit, dass heute in der politischen Debatte in Deutschland Gleichheit und Gerechtigkeit gerne gleichgesetzt und miteinander vermischt werden. Soziale Gerechtigkeit bedingt demnach eine Gleichheit in der Verteilung von Einkommen.

Bei den griechischen Denkern Platon (428/427 v. Chr. bis 348/347 v. Chr.) und Aristoteles (384 v. Chr. bis 322 v. Chr.) war das noch nicht so. Für sie war es selbstverständlich, dass demjenigen mehr zusteht, dessen Verdienste für den Staat größer sind. Erst für die Philosophen der europäischen Aufklärung wurde Gleichheit ein theoretischer Naturzustand, in dem alle Menschen egalitär, gleichberechtigt, leben.

Selbstverständlich herrschen in unterschiedlichen Ländern und unterschiedlichen politischen Lagern unterschiedliche Vorstellungen von Freiheit und Gleichheit. Fragen Sie einen Christdemokraten, einen Sozialdemokraten, einen Umweltaktivisten und einen Nationalisten, was er oder sie unter Freiheit und Gleichheit versteht. Die Antworten werden ganz unterschiedlich ausfallen. Genauso wird auch ein Italiener anders auf diese Frage antworten als ein Schwede oder ein Ire. Doch der gemeinsame Bezugspunkt für das Verständnis von Freiheit und Gleichheit im Westen bleibt das Individuum.

Andere Auffassungen von Freiheit und Gleichheit

In den Gesellschaften der aufstrebenden Länder werden Freiheit und Gleichheit häufig ganz anders definiert. Im Buddhismus, der vor allem in China, Zentralasien, Südasien und Südostasien verbreitet ist, wird Freiheit als etwas Transzendentales verstanden. Freiheit bedeutet im Buddhismus die Befreiung aus der karmischen Gebundenheit, aus den Beschränkungen, die einem Menschen durch seine vorhergegangenen Leben auferlegt sind. Bei der Suche nach Freiheit geht es für Buddhisten also nicht vorrangig um Eigenrealisierung, sondern darum, Distanz zu sich selbst und der Welt zu schaffen. So kann jemand, der nach westlichem Verständnis unfrei lebt, nach buddhistischem Verständnis innerlich sehr frei sein, weil es ihm gelungen ist, trotz aller äußeren Widrigkeiten seine innere Freiheit zu finden. Nach buddhistischem Verständnis führen Ich-Sucht, Gier, Lustgewinn, Hass und Verblendung zu Unfreiheit und nicht unbedingt der Zwang, den andere auf jemanden ausüben.

In Gesellschaftsformen, in denen das Kollektiv – die Familie, der Clan, das Dorf, der Stamm oder andere Gruppen – eine vorherrschende Rolle spielt, kommt der Freiheit des Einzelnen häufig eine untergeordnete Rolle zu. So zielt der Konfuzianismus, wie er China jahrhundertelang beeinflusst hat und heute trotz eines ansonsten kommunistischen Regimes wieder stärker akzeptiert wird, weniger auf die Freiheit ab als auf die moralische Vervollkommnung des Einzelnen.

Selbst Mao Zedong (1893 bis 1976) nahm im Laufe der Zeit eine freundlichere Haltung zum Konfuzianismus ein. Als Mao als junger Mann in den Jahren 1918 und 1919 den Kommunismus entdeckte, stellte er sich zunächst radikal gegen den Konfuzianismus. Er machte sich damals die Parole zu eigen: »Zerschlagt den Kramladen des Konfuzianismus«. Im Jahr 1938 jedoch forderte er eine »Sinisierung des Marxismus«, die Entwicklung einer chinesischen Variante des Kommunismus. Diese erwachse aus der Auseinandersetzung mit dem Denken und den Erfahrungen »von Konfuzius bis Sun Yat-sen«. Sun (1866 bis 1925) war ein chinesischer Revolutionär, der 1912 erster provisorischer Präsident der Republik China wurde und damit dem mehr als 2000 Jahre währenden Kaiserreich ein Ende setzte. 1950 jedoch ließ Mao diesen Verweis aus seiner offiziellen Werkausgabe streichen.[3] Heute trägt die kommunistische Regierung die chinesische Kultur des Landes über ein dichtes Netz von Konfuzius-Instituten in die Welt.

Auch wenn Mao in seiner Haltung zu Konfuzius im Laufe der Jahre schwankte, so dürfte ihm dessen Denken nicht fremd geblieben sein. Schließlich lebt der Mensch in der konfuzianischen Vorstellung in einem hierarchisch klar strukturierten Geflecht und nimmt darin eine bestimmte soziale Rolle ein. Diese Vorstellung musste dem kommunistischen Parteiführer Mao Zedong, geschult im Marxismus-Leninismus, entgegenkommen. Individuelle Freiheit, wie sie die westlichen Philosophen der Aufklärung verstanden, hat im Konfuzianismus keine Bedeutung – genauso wenig wie in der kollektivistischen Gedankenwelt des Leninismus und des Maoismus. Der Mensch erfüllt sich im Konfuzianismus, indem er seine Rolle für die Gemeinschaft so gut wie möglich ausfüllt.

Gleichheit ist genauso wenig wie Freiheit ein Wert im Konfuzianismus. Der Ehemann oder der Vater ist das Oberhaupt der Familie, dem sich die übrigen Familienmitglieder unterzuordnen haben. Er steht der Ehefrau vor, muss aber seinen Pflichten als Familienoberhaupt und Vorbild moralisch gerecht werden. Zudem haben Jüngere Älteren gegenüber Respekt zu erweisen. Auf diese Weise ist jedem Mitglied der Gemeinschaft eine klare Rolle und eine klare Aufgabe zugewiesen, mit präzisen Rechten und Pflichten. Der Staat versteht sich im Übrigen als eine Familie. Deshalb hat sich ein Staatsbürger seinem Staat gegenüber genauso loyal zu verhalten wie ein Familienmitglied gegenüber seiner Familie.

Das Freiheitsverständnis des Konfuzianismus steht dem Freiheitsbegriff der Aufklärung konträr entgegen. Konfuzianer empfinden Freiheit als ein Aufgehen in einer festen sozialen Ordnung, als die Erfüllung einer vorgegebenen Aufgabe in der Gemeinschaft. Dem europäisch-amerikanischen Freiheitsbegriff wohnt die Vorstellung inne, dass der Freiheitsgrad umso mehr zunimmt, je mehr jemand in der Hierarchie von Staat oder Wirtschaft aufsteigt. »Ober sticht Unter«, lautet ein populäres Sprichwort, um auszudrücken, dass ein einfacher Arbeiter weniger zu sagen hat als der »Capo«, dass der Abteilungsleiter weniger Macht – und somit weniger Freiheit – hat als der Fabrikdirektor und dieser weniger als der Vorstandsvorsitzende. Je höher jemand im Rang steht, desto mehr Freiheiten genießt er.

Bei Konfuzius sieht sich auch der Herrscher in ein festes Wertesystem eingebunden und ist somit weniger frei als nach dem Freiheitsbegriff der Aufklärung. »Herrschaft durch Tugend«, forderte Konfuzius. Gerade der Herrscher sollte höchsten ethischen Ansprüchen gerecht werden und auf diese Weise eine Vorbildfunktion erfüllen. So ist auch die Vorstellung einer »Erziehungsdiktatur« dem Konfuzianismus in keiner Weise fremd. Diese verfolgt das Ziel, durch autoritäre Methoden das Volk auf den rechten, tugendhaften Weg zu führen und so auf einen Verfassungsstaat vorzubereiten. Eine Erziehungsdiktatur ließe sich auch etwas freundlicher als Vormundschaftsregierung beschreiben.[4]

Die europäische Sicht auf fremde Religionen

Auf die Gedankenwelt des Buddhismus, des Konfuzianismus, des Islam oder der Naturreligionen der Ureinwohner in Nord- und Südamerika oder auch in Afrika hat der Westen lange Zeit mit Herablassung geschaut. Der deutsche Soziologe und Nationalökonom Max Weber etwa sah zu Beginn des 20. Jahrhunderts im Konfuzianismus die Ursache für die damalige Rückständigkeit Chinas. Mit dieser negativen Einstellung zum Konfuzianismus stand Weber lange Zeit nicht allein. Die große Mehrheit der Europäer betrachtete den Konfuzianismus als die antiquierte Form einer chinesischen Variante des Feudalismus, in der die Menschen qua Geburt nicht mit unveräußerlichen Rechten ausgestattet sind, sondern Pflichten und Rollen zugewiesen bekommen.

Schwarze Intellektuelle wie der 1913 auf der Karibikinsel Martinique geborene Franzose Aimé Césaire (1913 bis 2008) übernahmen die westliche Vorstellung universeller Werte, die alle Menschen verbinden, nicht ohne Weiteres. Die Vertreter der »Négritude« wie Césaire traten für eine kulturelle Eigenständigkeit aller Afrikaner ein und hatten besonders im französischsprachigen Afrika in den 1950er-Jahren großen Einfluss. Intellektuelle wie die Senegalesen Léopold Sédar Senghor und Birago Diop oder Jacques Rabemananjara aus Madagaskar vertraten die Auffassung, dass die Afrikaner mitnichten so kulturlos seien, wie die Europäer damals zumindest behaupteten, sondern dass sie positiv anders seien als die Weißen. In zornigen Worten rüttelte Césaire an der damals verbreiteten Ansicht, die Europäisierung der Welt sei ein Projekt des Fortschritts gewesen, habe die Kolonisierten vor Schlimmerem bewahrt und die Afrikaner an die universellen Menschenrechte herangeführt.

Die europäischen Kolonialherren rechtfertigten schließlich den Kolonialismus auch mit einem Verweis darauf, dass er der Zivilisierung der Kolonisierten diene. Er sollte sie mit dem Christentum und vermeintlich westlichen Tugenden wie Fleiß, Disziplin, Gehorsam und Pünktlichkeit vertraut machen.

Freiheit und Gleichheit, aber nicht für alle

Was läge näher, als die Rechte, wie sie in der Erklärung der Menschenrechte verbrieft sind, auf alle Menschen anzuwenden? Doch dem war bei Weitem nicht so. Selbst John Locke, dem großen Vordenker einer liberalen Gesellschaftsordnung, gelang es, Gründe zu finden, die die Sklaverei rechtfertigen sollten. Freiheit und Gleichheit, der Kampfruf der Revolutionäre in Frankreich, sollte in dieser Logik nie für alle Menschen gleichermaßen gelten. Kaum hatte Europa die Französische Revolution und die Napoleonischen Kriege hinter sich gelassen, da machte sich der Kontinent daran, in Lateinamerika, Asien und Afrika Kolonialreiche aufzubauen und diese auch nach ihrer formalen Unabhängigkeit, vor allem in Lateinamerika, in Abhängigkeit zu halten. Diese Herrschaft über die Welt stützte sich auf Repression und brutale Gewalt. Freiheit und Gleichheit galten für die Kolonialherren, nicht für die Kolonisierten.

Frankreich gliederte seine Kolonie Algerien gar rechtlich und administrativ vollständig in das Staatsgebiet der Französischen Republik ein. Damit waren die drei algerischen *départements* all den anderen *départements* Frankreichs auf dem europäischen Kontinent gleichgestellt. Das löste einiges Kopfzerbrechen aus. Denn damit waren nach staatsrechtlicher Logik sämtliche Bewohner dieser drei *départements* vollwertige Staatsbürger Frankreichs. Diese staatsbürgerlichen Rechte, die jeder Franzose besaß, wollte die Regierung den algerischen Bürgern jedoch auf keinen Fall zugestehen, schon gar kein politisches Stimmrecht. Im Jahr 1875 erließ die Französische Republik daher den »Code de l'Indigénat«, ein Gesetz, das die Bürger Frankreichs in zwei Klassen einteilte. Auf der einen Seite standen die französischen Staatsbürger, die Franzosen, von 1889 an auch die Spanier, Italiener und Malteser, die in Algerien lebten. Auf der anderen Seite die französischen Untertanen ohne Staatsbürgerschaft. Sie blieben von wesentlichen Bürgerrechten ausgeschlossen. Dieser »Code de l'Indigénat« bewährte sich aus französischer Sicht so sehr, dass er von 1887 an auf alle französischen Kolonien ausgedehnt wurde.

Auch die USA schafften nach dem Sieg der Nordstaaten im Bürgerkrieg 1865 zwar formal die Sklaverei ab. Doch in den Südstaaten herrschte dennoch für ein weiteres Jahrhundert ein Regime der Rassentrennung, das die Afroamerikaner schwer diskriminierte und die Beziehungen innerhalb der amerikanischen Gesellschaft bis heute schwer belastet.

So lebte der Westen der Aufklärung jahrhundertelang mit einer verhängnisvollen Doppelmoral: Die vermeintlich universellen Werte sollten lange nur für die Weißen gelten. Und auch heute noch kämpfen selbst im Westen viele Minderheiten um Gleichberechtigung und Anerkennung. Das machte nicht nur den Westen unglaubwürdig in den aufstrebenden Ländern, sondern beschädigte auch die Anziehungskraft der westlichen Wertvorstellungen.

- Der Westen war beseelt davon, seine Werte der Welt aufzudrücken.
- In anderen Kulturen gelten andere Traditionen von Freiheit und Gleichheit.
- Der Westen verstrickte sich in Widersprüche.

KAPITEL 3

DIE EMANZIPATION DER SCHWELLENLÄNDER UND IHRE ABKEHR VOM WESTEN

Mit dem wirtschaftlichen Aufstieg gewinnen die Menschen in den Schwellenländern an Selbstvertrauen. Sie wollen sich nicht länger vom Westen bevormunden lassen und orientieren sich zunehmend an eigenen Werten.

Partnerschaft auf dem Papier

Bis heute kann keine Rede davon sein, dass Europa und die USA gegenüber den aufstrebenden Ländern gleichwertige Beziehungen unterhalten. In einer gemeinsamen Erklärung mit der Afrikanischen Union spricht die Europäische Union im Jahr 2007 von einer »gemeinsamen Afrika-EU-Strategie«. Die Partnerschaft zwischen Europa und Afrika werde von einem »Euro-Afrikanischen Konsens über Werte, gemeinsame Interessen und gemeinsame strategische Ziele« getragen, heißt es in diesem Dokument.[1] In der Praxis ist davon wenig zu spüren. Afrikaner, die als Touristen oder Geschäftsleute nach Europa reisen wollen, bekommen die Schikanen einer abweisenden Visumspolitik zu spüren. Selbst erfolgreiche Manager aus Afrika sehen sich dem Generalverdacht ausgesetzt, illegal nach Europa einwandern zu wollen. Die afrikanische Mittelschicht, die die Welt entdecken will, reist lieber nach Dubai oder nach Asien, wo sie willkommener als in Europa ist. Auch die restriktive Visumspolitik der Europäer fördert so die Beziehungen unter den Schwellenländern.

Programme, die europäische Investitionen in Afrika fördern sollen, werden einseitig an den wechselnden Werten europäischer Tagespolitik ausgerichtet. Früher wollten die europäischen Kolonialherren die heidnischen Afrikaner zum Christentum bekehren. Heute wollen die Europäer die Afrikaner von Nachhaltigkeit und Klimaschutz überzeugen. Aktuell sind die Geschlechterfrage und Nachhaltigkeit die Schlüssel, die afrikanischen Regierungen die Tür zu den europäischen Förderkassen öffnen. Ohne Frage ist es erstrebenswert, Frauen in der Wirtschaft zu fördern. Gerade in Afrika sind beispielsweise alleinerziehende Mütter oft Diskriminierung ausgesetzt. Sie leben häufig in schwierigen Verhältnissen und sind deshalb besonders auf Unterstützung angewiesen. Es ist ohne Zweifel auch richtig, schonend mit den Umweltressourcen umzugehen und den Klimawandel zu bremsen. Doch es ist eine Sache, diese Dinge in Europa zu fördern und durchzusetzen. Es ist eine andere, wenn Europa Prioritäten der europäischen Politik afrikanischen Partnern aufzwingen will. Haben wir jemals einen gleichberechtigten Dialog mit afrikanischen Vertretern darüber geführt, welches ihre Prioritäten sind? Der Westen hat es bisher versäumt, einen Konsens mit den afrikanischen Regierungen darüber herzustellen, welche Ziele mit welcher Priorität verfolgt werden sollen. Stattdessen verfolgt Europa die Politik, dass Afrika am europäischen Wesen genesen soll.

»Die Welt braucht grüne Energie. Afrika kann sie bereitstellen«, schrieb im November 2019 die damalige Bundesforschungsministerin Anja Karliczek (CDU) mit großer Selbstverständlichkeit.[2] Mit derselben Selbstverständlichkeit fordern seit Jahren deutsche Politiker, Unternehmensvertreter, Lobbyisten und Umweltaktivisten, dass Afrika mithilfe von Solarkraft den grünen Wasserstoff herstellen soll, den Deutschland für seine Abkehr von fossilen Brennstoffen benötigt.

Wieder einmal sollen die Ressourcen Afrikas helfen, Probleme in Europa zu lösen. Ist es vor diesem Hintergrund nicht allzu verständlich, wenn dieses Vorgehen bei manchen Afrikanern Erinnerungen an den Kolonialismus weckt? Wie die Betroffenen vor Ort zu den deutschen Wasserstoffplänen in Afrika stehen, spielt in der deutschen Debatte bestenfalls eine untergeordnete Rolle. Auch die Frage, ob Afrika den dort hergestellten Wasserstoff nicht für seine eigene Entwicklung benötigen könnte, beschäftigt die deutschen Umweltpolitiker wenig.

Es führt kein Weg an der Feststellung vorbei: Europa und Nordamerika unterhalten auch mehr als 60 Jahre nach dem Ende des Kolonialismus zum großen Teil paternalistische bis herablassende Beziehungen zu Afrika. Und je mehr sich die Schwellenländer entwickeln, desto weniger werden sie zulassen, dass die Beziehungen auf dieser Ebene bleiben. Keine Regierung in Europa würde sich erlauben, Indien, China oder Saudi-Arabien eine bestimmte Umweltpolitik vorzuschreiben. Kein Regierungsvertreter in Europa nimmt sich heraus, die Handelsbeziehungen zu China von der Einhaltung von Menschenrechten abhängig zu machen. Selbst die brutale Niederschlagung der Demokratiebewegung in Hongkong im

Jahr 2019 fügte den europäisch-chinesischen Wirtschaftsbeziehungen keinen Schaden zu.

Das Selbstbewusstsein der Schwellenländer wächst

Als Europa und Nordamerika nach dem Zweiten Weltkrieg die Wachstumszentren der Weltwirtschaft waren und sich relativ bald auch Japan zu einer führenden Industrienation entwickelte, da drehte sich die Welt um die Grundwerte von Amerikanern und Europäern. Doch mit der erlahmenden Wirtschaftsdynamik der entwickelten Länder ließ auch die Strahlkraft der Werte nach, wie sie in der französischen Erklärung der Menschen- und Bürgerrechte, in der amerikanischen Unabhängigkeitserklärung oder den Grundrechten des deutschen Grundgesetzes festgelegt sind. Nicht, dass den Menschen in den Schwellenländern Freiheit und Gleichheit gleichgültig geworden wären. Doch es treten andere Werte in den Vordergrund, die ihnen wichtiger sind. In vielen Fällen nährt sich der Stolz aus der Geschichte. »Ich bin stolz darauf, ein Chinese zu sein«, schreibt etwa im Sommer 2021 ein Chinese namens Zhang Zongyun in einem Blog, in dem er sich als nationalistisch bezeichnet und den 415.500 Menschen gelesen haben.[3] »China ist wohl eines der ältesten Völker und eine der ältesten Zivilisationen auf unserem Planeten.« Auf diesen Satz folgt eine lange Schilderung der chinesischen Geschichte.

Die Sichtweise der Europäer auf die Welt ist stark von der Vorstellung geprägt, dass andere Zivilisationen zwar oft auch bemerkenswerte Leistungen hervorgebracht haben, aber doch deutlich hinter denen der Europäer zurückgeblieben sind. Der Geschichtsunterricht an deutschen Schulen ist stark auf deutsche Geschichte ausgerichtet, in die zwangsläufig auch die europäische einfließt. Doch die Geschichte der arabischen Welt, Indiens oder Chinas oder gar die großen Königreiche, die Afrika geprägt haben, kommen im deutschen Geschichtsunterricht so gut wie gar nicht vor.

Viele kolonialisierte Völker haben diese eurozentrische Sicht auf die Welt zunächst übernommen. Doch mit zunehmender Bildung und steigendem Einkommen nimmt in den Schwellenländern das Bewusstsein für die eigene Vergangenheit zu. Geschichte dient auch in China, Indien oder Afrika dazu, die eigene Identität besser zu verstehen und einen Platz in dieser Welt zu finden. Damit einher geht ein nachlassendes Interesse an den entwickelten Ländern und den Werten des Westens. Das gilt für kulturelle Werte, aber auch für politische und wirtschaftliche Wertvorstellungen.

Schlimmer ist jedoch, dass der Westen in Ländern wie Indien oder Regionen wie Afrika stark an Glaubwürdigkeit verloren hat. Die Werte, die der Westen predigt, passen viel zu oft nur schwer zu der Politik, die er dann gegenüber diesen Ländern praktiziert. Hinzu kommt, dass mit nachlassender Wirtschaftsdynamik der Westen zudem eines seiner besten Argumente in der Weltpolitik verliert – das westliche Wachstumsmodell hat angesichts der Wirtschaftserfolge, die andere Schwellenländer erreichen, in den Augen vieler Menschen in den Schwellenländern nicht mehr die gleiche Anziehungskraft wie früher einmal. Europas Wirtschaft kommt selbst in guten Jahren kaum noch über eine Wachstumsrate von 2 bis 3 Prozent hinaus. Dagegen schafft China selbst in schwachen Jahren deutlich mehr. Die Folge davon ist, dass der Westen für die aufstrebenden Länder in Asien, Afrika und Lateinamerika seinen Vorbildcharakter verloren hat. Die Menschen in diesen Ländern orientieren sich deshalb nicht mehr unbedingt an den parlamentarischen Demokratien, die sich – nach dem

Verständnis vieler – dem Fortschritt in den Weg stellen und denen es nicht gelingt, die Menschen in den aufstrebenden Ländern am Wirtschaftswachstum teilhaben zu lassen. Auch werden in den Schwellenländern sehr wohl die autoritären Tendenzen wahrgenommen, die sich in den westlichen Demokratien seit einigen Jahren verstärkt zeigen.

Das ist auch eine Frage der Generationen. Die politische und wirtschaftliche Elite der ehemaligen Kolonien hat sich in den 1960er- und 1970er-Jahren noch stark am Westen ausgerichtet. Sie orientierte sich an westlicher Mode, westlichem Lebensstil und westlichen Wertvorstellungen. Damals ahmten afrikanische Intellektuelle, Politiker und Geschäftsleute den westlichen Stil nach und kleideten sich gerne in Anzug und Krawatte oder in Petticoats, Netzstrümpfen und kurzen Röcken. Doch in dem Maße wie Europäer und Amerikaner Anzug und Krawatte ablegten, haben auch die westlichen Werte an Leuchtkraft verloren. Die beiden Entwicklungen haben sicherlich keinen kausalen Zusammenhang, doch einen zeitlichen. Denn die heutige Jugend in den Schwellenländern lehnt westliche Werte häufig als antiquiert ab.

»Natürlich dürfen wir über die alten Leute unter uns lachen, die ihren eigenen Weg des Fortschritts blockieren und behaupten, dass wir Chinesen im Westlichen alles fänden, was wir benötigen«, schreibt ein junger Chinese in einem Bericht für die Columbia-Universität in den USA über seine Reise durch den Westen.[4] »Aber sollen wir nicht noch viel mehr über diejenigen lachen«, fährt der Autor fort, »die von westlichen Sitten betrunken sind und alles Chinesische für wertlos halten, als wären wir in den vergangenen Jahrhunderten primitiv geblieben und hätten nichts erreicht?«

In wenigen Sätzen brachte dieser junge Chinese zum Ausdruck, wie sehr der Westen für die Jugend in den aufstrebenden Ländern an Attraktivität verloren hat. Eine Orientierung an den Werten des Westens gilt dort zunehmend als rückständig. Europa gilt vielen Asiaten und Afrikanern heute als eine Art liebenswertes Freilichtmuseum, das man gerne besichtigt, das aber nicht mehr zum Vorbild taugt. Europa erscheint ihnen wie ein riesiges Venedig mit allerlei Kuriositäten aus vergangenen Zeiten. Vorbild sind eher Städte wie Dubai und Singapur, die modern, sauber, wohlhabend und wirtschaftlich aufstrebend sind.

Neue Freunde

Immer weniger lassen sich die Vertreter der Schwellenländer Vorhaltungen aus der scheinbar entwickelten Welt gefallen. »Chinas Außenministerium erklärt, dass sich westliche Regierungen angesichts der Schrecken wie dem transatlantischen Sklavenhandel, dem Kolonialismus und dem Holocaust sowie dem Tod so vieler Amerikaner und Europäer an Covid-19 schämen sollten, Chinas Menschenrechtsbilanz infrage zu stellen«, berichtete das britische Wirtschaftsmagazin *The Economist* im April 2021.[5] Eine derart harsche Reaktion ist aus chinesischen Regierungskreisen selten zu hören. Meistens hält sich die Staatsführung in Peking mit offener Kritik am Westen zurück. Die Schwierigkeiten des Westens, Corona zu bekämpfen, nutzt die Staatsführung in Peking, um dem chinesischen Volk die vermeintliche Schwäche der parlamentarischen Demokratie vorzuführen. Dabei ist längst nicht ausgemacht, welcher Weg der Pandemiebekämpfung – der westliche oder der chinesische – langfristig der erfolgreichere sein wird.

Kurz nach diesem harten Ausfall fand die chinesische Regierung zu freundlichen Worten zurück und warb wieder aktiv um die Gunst des Auslands. Im Mai 2021 forderte Chinas

Machthaber Xi Jinping die Funktionäre der Kommunistischen Partei auf, zum Bild eines »glaubwürdigen, liebenswerten und respektablen China« beizutragen.[6] Die Charme-Offensive war offenbar eine Reaktion auf die harte Kritik an Chinas Behandlung der muslimischen Minderheit der Uiguren im Westen des Landes und das repressive Vorgehen gegen die Demonstranten in Hongkong, die für demokratische Werte auf die Straße gingen.

»Es ist notwendig, Freunde zu finden, sich zu vereinen und die Mehrheit zu gewinnen und den Freundeskreis ständig zu erweitern, wenn es um die internationale öffentliche Meinung geht«, hieß es im Bericht der offiziellen chinesischen Nachrichtenagentur Xinhua weiter. Die Nachricht ging um die Welt. Medien in Neuseeland, Singapur, den USA, in Großbritannien und quer durch Europa verkündeten den neuen Kurs der chinesischen Regierung. »Hat China noch irgendwelche Freunde im Westen?«, fragte das amerikanische Nachrichtenmagazin *Newsweek* noch ein Jahr zuvor.[7]

Doch es ist nicht gesagt, dass China seine neuen Freunde unbedingt im Westen sucht. Dank der Neuen Seidenstraße, der »Belt and Road Initiative«, die eine gigantische Infrastruktur zwischen China und dem Rest der Welt entstehen lassen soll, hat die Regierung in Peking genügend Mittel und Wege, um ihre Freunde künftig in Zentralasien, Südostasien, Afrika, Lateinamerika und selbst mitten in Europa zu suchen. Wir werden im Laufe dieses Buches auf dieses Thema zurückkommen.

Die chinesische Erfolgsgeschichte

Der Stolz der Chinesen auf das bisher Erreichte nährt sich aus der jüngsten Geschichte, und diesen Erfolg werten sie auch gegenüber dem Westen als Beweis für die Überlegenheit des eigenen Systems. In einem Rekordtempo stieg China von einem rückständigen Land, in dem Anfang der 1980er-Jahre noch Millionen Menschen an Hunger starben, zu einem führenden Industriestaat auf. Möglich wurde dies durch eine kluge Wirtschaftspolitik, die Mao Zedongs Nachfolger Deng Xiaoping von 1979 an einführte. »Boluan Fanzheng« hieß das Programm, was wörtlich übersetzt so viel wie »Chaos überwinden und zur Normalität zurückkehren« bedeutet.

Deng wandte sich mit seiner »Reform- und Öffnungspolitik« von der dogmatischen Kollektivwirtschaft Maos ab und begann, das Land auf einen liberalen Wirtschaftskurs zu bringen. Eine politische Liberalisierung lehnte er dagegen ab, wie er mit der blutigen Niederschlagung der demokratischen Studentenproteste auf dem Tiananmen-Platz in Peking im Frühjahr 1989 brutal unter Beweis stellte. Obwohl Deng das Primat der Kommunistischen Partei nie in Zweifel zog, stieß seine Reformpolitik auf heftigen Widerstand in der Partei. »Die gesellschaftliche Ordnung Singapurs kann man getrost als hervorragend bezeichnen«, rief Deng ihnen auf einem Parteitag zu. »Dort existiert ein strenges System der Verwaltung und Kontrolle. Das sind Erfahrungen, die wir übernehmen und verbessern sollten.« Eigentlich sollte die Staatsführung dem Volk Demokratie zugestehen. »Um aber unseren Feinden überlegen zu sein, müssen wir Diktatur praktizieren – die demokratische Diktatur des Volkes.« Leider ließ Deng offen, wen genau er zu Chinas Feinden zählte. An diese Worte erinnert allerdings auch die heutige Innenpolitik des aktuellen Machthabers Xi Jinping. Und sie erinnern ihrerseits an die Erziehungsdiktatur, wie sie Konfuzius vor 2500 Jahren formuliert hatte. Jedenfalls lässt sich der Begriff der »demokratischen Diktatur des Volkes« nur schwer mit den Werten der europäischen Aufklärung in Einklang bringen.

Deng begann zunächst, die Landwirtschaft umzubauen, um die Versorgung der Bevölkerung sicherzustellen. Zur Entwicklung der Wirtschaft begann Deng anschließend, chinesische Rohstoffe zu exportieren. Das war noch nicht originell. Viele Entwicklungsländer verkaufen ihre Bodenschätze an ausländische Konzerne gegen harte Dollar, Yen oder Euro. Deng jedoch wollte keine Devisen. Für die Lieferung von Mineralöl an Japan forderte er eine Bezahlung in Technologie. Diese wurde in zunächst vier Sonderwirtschaftszonen in China angesiedelt, in denen ausländische Unternehmen Produkte für den Export auf die Weltmärkte herstellen konnten. Als einer der ersten westlichen Konzerne baute Volkswagen ein Autowerk in Schanghai, gemeinsam mit einem chinesischen Partner, der zu 50 Prozent beteiligt wurde und so Zugang zur Technologie des modernen Automobilbaus erhielt.

So hielt es die chinesische Führung seitdem: Die Regierung kaufte nicht einfach Flugzeuge oder Eisenbahnen im Westen, sondern zwang die Hersteller, ihre Fertigung in China anzusiedeln. Mit Erfolg. Heute übertrifft das Netz an Hochgeschwindigkeitszügen mit rund 40.000 Kilometern Länge bei Weitem das ICE-Netz in Deutschland.[8] In den kommenden Jahren plant die Regierung in China den Bau von mehr als 200 Flughäfen.

Lange glaubte der Westen, dass Deng mit dieser Öffnungspolitik eine Hinwendung zur Marktwirtschaft bezweckte. Das war keineswegs der Fall und zu keinem Zeitpunkt Ziel der chinesischen Politik. Vielmehr war Deng getreu der marxistischen Doktrin der Ansicht, dass China im Ablauf der historischen Produktionsweisen keine Etappe überspringen könne. Nur solle das Stadium des Kapitalismus unter strenger Führung der Kommunistischen Partei durchlaufen werden. Auf dem Dritten Plenum des 12. Parteitags prägte Deng 1982 folgerichtig den Begriff eines »Sozialismus chinesischer

Prägung«. In diesem sollten Unternehmer größere wirtschaftliche Freiheiten genießen, Preise nicht mehr staatlich festgesetzt und das Spiel der Märkte zugelassen werden. Dengs Nachfolger Jiang Zemin und Zhu Rongji schließlich beseitigten fast alle Staatsbetriebe, hoben praktisch alle übrig gebliebenen Handelshemmnisse auf und traten im Jahr 2001 sogar der Welthandelsorganisation WTO bei.

»Reich werden ist ruhmreich.« Mit dieser für einen Kommunisten überraschenden Parole leitete Deng einen wirtschaftlichen Erfolg ein, der beispiellos in der Geschichte ist. In den 30 Jahren nach Dengs Hinwendung zu einer wirtschaftlichen Öffnung erreichte China zeitweise durchschnittliche jährliche Wachstumsraten von 8 bis 10 Prozent und mehr. Anders als der Sowjetunion gelang es China dabei, das Primat der Kommunistischen Partei aufrechtzuerhalten und den inneren Zusammenhalt des Landes, sowohl sozial wie auch regional, zu bewahren. Der wirtschaftliche Erfolg Chinas rief viele Neider, aber auch viele Bewunderer hervor. Besonders für die anderen Schwellenländer ist der Aufstieg Chinas auch ein Ansporn.

Der Geist von Bandung

Vor 70 Jahren versammelten sich in Bandung die Vertreter von zweieinhalb Dutzend zurückgebliebenen Ländern, die meisten von ihnen durch den Kolonialismus ausgeblutet. Vom 18. April bis zum 24. April 1955 fand die erste internationale Konferenz asiatischer und afrikanischer Staaten statt. Sie ging, benannt nach dem indonesischen Tagungsort, als die Konferenz von Bandung in die Geschichtsbücher ein. Der Name von Bandung bedeutet übersetzt »Stadt der 1000 Blumen«. Vor einer malerischen Kulisse mitten auf der Insel Java trafen die Vertreter von 29 Staaten Asiens und Afrikas zusammen. Manche dieser Staaten, vor allem in Afrika, hatten noch nicht einmal formell die Unabhängigkeit erlangt.

Es war eine Gruppe, wie sie unterschiedlicher nicht sein konnte: Das Kaiserreich Äthiopien und das NATO-Mitgliedsland Türkei waren präsent genauso wie die Volksrepublik China, die erst 1949 entstanden war, als die Kommunisten unter Mao Zedong den blutigen Bürgerkrieg schließlich für sich entscheiden konnten. Neben China waren fast das gesamte Asien südlich der Sowjetunion inklusive Indien und Pakistan, fast der gesamte Nahe und Mittlere Osten wie auch Libyen, Ägypten, Sudan und Ghana vertreten. Auch antikoloniale Bewegungen in Marokko, Tunesien und Algerien wie auch Vertreter der schwarzen Bewegung African National Congress (ANC) in Südafrika und des South African Indian Congress (SAIC) schickten Delegierte. So unterschiedlich die einzelnen Länder auch sein mochten – es einte sie ein Ziel: Sie wollten gemeinsam den Kolonialismus hinter sich lassen und ihre Zusammenarbeit auf eine neue Grundlage stellen. Freundschaftliche Beziehungen sollten die Grundlage ihrer friedlichen Zusammenarbeit sein. Gemeinsam wollten sie eine Antwort darauf finden, wie die asiatischen und afrikanischen Länder zur Lösung der Probleme der modernen Welt beitragen könnten.

Die Konferenz von Bandung führte zur Herausbildung eines starken Zusammenhalts zwischen den Schwellenländern, der bis heute anhält. Dabei könnten die Unterschiede kaum größer sein: China ist in den Club der Wirtschaftsmächte aufgestiegen. Indien schickt sich an, bald auch in realen Wechselkursen gerechnet eine größere Wirtschaftsleistung hervorzubringen als die frühere Kolonialmacht Großbritannien. Dagegen führt der Aufstieg Chinas und Indiens vielen afrikanischen Staatsführern vor Augen, wie weit ihre Länder wirtschaftlich zurückliegen. Und dennoch eint die

Schwellenländer das Gefühl, gemeinsam den übermächtigen Wirtschaftsmächten des Westens gegenüberzustehen.

Heute sind viele der Länder, die an der Konferenz von Bandung teilgenommen hatten, an die Weltspitze aufgerückt. Doch selbst China sieht sich trotz aller Erfolge noch als Schwellenland und nicht als etablierte Wirtschaftsmacht. »China wird weiterhin mit anderen Entwicklungsländern zusammenstehen«, sagte Staatspräsident Xi Jinping noch im Oktober 2021 und reihte das Land damit bei den »anderen Entwicklungsländern« und nicht etwa bei den entwickelten Ländern ein.[9]

Viele andere Länder neben China können wirtschaftliche Erfolge verbuchen. Vietnam, die Philippinen, Thailand, Indien, Ägypten, Indonesien oder die Türkei verzeichneten in den vergangenen Jahren zum Teil einen raschen wirtschaftlichen Aufstieg. Nicht vergessen werden sollte, dass selbst Japan in Bandung vertreten war. Als diese 29 Länder sich 1955 in Bandung trafen, trat noch ein Club der armen Brüder in der Weltwirtschaft zusammen. Davon kann heute keine Rede mehr sein. Die Länder von Bandung könnten heute selbst eine Wirtschaftsmacht bilden, wenn sie wirtschaftlich und politisch geeint wären. Und diesen Erfolg werten die Schwellenländer als eigenen Erfolg, den sie oft genug gegen Widerstände aus dem Westen erreicht haben – trotz der partnerschaftlichen Rhetorik der westlichen Entwicklungspolitiker.

Die Rolle der Schwellenländer für die Finanzmärkte

Für die globalen Finanzmärkte spielen die Schwellenländer auch keine untergeordnete Rolle mehr. Aktienindizes wie der MSCI Emerging Markets Index oder der FTSE Emerging

Index zeichnen die Kursentwicklung der großen Unternehmen der Schwellenländer nach. Im MSCI Emerging Markets wird die Entwicklung der Aktienkurse von rund 850 Unternehmen aus den unterschiedlichsten Schwellenländern berücksichtigt. Unter den führenden Unternehmen finden sich keine Hersteller von billigem Plastikspielzeug, Minenkonzerne oder Handelsgesellschaften für Kolonialwaren, sondern zum großen Teil die Industrien des 21. Jahrhunderts.

Das wertvollste Unternehmen im Index ist Taiwan Semiconductor, weltgrößter Hersteller von Computerchips und Halbleitern, mit einem Unternehmenswert von mehr als 500 Milliarden Dollar und einem operativen Gewinn von 20 Milliarden Dollar bei einem Umsatz von 48 Milliarden Dollar im Jahr 2020. Es folgen die beiden chinesischen Internetgiganten Tencent mit einem Marktwert von mehr als 450 Milliarden Dollar und Alibaba mit einem Börsenwert von gut 400 Milliarden Dollar. Auf den weiteren Rängen folgen der südkoreanische Elektronikkonzern Samsung und der südafrikanische Internetriese Naspers.[10] Wir werden uns noch eingehend mit diesen neuen Schwergewichten der Weltwirtschaft befassen.

Im Vergleich dazu liest sich das Who is Who der deutschen Wirtschaft, zusammengefasst im Aktienindex Dax, wie das Verzeichnis eines Wirtschaftsarchivs aus dem 19. Jahrhundert: Daimler, Siemens, Deutsche Bank, Deutsche Post ... Das Unternehmen mit dem größten Börsenwert in Deutschland ist Volkswagen. Der Autokonzern kommt auf eine Marktkapitalisierung von gerade einmal 140 Milliarden Euro und ist damit weniger als ein Drittel so viel wert wie Taiwan Semiconductors.

Die Zeiten sind vorbei, in denen ein Kauf von Aktien aus Schwellenländern als riskantes Beiwerk in der Vermögensanlage galt. Heute investieren dort jene Anleger, die in den Unternehmen investiert sein wollen, die den Lauf des 21. Jahrhunderts maßgeblich prägen werden.

Das Wertesystem verändert sich

Mit dem Aufstieg der Schwellenländer verändert sich nicht nur die Geopolitik. Auch das Wertesystem, an dem sich die Weltordnung orientiert, wird sich weiter verändern. Mag der Westen der chinesischen Staatsführung vorwerfen, grundlegende Menschenrechte zu missachten und ein umfassendes Überwachungssystem um Chinas Bürger zu spannen. Solange sich die Wirtschaft in China weiter so rasant entwickelt wie in den vergangenen 40 Jahren und der Wohlstand auch immer mehr zu den Bürgern durchsickert, so lange weiß die chinesische Staatsführung einen breiten Konsens in der Bevölkerung hinter sich.

So irritierend es für den Westen auch sein mag: China ist vielleicht eine Tyrannei, aber es ist eine, die von einer breiten Mehrheit der Chinesen gestützt wird. Sicher, es ist schwer, sich in einem Land, das keine Meinungsfreiheit zulässt, ein verlässliches Stimmungsbild zu machen. Rana Mitter, Professorin für Geschichte und Politik des modernen China in Oxford, und Elsbeth Johnson, ehemalige Leiterin der Strategie für das Asien-Geschäft des Versicherungskonzerns Prudential, haben dies dennoch versucht und kommen in einem Beitrag für die *Harvard Business Review* zu folgendem Schluss: »Viele Chinesen glauben, dass die jüngsten wirtschaftlichen Errungenschaften des Landes nicht trotz, sondern wegen Chinas autoritärer Regierungsform zustande gekommen sind.«[11]

Die Gleichung, dass mit wachsendem Wohlstand das Streben nach individueller Freiheit zunimmt und am Ende die gesamte Welt sich in einer großen liberalen Demokratie zusammenfindet, geht also nicht auf. In vielen Schwellenländern geht wirtschaftliches Wohlergehen sogar mit einem Wiedererstarken autoritärer Machtstrukturen einher. Und so hart es auch für liberale Demokraten klingen mag: Die westlichen Werte, wie sie im deutschen Grundgesetz oder den Menschenrechtserklärungen niedergeschrieben sind, verlieren an Anziehungskraft. An ihre Stelle tritt keine Wertelosigkeit, kein Nihilismus, doch es sind andere Werte, die unter Umständen völlig unterschiedlich ausgeprägt sein können, je nachdem ob man einen Chilenen, Inder, Südafrikaner, Türken oder Araber fragt. So ist es in vielen Gesellschaften der Schwellenländer wichtiger, sich als Teil einer übergeordneten Gemeinschaft zu sehen, als individuelle Rechte wie die Meinungsfreiheit durchsetzen zu wollen.

Keine Einmischung

Dabei orientiert sich die innere Ordnung der aufstrebenden Länder immer weniger an westlichen Werten. Auch ihre Außenbeziehungen folgen zunehmend eigenen Prinzipien. So veredelt Europa seine Afrika-Politik immer noch gerne mit humanistischen Werten. China dagegen hält es pragmatisch. Ein Grundpfeiler der chinesischen Außenpolitik seit mehr als 60 Jahren ist das Prinzip der Nichteinmischung in die Angelegenheiten anderer Staaten und erst recht die Nichteinmischung in ihre inneren Angelegenheiten. Diesen Wert lehnt der Westen kategorisch ab, gilt er europäischen oder amerikanischen Machthabern als bequeme Ausrede, sich nicht gegen autoritäre Strukturen zu stellen. Dabei gilt die rigorose Position des Westens in den Augen der betroffenen Länder als doppelzüngig, wo der Westen doch gleichzeitig autoritäre Regime wie Saudi-Arabien oder Katar stützt.

Ein Beispiel dafür ist der Kampf gegen die Korruption, die angeblich besonders häufig mit der chinesischen Außenpolitik einhergeht. Der Westen hat es mithilfe der internationalen Institutionen geschafft, der Korruption weltweit den Kampf anzusagen. Nicht nur ist es westlichen Unternehmen nun untersagt, ausländische Beamte zu bestechen. Auch müssen sie darauf achten, dass ihre Zulieferer ebenso grundlegende Menschenrechte einhalten, dass sie etwa keine Sklaven oder Kinder beschäftigen. Der chinesischen Führung ist es gleichgültig, wenn sich ein ausländisches Staatsoberhaupt schmieren lässt. Wenn dies einem chinesischen Unternehmen hilft, um an einen lukrativen Auftrag zu kommen, dann ist dies allein Sache des Empfängerlandes.

Diese Einstellung entspringt nicht Zynismus oder skrupelloser Geschäftemacherei. Es ist vielmehr der Geist von Bandung, die Erfahrung, dass die westlichen Mächte in der Vergangenheit sich immer wieder in fremden Ländern eingemischt, Regierungen gestürzt, Häfen besetzt oder ganze Länder kolonisiert haben. Auch China hat diese Erfahrung gemacht, als das chinesische Kaiserreich gegen Ende des 19. Jahrhunderts seine Hafenstädte Frankreich, Großbritannien oder dem Deutschen Reich übergeben mussten. Zudem haben die Schwellenländer gelernt, dass die hehren Werte, die Europa und die USA vor sich hertragen, allzu oft dazu dienen, knallharte wirtschaftliche oder politische Interessen durchzusetzen. »Do what we tell you, not what we do« – »Macht, was wir Euch sagen, nicht was wir tun.« Dieses Prinzip war lange nicht nur die Richtschnur der amerikanischen Außenpolitik, sondern auch der Außenpolitik der europäischen Staaten.

Früher, als die Schwellenländer in Armut lebten, gelang es Europa und den USA vereint, ihre Standards durchzusetzen. Dazu dienten auch jene Institutionen, die sie nach dem Zweiten Weltkrieg ins Leben gerufen hatten: Vereinte Nationen,

Internationaler Währungsfonds, Weltbank, Welthandelsorganisation (beziehungsweise deren Vorläufer GATT) und viele andere. Heute ist ihr Einfluss – parallel zum Aufstieg der Schwellenländer – gesunken. Dazu beigetragen hat eine mangelnde Glaubwürdigkeit. Viel zu oft wurden diese Institutionen zur Durchsetzung westlicher Maßstäbe benutzt. Immerhin sind sie nun bemüht, diesen Eindruck zu korrigieren. Zudem verfolgt die chinesische Außenpolitik seit Jahren die Strategie, Spitzenämter in diesen multilateralen Institutionen mit Chinesen zu besetzen, um so auch von innen heraus Einfluss auf diese zu nehmen.

Schwindender Einfluss des Westens

Keine Frage, der Einfluss des Westens auf die Weltpolitik nimmt ab. Die Weltmacht der USA stützt sich militärisch auf ihr Atomwaffenarsenal, auf die Stärke der Marine und ihrer Luftwaffe sowie ein weltumspannendes Netz von Militärstützpunkten. Mit gut 340.000 aktiven Marinesoldaten und fast 60.000 Reservisten ist die United States Navy nicht nur personell die größte Marine der Welt, sondern auch die kampfkräftigste. Dank nahezu 300 Schiffen und 11 Flugzeugträgern – drei sollen bis zum Jahr 2030 erneuert werden – kontrollieren die amerikanischen Streitkräfte unangefochten die Weltmeere. Dank ihrer sieben Flotten kann die amerikanische Marine innerhalb kurzer Zeit jeden Punkt der Erde zur See erreichen. Doch militärische Macht relativiert sich, wenn die amerikanische Rüstungsindustrie immer mehr von Computerchips aus chinesischer oder taiwanischer Produktion abhängt. Auch in diesem Punkt wenden sich die Amerikaner von der Globalisierung ab und wollen strategisch wichtige Produkte, wie auch Computerchips, künftig wieder stärker in den USA herstellen.

Es wurde in den vergangenen Jahren immer offenbarer: Die Wachstumstreiber der Weltwirtschaft liegen nicht mehr in Europa und Nordamerika. Heute befindet sich das Wachstumszentrum in China und wird sich bald nach Südasien und Südostasien verlagern, als Nächstes wahrscheinlich nach Afrika. Mit steigendem Wohlstand in diesen Regionen wird ein großer Teil des Wachstums in der Weltwirtschaft daherkommen, dass die Schwellenländer stärker untereinander Handel treiben.

Diese Entwicklung wird nicht ohne Reibungen verlaufen. Auch wird die schwindende Akzeptanz westlicher Werte nicht einfach durch ein neues Wertesystem, beispielsweise ein chinesisches, abgelöst. Das hängt allein schon damit zusammen, dass viele Schwellenländer Chinas Engagement gespalten aufnehmen. In Afrika etwa sorgt das große wirtschaftliche Interesse chinesischer Investoren für heftige Kontroversen. Auf der einen Seite wird jede Investition in die mangelhafte Infrastruktur freudig begrüßt. Auf der anderen Seite beklagen viele Afrikaner die Abhängigkeit von chinesischen Investoren und die Tatsache, wie schamlos sich manche afrikanischen Politiker von Chinesen schmieren lassen. Gleichzeitig bewundern viele Afrikaner die Wirtschaftserfolge Chinas. Dieser Aufstieg zeigt ihnen, was auch in ihren Ländern möglich ist, wenn die wirtschaftlichen Kräfte konsequenter freigesetzt würden.

Doch China ist nicht das einzige aufstrebende Land, das sich für Afrika interessiert. Unternehmen aus Indien oder Malaysia investieren ebenfalls mit großem Erfolg in Afrika. Israelische Unternehmen züchten Schnittblumen und Erdbeeren auf dem Kontinent. Hersteller aus der Türkei und Brasilien liefern Landmaschinen nach Afrika. Auch Russland wird immer häufiger als Investor gesichtet, besonders im Rohstoffsektor. Ein Unternehmen aus dem Wüstenstaat Saudi-Arabien ist Marktführer für Ketchup in Äthiopien. Dies zeigt, wie schnell sich die Beziehungen zwischen den Schwellenländern intensivieren. Allerdings wachsen sie bisher vor allem wirtschaftlich zusammen und weder als politische Macht noch als Vertreter eines neuen Werte-Maßstabs.

Neue Handelspartner

Diese Diskrepanzen werden zunehmen. Denn die Schwellenländer sind immer weniger auf die entwickelten Länder angewiesen. Russlands größter Auslandskunde ist, wenig überraschend, China mit einem Exportvolumen von 49 Milliarden Dollar zwischen April 2020 und März 2021. Vor dem Inkrafttreten der europäischen Wirtschaftssanktionen gegen Russland wegen des Krieges gegen die Ukraine folgten die Niederlande, Großbritannien und Deutschland. Auch das überrascht wenig angesichts der bislang hohen Erdgas- und Mineralöllieferungen Russlands nach Europa. Auf den weiteren Rängen folgten Belarus, die Türkei, Kasachstan und Südkorea – und nicht etwa die USA oder Japan. Auch dieses Beispiel zeigt, wie weit gefächert die Wirtschaftsbeziehungen von Schwellenländern heute sind – und die Schlagkraft westlicher Sanktionen mindern.

Bisher haben wir zu wenig wahrgenommen, wie tiefgreifend der Vormarsch der Schwellenländer die Welt verändern wird. Allenfalls der Aufstieg Chinas und die Abhängigkeit von chinesischen Lieferanten lösen ein gewisses Unbehagen im Westen aus. Wir nehmen es oft gar nicht wahr, wenn deutsche Unternehmen in den Schwellenländern nicht zum Zug kommen – und wenn, dann tun wir es leicht mit dem überholten Hinweis ab, dass diese Märkte für hochentwickelte Qualitätsprodukte, wie sie deutsche Unternehmen herstellen, nicht reif genug seien.

Häufig empfindet der Westen die Markterfolge der Schwellenländer als Folge illegitimer Konkurrenz. China verfolge eine Dumpingpolitik oder könne durch den staatlich geführten Kapitalismus schneller agieren, lautet eine häufige Klage. Doch ist das wirklich so? Als Dumping gilt der Verkauf einer Ware unter ihren Herstellungskosten mit dem Ziel, unliebsame Konkurrenten durch Kampfpreise aus dem Wettbewerb zu drängen und anschließend umso höhere Preise fordern zu können. Die Anschuldigung ist schnell ausgesprochen, der konkrete Nachweis nur schwer zu führen.

Ein anderer Vorwurf aus dem Westen ist häufig, dass sich Unternehmer aus Indien oder Bangladesch zum Beispiel zu wenig um die Arbeitsbedingungen in ihren Fabriken kümmerten oder dass brasilianische oder türkische Fahrzeughersteller zu wenig auf Umweltstandards achten. Diese Vorwürfe sind häufig berechtigt und orientieren sich an den Standards, wie sie der Westen heute für sich gesetzt hat. Auch sollten Unternehmer und Manager tatsächlich belangt werden, wenn sie hilflose Menschen ausbeuten oder mutwillig die Umwelt zerstören. Das prangern auch viele Menschenrechtsaktivisten in den Schwellenländern selbst an. Doch die Anschuldigungen des Westens gehen häufig ins Leere. Die Politiker im Westen wollen glauben machen, sie könnten gegenüber den Schwellenländern Standards in Bezug auf Umweltpolitik, Menschenrechte, Geschlechterpolitik oder Parlamentarismus durchsetzen. Doch das ist nicht mehr so leicht der Fall wie in der Vergangenheit. Die Druckmittel, mit denen der Westen die Schwellenländer dazu zwingen kann, bestimmte Mindeststandards einzuhalten, nehmen mit seinem schwindenden Einfluss auf die Weltpolitik ab.

Schwellenländer, besonders China, standen im Westen lange im Ruf, Erfolgsprodukte hemmungslos zu kopieren. Der Vorwurf ist bestimmt berechtigt. Auch westliche Unternehmen betreiben Industriespionage. Doch die Schwellenländer haben in den vergangenen Jahren in ihre Innovationskraft investiert und sind auch in dieser Hinsicht weniger vom Westen abhängig. Im Jahr 2020 hat China 68.703 internationale Patente angemeldet und damit mehr als Europa und mehr als die USA. Halbleiter, Elektromobilität, Internet der Dinge, Künstliche Intelligenz, Robotik – auf all diesen Gebieten nimmt die Volksrepublik bereits eine starke Position ein, nicht als Kopierer westlicher Ideen, sondern als Pionier und Entwickler von Innovationen. Offenes Ziel der chinesischen Regierung ist es, bis zum Jahr 2035 die globalen Standards in der Technologie zu setzen und bis zum Jahr 2049 die unumstrittene Weltmacht Nummer 1 in Bezug auf Technologie zu sein.

Orientierung am Vorbild China

Auf einer Videokonferenz im November 2020, organisiert von einer großen afrikanischen Bank, sprach der Politikwissenschaftler Kishore Mahbubani. 1948 in Singapur geboren, diente er dem erfolgreichen Stadtstaat viele Jahre lang als Diplomat und lehrt heute an der Lee Kuan Yew School of Public Policy der Nationalen Universität von Singapur. Was der Diplomat zu sagen hatte, war bei Weitem nicht diplomatisch. Viel zu lange hätten die Menschen in den Schwellenländern in einer »angelsächsischen Blase« gelebt. »Unser Verstand war kolonisiert«, beklagte Mahbubani.[12] Heute komme es darauf an, dass sich die Afrikaner an den asiatischen Erfolgsgeschichten orientierten und nicht mehr an den westlichen Gesellschaften, die nur noch Mittelmaß hervorbrächten. Dabei sieht er diesen Trend aus beiden Richtungen befeuert: Nicht nur habe China in großen Schritten seinen Rückstand aufgeholt, auch der Westen sei zurückgefallen. Mahbubani zog die USA als Vergleich heran. Dabei meinte er in Wahrheit den gesamten Westen, neben den USA auch die europäischen Länder, die sich zu sehr im erreichten Wohlstand gefielen, behäbig und selbstgefällig geworden sind.

Mahbubani hat recht, dass die Wirtschaftsdynamik aller Schwellenländer im Durchschnitt seit Jahren das Wachstum der etablierten Länder übertrifft. China verzeichnete rund 30 Jahre lang Wachstumsraten von 8 bis 10 Prozent jährlich, manchmal sogar mehr, während sich die Finanzminister der etablierten Nationen in Europa und Nordamerika schon freuen, wenn das Wirtschaftswachstum mal 2 oder gar 3 Prozent erreicht. Der Blick auf die wirtschaftlichen Fakten lässt dem Westen wenig Raum, sich erfolgreicher zu wähnen als China. Doch sollte sich der Blick nicht auf China beschränken. Auch die anderen Schwellenländer holen in großen Schritten auf. Vor allem zeigen Mahbubanis Ansichten, wie stark der Westen als Modell für die Schwellenländer verloren hat.

Die Gruppe der BRICS-Staaten

Ende 2001 prägte der damalige Chefvolkswirt von Goldman Sachs, Jim O'Neill, den Begriff der BRIC-Staaten. Die Abkürzung steht für Brasilien, Russland, Indien und China, vier Länder, die wenig gemeinsam haben, außer einem hohen Entwicklungstempo und einem überdurchschnittlich hohen Wirtschaftswachstum. Das Konzept verließ rasch die Marketingabteilungen der Investmentbanken. Es wurden Fonds und Zertifikate auf die BRIC-Staaten aufgelegt. Die Staatschefs dieser Ländergruppe treffen sich regelmäßig zu Gipfeltreffen. Unter politischem Druck südafrikanischer Diplomaten, den afrikanischen Kontinent zu berücksichtigen, wurde Ende 2010 Südafrika in den Kreis aufgenommen, der seitdem die BRICS-Staaten heißt.[13]

Die Bildung der BRIC- oder BRICS-Staaten war der erste Weckruf an den Westen, dass sich in den Schwellenländern etwas Grundlegendes verändert. Er wurde nicht gehört, vielleicht weil der Westen mit der großen Finanzkrise von 2008, die im Zusammenbruch der amerikanischen Investmentbank Lehman Brothers gipfelte, und der folgenden Schuldenkrise in Griechenland mit eigenen Problemen beschäftigt war.

Ein anderer Aspekt war, dass der Westen immer argumentierte, die Schwellenländer hätten in guten Jahren zwar ein höheres Wachstum, in den schlechten Jahren jedoch auch einen schärferen Einbruch der Wirtschaftsleistung. In der Corona-Krise änderte sich dies sichtbar. Während in den entwickelten Nationen die Wirtschaftsleistung um 5 Prozent und mehr stürzte, fiel die Wirtschaftskrise in den Schwellenländern schwächer aus. Selbst in den Ländern Afrikas, die vom Ölexport abhängig sind, schrumpfte zwar auch die Wirtschaft, doch nur um 2 bis 3 Prozent. In Indien und China erlitt die Industrie zwar auch einen scharfen Geschäftseinbruch, erholte sich jedoch rasch.[14] Das liegt auch daran, dass China im Zuge der Corona-Pandemie viel schärfere Lockdowns als Europa und die USA verhängt hatte. Die Schwellenländer werden nach Erwartung des IWF schneller und kraftvoller als der Westen wachsen und eine mehr als dreimal höhere Wachstumsrate erreichen.[15]

Lange blickten die etablierten Nationen abfällig auf die Wirtschaftserfolge der Schwellenländer herab. Zurückgebliebene Länder könnten schneller wachsen, weil Abkupfern leichter sei, als eigene Innovationen hervorzubringen, verweist das britische Wirtschaftsmagazin *The Economist* auf die Theorien der Ökonomen Alexander Gerschenkron und Moses Abramovitz.[16] Diese These lässt sich nicht halten. Zumindest haben die Schwellenländer auch dieses Stadium der Entwicklung hinter sich gelassen. Heute ist die These der Konvergenz populärer, wie der *Economist* unter Berufung auf eine Studie der Weltbank ausführt: Ärmere Länder würden schneller wachsen und so ihren Rückstand in Bezug auf ihre Produktivität innerhalb von 48 Jahren halbieren.[17]

Kritik an Europas Sozialstaat

Auch wenn sich die Argumente wandeln, die Sicht des Westens auf die Schwellenländer ändert sich kaum: Es bleibt das Bild von der Rückständigkeit, die Vorstellung, die wohlhabenden Nationen seien in ihrer Entwicklung weiter und der arme Süden müsse diesen Rückstand aufholen. Diese Sicht löst in den Schwellenländern Kopfschütteln aus. In Kapstadt kamen im Jahr 2012 mehr als 1000 Teilnehmer zu einer großen Konferenz der Vereinten Nationen zum Thema Nachhaltigkeit zusammen. Während die europäischen Entsandten über erneuerbare Energie, gute Unternehmensführung und soziale Standards diskutierten, trat ein afrikanischer Delegierter auf die Bühne und setzte zu einer Kritik an den entwickelten Ländern im Norden an. Er warf ihnen nicht etwa vor, überhöhte Standards zu setzen, die im ärmeren Süden nicht eingehalten werden könnten. Das war nicht sein Thema. »Was Ihr in Europa macht, ist nicht nachhaltig«, rief er der Versammlung zu. Die überzogenen Sozialleistungen, mit denen ganze Wählergruppen ruhiggestellt werden sollten, das sei keine nachhaltige Politik, weil sie unmöglich durchgehalten werden könne. »Ihr gebt Geld aus, das Ihr gar nicht habt.« Begeisterter Applaus. Der Redner hatte offenbar etwas laut ausgesprochen, was die Mehrheit der Delegierten, die aus Schwellenländern kam, bisher leise dachte. Nicht an der Höhe der

Staatsschulden in den entwickelten Ländern störte sich der Redner, sondern daran, dass die Schulden nicht aufgenommen würden, um Investitionen in die Infrastruktur zu finanzieren, sondern um Wahlgeschenke und soziale Wohltaten zu verteilen.

Diese Konferenz, der Konsens in den aufstrebenden Ländern der Welt, den dieser Redner zum Ausdruck brachte, zeigte deutlich, wie sehr sich das Verhältnis zwischen Nord und Süd gewandelt hat. Der Norden ist kein Vorbild mehr, dem der Süden nacheifert. Der Süden sieht im Norden einen behäbigen Riesen, der von der Substanz lebt und zum Rückschritt verdammt ist. Es ist unbestritten, dass die Schwellenländer dank ihres hohen Wachstums in großen Schritten aufholen. Doch dieser Aufstieg bedingt nicht zwingend den Niedergang des Westens.

Drängende Fragen

Der Verweis auf Rückständigkeit, unfaire Praktiken oder ungenügende Standards genügt nicht mehr. Die Schwellenländer sind heute oft weiter fortgeschritten bei der Digitalisierung des öffentlichen Lebens. Ihre Unternehmen sind in vielen Bereichen erfolgreicher als die des Westens, besonders in der Künstlichen Intelligenz. Und die Beschwerden über unfaire Handelspraktiken haben mit dem Aufstieg der Schwellenländer stark abgenommen.

Richtig ist: Der Aufstieg der Schwellenländer stellt für den Westen die große Veränderung des 21. Jahrhunderts dar. Auf diesen Erfolg muss der Westen bessere Antworten als bisher finden. Dabei gilt es, die richtigen Fragen zu stellen: Welche wirtschaftliche Stellung streben wir in der Welt an? Wie wollen wir unseren Wohlstand langfristig sichern? Wo sieht der

Westen seinen Platz im neuen Weltgefüge? In diesen Fragen müssen wir Klarheit gewinnen. Doch zuvor gilt es, die neue Welt, die noch im Entstehen begriffen ist, besser zu verstehen. Wir müssen lernen, dass Inder, Chinesen, Nigerianer oder Peruaner unter Umständen etwas anderes meinen als wir im Westen, wenn wir von den scheinbar selben Dingen sprechen.

Die Debatte um die großen Verschiebungen in der Welt hin zu den Schwellenländern konzentriert sich im Westen zu sehr auf China. Doch der Aufstieg Chinas muss im Zusammenhang mit dem Aufstieg all der anderen Schwellenländer gesehen werden. Manche Schwellenländer wie die arabischen Staaten, Nigeria oder Russland haben erkannt, dass eine zu starke Abhängigkeit von Rohstoffen schädlich für ihr Land ist und dass es Vorteile bringt, die Wirtschaft zu diversifizieren. Allerdings tun sich alle diese Länder schwer damit, sich auch tatsächlich von der Abhängigkeit von Rohstoffen zu lösen. Der kleine Ölstaat Dubai etwa verfolgt zielstrebig einen Plan zur Förderung erneuerbarer Energien. Der entscheidende Schritt ist China gelungen: Hier zwingt die Regierung ausländische Unternehmen regelmäßig, die Produktion in China anzusiedeln, wenn sie ihre Produkte im Land verkaufen wollen. Diese Verhandlungsmacht hat ein Land mit einem 1,4 Milliarden Menschen großen Markt, aber nur wenige andere Länder.

Und dennoch haben sich die Schwellenländer als der neue Motor der Weltwirtschaft etabliert. Das Wachstum in den entwickelten Ländern wird nach der Prognose des Internationalen Währungsfonds von 5,2 Prozent im Jahr 2021 bis zum Jahr 2023 auf 1,4 Prozent schrumpfen. Die Schwellenmärkte und die aufstrebenden Länder werden demnach im Jahr 2023 ein Wachstum erreichen, das mit 3,8 Prozent rund 2,8-mal so hoch ausfallen wird.[18] Seit Jahren verzeichnen die Schwellenländer strukturell höhere Wachstumsraten als der

Westen. Dieser Trend scheint sich nach Überwindung der Corona-Pandemie zu verstärken. Und er verschiebt bereits die Gewichte in der Weltpolitik.

Deshalb: Wir müssen anfangen wahrzunehmen, wie sich die Welt verändert, und wir müssen anfangen, die Stereotypen unserer bisherigen Antworten zu überwinden. Wir müssen akzeptieren, dass der Aufstieg der Schwellenländer – über den Aufstieg Chinas hinaus – die Karte der Weltwirtschaft verändert. Und wir müssen uns fragen, wie sich diese Veränderungen auf den Westen auswirken. Was müssen wir im Westen verändern, um auf die neue Zeit vorbereitet zu sein? Wie wird die Welt in Zukunft aussehen, wenn die Schwellenländer ihren Rückstand auf die entwickelte Welt aufgeholt haben? Bei welchen Technologien können wir in Zukunft bestehen? Dies sind die Fragen, auf die wir eine Antwort finden müssen. Bei der Suche nach Antworten kann der Maßstab nicht allein wirtschaftliche Effizienz sein. Es geht auch um die Werte, die wir langfristig sichern wollen.

Sind wir zu bequem geworden, um uns diesen Herausforderungen zu stellen? In einem weltweit beachteten Titel beschäftigte sich das britische Wirtschaftsmagazin *The Economist* Anfang Juni 2021 mit der »neuen Geopolitik der Weltwirtschaft«. Darin beklagen die Autoren, dass sich Europa zu sehr vom Prinzip der Marktwirtschaft, der schöpferischen Zerstörung, abgewandt habe und zu stark mit Staatshilfen an überkommenen Unternehmen festhalte. »Von den 19 in den vergangenen 25 Jahren gegründeten Unternehmen mit einem Wert von mehr als 100 Milliarden Dollar befinden sich neun in Amerika und acht in China«, stellt das Blatt fest. »Europa hat keines.« Auch sehen die Autoren in Europa einen mangelnden Arbeitswillen: »Die chinesischen Tycoons rühmen sich ihrer ›996‹-Arbeitsmoral: von 9 Uhr morgens bis 9 Uhr abends, sechs Tage die Woche. Elon Musk schläft in der Fabrikhalle von Tesla.«

Die Beziehungen zwischen den Schwellenländern und den entwickelten Ländern – das ist zum einen ein Konflikt zwischen Neureichen und altem Geld. Zum andern befinden wir uns aber auch an einem Übergang der Werte. Der Westen hat immer weniger Einflussmöglichkeiten, seine Wertvorstellungen der Welt vorzuschreiben. Gleichzeitig machen seine Politiker, besonders in der Entwicklungspolitik, genau dies glauben. Anstatt die neue Realität anzuerkennen, beharrt der Westen zu sehr auf einem Gefühl der Überlegenheit.

- Die Werte der Aufklärung sind nicht so universell, wie Europäer und Amerikaner glauben.
- In anderen Kulturen bedeutet Freiheit häufig Dienst an der Gemeinschaft.
- Der Westen muss akzeptieren, dass mit dem Aufstieg der Schwellenländer andere Werte in den Vordergrund rücken.

KAPITEL 4

WAS EUROPA IM UMGANG MIT DEN SCHWELLENLÄNDERN FALSCH MACHT – UND CHINA RICHTIG

Während Europa die Schwellenländer für eigennützige Ziele einspannen will und die Beziehungen durch unfaire Wirtschaftspraktiken belastet werden, geht China in seinem Ringen um größeren Einfluss in der Welt klüger vor.

Anfang Dezember 2020 kam eine hochkarätig besetzte Runde zu einer Konferenz zusammen: Top-Manager und hochrangige Politiker aus Europa tauschten sich mit Meinungsführern aus Afrika über die Frage aus, wie sich die Verbindungen zwischen den beiden Kontinenten enger knüpfen lassen. Wegen der Corona-Krise fand das Treffen nur online statt. Darüber ging vielleicht Spontaneität im Austausch verloren. Allerdings erleichterte das Internet die Zusammenkunft einer internationalen Runde. Auf diese Weise kamen Teilnehmer aus Frankreich, Deutschland, Jordanien, Tunesien, Senegal, Italien, Belgien, Kenia und anderen Ländern Afrikas zusammen. Es fielen all jene Schlüsselwörter, die den Diskurs der Europäer gegenüber Afrika seit Jahren prägen. Eine »Partnerschaft auf Augenhöhe« werde angestrebt, womit gemeint war, dass die Europäer gegenüber den Afrikanern auf Hochnäsigkeit verzichten wollten. Von »gleichberechtigten Partnern« war die Rede, was bedeuten sollte, dass die Europäer die Afrikaner nicht bevormunden wollten. Und schließlich wurde von einer »strategischen Partnerschaft« gesprochen, was ausdrücken sollte, dass es die Europäer dieses Mal ernst meinten.

Nach den üblichen diplomatischen Grußworten ergriff eine Reihe europäischer Redner das Wort. Sie lobten allesamt diese Initiative, die diese beiden Kontinente zusammenbringen werde. Danach wurden die Afrikaner gebeten, ihre Sicht der Dinge zu präsentieren. Es folgte eine kalte Dusche. Ein afrikanischer Vertreter bedankte sich artig für diese Initiative, kam jedoch schnell zum Punkt: Eine solche Verbindung sei zwar zu begrüßen, aber sie dürfe nicht auf Afrika und Europa beschränkt bleiben, sie müsse vielmehr alle Partner Afrikas einbinden. Betretenes Schweigen. Denn es war allen klar: Diese Forderung bedeutete nichts anderes, als auch China in die neue Allianz zwischen Afrika und Europa aufzunehmen. Genau dies jedoch wollte auf europäischer Seite niemand. Im Gegenteil, die Initiative war ja gerade ein Versuch, der starken Position Chinas in Afrika etwas entgegenzusetzen. Rasch übernahm ein Europäer das Wort und übertünchte wortreich dieses Ansinnen mit anderen Themen.

So haben sich die Zeiten geändert. Europa hat nicht mehr einen bevorzugten Zugriff auf Afrika. Lange war es bei der alten Hierarchie zwischen beiden Kontinenten geblieben, auch nach dem Ende der europäischen Kolonialherrschaft. Als die europäischen Kolonialmächte ihren Besitz in Afrika in die Unabhängigkeit entlassen mussten, betrachtete Europa seinen Nachbarkontinent im Süden weiterhin als seinen Hinterhof, als seine Domäne, als eine Region, die in politischer und wirtschaftlicher Abhängigkeit zu Europa verharrte und – warum nicht? – auch weiterhin verharren sollte.

Die europäische Politik gegenüber den aufstrebenden Nationen in Asien und Afrika wird dort immer mehr als Ausdruck einer Doppelmoral empfunden. Europa verbindet wirtschaftliches Engagement in den Schwellenländern gerne mit Forderungen in Bezug auf Umweltpolitik und Menschenrechte, setzt diese Kategorien aber selbst außer Kraft, wenn es um die eigenen Interessen geht. China geht anders vor und stellt gerade gegenüber den anderen Ländern in Ostasien oder auch in Afrika seine eigenen Interessen in den Vordergrund. Das chinesische Engagement wirkt nicht ideologisch überfrachtet, sondern vom Streben nach Profit getrieben. Der Westen dagegen steht im Verdacht, besonders Afrika in Abhängigkeit halten zu wollen.

Nach dem Ende der Kolonialzeit waren die neuen afrikanischen Potentaten auf Geldüberweisungen aus den USA und Europa angewiesen. Dafür erhielten die Europäer Zugang zu Rohstoffen, Agrarprodukten und Militärstützpunkten. Entwicklungshilfe – heute bezeichnen die Deutschen sie lieber als »Entwicklungszusammenarbeit« oder als »wirtschaftliche Zusammenarbeit« – diente anfangs dem Ziel, die Machthaber in den neuen Staaten bei Laune zu halten und an Europa zu binden. Später wurde die Zusammenarbeit eingesetzt, um Wahlgruppen in Europa zu bedienen. Die Wähler wollen mehr Bio-Landwirtschaft? Dann fördern wir das vorranging in Afrika. Die Wähler wollen erneuerbare Energie, aber niemand will eine »Verspargelung« der deutschen Landschaft mit Windmasten? Dann verknüpfen wir eben den Aufbau der Stromwirtschaft in Afrika mit der Forderung, dass die

Afrikaner mehr erneuerbare Energie installieren. Dass der Ersatz eines alten Kohlekraftwerks durch ein modernes einen vielleicht höheren Beitrag zum Klimaschutz leisten könnte, spielt in diesen Überlegungen keine Rolle. Es wäre zu schwer, das den Wählern in Europa zu vermitteln.

Die europäische Politik gegenüber den Schwellenländern ist von der Mission beseelt, in diese Teile der Welt jene Werte zu tragen, die der Westen gerade für wichtig hält. Doch die Moden wechseln. Und so folgen auch die Beziehungen zu den Schwellenländern dem Wechsel der öffentlichen Meinung. Dadurch betreiben die verschiedenen Regierungen in Europa wie auch die Europäische Kommission eine Politik gegenüber den Schwellenländern, die sich zu sehr an der Tagespolitik zu Hause und zu wenig an den Sachzwängen der Regierungen vor Ort orientiert. Dort entscheidet über die Wiederwahl eines Politikers weniger, wie stark er erneuerbare Energie gefördert hat, sondern ob er überhaupt die Stromversorgung verbessert hat.

Keine Unterstützung für Kohlebergwerke

Wir im Westen mögen dies bedauern, doch wenn wir das Schlagwort von partnerschaftlichen Beziehungen ernst nehmen, dann müssen wir auch die politischen und wirtschaftlichen Begebenheiten vor Ort zur Kenntnis nehmen. Doch allzu häufig sollen die Schwellenländer benutzt werden, um Ziele dort durchzusetzen, die hierzulande nicht erreichbar sind. So üben deutsche Umweltpolitiker und Umweltaktivisten einen immensen Druck auf Schwellenländer wie Indien oder China aus, den Anteil von Steinkohle in der Stromerzeugung zu reduzieren. Dabei erzeugten deutsche Steinkohlekraftwerke im Juni 2022 knapp 9 Prozent des Stroms im Land und die problematischeren Braunkohlekraftwerkte sogar 24 Prozent.[1]

Das hindert deutsche Umweltaktivisten jedoch nicht daran, gegen Steinkohle anderswo auf der Welt vorzugehen. Diese Erfahrung hatte der deutsche Konzern Siemens in Australien gemacht. Die Adani Group aus Indien wollte vor einigen Jahren in Australien eines der größten Kohlebergwerke der Welt aufbauen: fünf Minen unter Tage und sechs Stätten im Tagebau, in denen Jahr für Jahr bis zu 60 Millionen Tonnen Kohle abgebaut werden sollen. Ein halbes Ruhrgebiet, in dem früher in der Spitze eine Fördermenge von knapp 130 Millionen Tonnen jährlich erreicht wurde. Siemens sollte für Adani die Signaltechnik für die Bahnstrecke bauen, die Adani für den Transport der Kohle ans Meer braucht. Für die Beteiligung an diesem Kohleprojekt mussten Siemens und der damalige Vorstandsvorsitzende des Konzerns, Josef »Joe« Kaeser, heftige Kritik von Umweltaktivisten in Deutschland einstecken. Das abgespaltene Unternehmen Siemens Energy sah sich im Jahr 2020 gezwungen, nicht nur aus dem Projekt in Australien, sondern auch aus dem Bau von Kohlekraftwerken auszusteigen. »Wir beteiligen uns ab sofort nicht mehr an neuen Ausschreibungen für Kohlekraftwerke«, verkündete der Vorstandsvorsitzender von Siemens Energy, Christian Bruch, Ende November 2020.[2] Damit zahlt Siemens Energy einen hohen Preis für einen Frieden mit der Klimaschutzbewegung. Denn der Bau von Kohlekraftwerken war für Siemens Energy immer ein hochprofitables Geschäft.

Der Ausstieg von Siemens Energy wird den Vormarsch der Kohle nicht aufhalten. Die aufstrebenden Länder brauchen für ihr Wachstum Energie. Mit Kohle lässt sich günstig und zuverlässig die Elektrizität liefern, die das Wachstum der Schwellenländer befeuern soll. In 60 Ländern der Welt sind laut der Global Coal Exit List neue Kohlekraftwerke geplant oder schon im Bau.[3] Diese sollen eine Leistung von zusammen 579 Gigawatt Strom liefern. Ein Gigawatt entspricht der

Leistung eines Atomkraftwerks.[4] 259 Entwickler von Kohlekraftwerken gibt es laut dieser Liste – ob da der Ausstieg von Siemens Energy auffallen wird? Einer der größten von ihnen ist die China Energy Investment Corporation mit einer Leistung von mehr als 155 Gigawatt. Der Konzern plant eine Erweiterung seiner Kraftwerksleistung um knapp 54 Gigawatt.

Was ist besser? Sich aus der klimaschädlichen Produktion von Strom aus Kohle komplett zurückzuziehen? Oder sich an der Verbesserung dieser Technik zu beteiligen, da sie in den Schwellenländern benötigt wird, um den riesigen Energiebedarf zu stillen? Ungeachtet der notwendigen Debatte in Europa über eine Reduktion des klimaschädlichen Kohlendioxids, das bei der Verbrennung von Kohle, Erdgas, Erdöl oder Holz entsteht, wird in den Schwellenländern die Kohle als günstiger und zuverlässiger Energieträger gefördert. Auch in Schwellenländern wird Strom zunehmend aus erneuerbarer Energie gewonnen, allerdings meist aus anderen Gründen als im Westen: Zunächst geht es darum, alle verfügbaren Energiequellen zu nutzen, um den riesigen Bedarf zu stillen. Und dann soll erneuerbare Energie in vielen Ländern teure Importe fossiler Rohstoffe zumindest teilweise ersetzen.

Dass der Westen in der Vergangenheit selbst ungehemmt Kohle verfeuert hat und heute die aufstrebenden Länder zur Klimaneutralität zwingen will, empfinden viele Politiker in den Schwellenländern als Zeichen einer unglaubwürdigen Doppelmoral. Der Westen hatte die Debatte in der parlamentarischen Demokratie zum zentralen Mittel der politischen Auseinandersetzung erhoben. Doch den Schwellenländern scheint er in seiner Überheblichkeit wieder einmal vorschreiben zu wollen, wie diese zentrale politische Anliegen zu lösen haben. Denn in Indien wurde der Angriff der Umweltaktivisten nicht nur als eine Attacke auf Siemens wahrgenommen, sondern auch als ein Angriff auf die Adani-Gruppe. Zu Recht.

Das Projekt solle auch dabei helfen, den Reichtum Adanis zu mehren, urteilte das *Handelsblatt*.[5] Doch der Ausstieg von Siemens aus der Signaltechnik für die Bahnstrecke hat den Milliardär Gautam Adani nicht daran gehindert, die Kohlemine in Australien zu erschließen – obwohl die Klimaaktivisten in Deutschland aus berechtigter Sorge heraus dem indischen Unternehmer vorschreiben wollte, wie Indien am deutschen Umweltwesen genesen solle.

Freihandel im Dienste der wohlhabenden Nationen

Überheblichkeit war in der Vergangenheit das prägende Merkmal der Beziehungen, die Europa besonders mit Asien, Südamerika und Afrika unterhielt. Jahrzehntelang dienten die Handelsbeziehungen zwischen Europa und Afrika einseitig den Interessen europäischer Unternehmen. Freihandel diente dazu, Afrika dazu zu verdammen, Agrarerzeugnisse und Rohstoffe möglichst unverarbeitet nach Europa zu exportieren, die Kaffee- oder die Kakaobohnen in Europa zu rösten und zu verarbeiten. Und wenn die europäischen Geflügelzüchter gerade einmal unter einem Überschuss in ihren Ställen litten, dann sollten sie diesen – ganz im Zeichen des Freihandels – ungehindert auf die afrikanischen Märkte werfen können, ungeachtet der lokalen Züchter in Afrika, die mit diesen Dumpingpreisen nicht mithalten können und darüber in den Ruin getrieben werden.

Doch mit dem Aufstieg Chinas und der anderen Schwellenländer auf den Weltmärkten ändern sich die Vorzeichen. Die neue Wirtschaftsmacht China ist heute mit Abstand der größte Investor in Afrikas Infrastruktur. Die deutschen Exporte nach Afrika belaufen sich auf rund 24 Milliarden Euro jährlich. China dagegen verkauft Jahr für Jahr rund achtmal mehr Waren nach Afrika. Rund 148 Milliarden Dollar jährlich betragen Chinas Ausfuhren nach Afrika.[6] Die Zahl der chinesischen Unternehmen, die regelmäßig Geschäfte mit Afrika betreiben, wird auf 10.000 geschätzt. Dagegen sind nur rund 1200 deutsche Unternehmen in Afrika aktiv. Im Vergleich zu China ist das Afrika-Engagement der deutschen Wirtschaft also recht niedrig. Überheblichkeit wäre angesichts des Erfolgs der Exportmacht Deutschland in Afrika fehl am Platz.

Droht eine Masseneinwanderung aus Afrika?

In den vergangenen Jahren ging in Deutschland die Furcht vor einer Massenwanderung von Afrika nach Europa um. Den Überlegungen zum Thema Einwanderung beziehungsweise Auswanderung sei vorangestellt: Bisher hat eine Massenwanderung nicht stattgefunden, und auch wenn viele Afrikaner nach Europa streben, weil sie hier eine bessere Zukunft sehen, so gibt es keine Anzeichen dafür, dass Millionen Afrikaner in den kommenden Jahren nach Europa drängen werden.

Interessant ist es jedoch herauszustellen, dass Auswanderung weniger ein Phänomen von Verarmung ist, sondern vielmehr ein Zeichen für eine Verbesserung der wirtschaftlichen Verhältnisse in der Heimatregion. In vielen afrikanischen Ländern hellen sich die wirtschaftlichen Perspektiven auf. Mehr Menschen gelingt es, eine gute Ausbildung zu erreichen, oft mithilfe der finanziellen Unterstützung der gesamten Familie. Doch noch bieten ihre Heimatländer – beispielsweise Äthiopien, Gambia, Guinea oder Sierra Leone – noch zu wenig Arbeitsplätze, die der Qualifikation entsprächen, die sich die Menschen erarbeitet haben. So suchen viele von ihnen ihr

Glück im Ausland, in Europa, aber zunehmend auch in der Golfregion oder in China. Dieses Phänomen ist Deutschen wohlbekannt. Die Auswanderungswelle in die USA erreichte ihren Höhepunkt, als es dem Deutschen Reich um die Wende vom 19. zum 20. Jahrhundert wirtschaftlich relativ gut ging.

Die These jedoch, dass Hunderte Millionen Afrikaner nach Europa drängen und die hiesigen Sozialsysteme überfordern, lässt sich nicht aufrechterhalten. Sie ist Ausdruck einer überheblichen Sicht auf unseren Nachbarkontinent im Süden und verhärtet einen Diskurs, der Afrika als Armenhaus der Welt darstellt, als einen Kontinent der Hoffnungslosigkeit, der es aus eigener Kraft nicht schaffen wird, sich aus Krieg, Hunger, Katastrophen, Leid und Elend zu befreien. Vor allem verhindert diese Sicht einen unvoreingenommenen Blick auf die wirtschaftlichen Erfolge, die Afrika in den vergangenen 20 Jahren unbestritten erreicht hat.

Europas Pläne für Afrika

Im Herbst 2018 kündigte der damalige Präsident der Europäischen Kommission, Jean-Claude Juncker, einen Aktionsplan der EU für Afrika an. Auf der einen Seite sollen 10.000 Grenzschützer die Europäische Union vor illegaler Einwanderung abschirmen. Auf der anderen Seite sollen Investitionen in Afrika die Menschen davon abhalten, ihr Glück überhaupt erst in der EU zu suchen.[7] Doch die Länder, in die europäische Unternehmen gerne investieren, sind nicht unbedingt die Herkunftsländer für illegale Migration nach Europa. Viele afrikanische Flüchtlinge in Europa kommen beispielsweise aus Guinea und Eritrea. Auf der Weltkarte der privaten Investitionen tauchen diese beiden Länder nicht auf. Dagegen sind Südafrika und Kenia bei deutschen Unternehmen beliebt.

Diese beiden Länder wiederum haben die geringste Zahl von Auswanderern unter allen afrikanischen Ländern. Zu gut sind dort die wirtschaftlichen Perspektiven. Dort finden gut ausgebildete Fachkräfte mittlerweile auch im Land gute Aufstiegsmöglichkeiten.

Und schließlich – dies war der dritte Punkt in Junckers Plan für Afrika – wollte die EU mithilfe dieses Plans die Bindungen zum Nachbarkontinent vertiefen, um dem wachsenden Einfluss Chinas etwas entgegenzusetzen. Jahrelang war die Afrika-Politik eine Angelegenheit, die sich die EU-Mitgliedsländer nicht nehmen lassen wollten. Doch angesichts des rasant steigenden wirtschaftlichen und politischen Einflusses Chinas in Afrika wächst in der EU die Einsicht, dass Europa nur durch eine gemeinsame Anstrengung dem wachsenden Einfluss Chinas etwas entgegensetzen kann. »Europa hat eine komplizierte Botschaft für Afrika«, lautete das Resümee des britischen BBC-Journalisten Andrew Harding nach der Lektüre des EU-Aktionsplans.

Bei diesem ersten Plan wollte es die EU nicht lange belassen. Im März 2020 stellte Junckers Nachfolgerin an der Spitze der Europäischen Kommission, die deutsche Politikerin Ursula von der Leyen, eine neue Strategie für Afrika vor. Die Partnerschaft sollte auf einem klaren Verständnis unserer eigenen und gegenseitigen Interessen und Verantwortlichkeiten beruhen, heißt es in der Mitteilung zu diesem Programm.[8] Afrika sei für Europa ein »natürlicher Partner«, wird von der Leyen zitiert. Es ist von einer »Zukunft mit mehr Wohlstand, Frieden und Nachhaltigkeit für alle« die Rede. Jutta Urpilainen, EU-Kommissarin für internationale Partnerschaften, spricht in der Mitteilung gar von »unseren gemeinsamen Interessen und Werten«. Afrika und Europa würden gemeinsam eine Führungsrolle beim ökologischen und digitalen Wandel übernehmen.

Nur: Wurden die afrikanischen Regierungen gefragt, ob sie diese gemeinsamen Interessen genauso wie die Europäer definieren würden? Wurden die Afrikaner konsultiert, ob es ihnen genauso wichtig wie der EU ist, eine Führungsrolle beim ökologischen Wandel zu übernehmen? Es hätte sich mit Sicherheit gelohnt, vorher unter den afrikanischen Staats- und Regierungschefs oder besser noch: in der afrikanischen Zivilgesellschaft nachzufragen. Die Strategie ist jedenfalls nicht Ergebnis eines Dialogs mit den afrikanischen Ländern, sondern wurde einseitig in Brüssel dekretiert. Und so setzte sich die Kommission dem Verdacht aus, wieder einmal eine Politik nach dem Motto betrieben zu haben: Wir wissen schon, was für euch Afrikaner gut ist. Erst ein halbes Jahr nach ihrer Verkündung, im Oktober 2020, wollte die EU mit der Afrikanischen Union (AU) über diese Strategie reden. Wegen der Corona-Krise wurde der EU-AU-Gipfel weiter verschoben.

Ein solches Vorgehen ist wenig angetan, die Beziehungen zwischen Europa und einem selbstbewusster werdenden Afrika zu vertiefen. Vielmehr ordnen Afrikaner ein solches Vorgehen als Teil der Verhaltensmuster ein, wie die Europäer auch nach dem Ende der Kolonialzeit die Beziehungen zwischen den beiden Kontinenten prägten.

China integriert sich in die Gruppe der Schwellenländer

Doch auch wenn Europa große Pläne für seine Beziehungen zu Afrika schmiedet, ist festzustellen, dass der Kontinent in den tatsächlichen Wirtschaftsbeziehungen immer weiter zurückfällt. Dies gilt besonders im Vergleich zu China. Aber auch andere Schwellenländer bauen ihre Wirtschaftsbeziehungen zu Afrika zügig aus. Produkte aus Indien, Investoren aus der

Türkei, Waren aus Malaysia, Vietnam oder den Philippinen, Immobilieninvestoren aus den Golfstaaten und Landmaschinen aus Brasilien sind in Afrika immer häufiger zu sehen. Bei öffentlichen Ausschreibungen für Infrastrukturprojekte in Afrika sind Europäer nicht immer zu sehen, doch neben den chinesischen Interessenten in den vergangenen Jahren immer häufiger auch Konsortien aus Brasilien oder Russland.

Deutsche Unternehmen betrachten Afrika immer noch in erster Linie als einen Absatzmarkt. Die französische Wirtschaft unternimmt immerhin Anstrengungen, um auch außerhalb des frankophonen Afrika mit Investitionen und einem dauerhaften Markteintritt zu punkten. Unternehmen wie der Molkereikonzern Danone vermeldet aus Afrika Erfolge, in Nigeria etwa oder in Kenia. Auch die Supermarktkette Carrefour expandiert, zum Beispiel in Kenia als Ankerinvestor für moderne Einkaufszentren. Aber auch der Umwelttechnologie-Konzern Veolia baut seine Präsenz in Afrika aus. Dennoch fällt auch die französische Wirtschaft auf dem Kontinent gegenüber China zurück.

Die chinesische Wirtschaft hingegen ist in der Entwicklung der Wirtschaftsbeziehungen mit Afrika über das Stadium von Exporten und vereinzelten Investitionsprojekten längst hinausgewachsen. In vielen Ländern sind chinesische Unternehmen schon fest integriert. Dies mag überraschen, stehen doch chinesische Manager im Ruf, sich und ihre Arbeiter vor Ort abzuschotten und möglichst wenige lokale Arbeitskräfte einzustellen. Und dennoch: In der gesellschaftlichen Integration mögen chinesische Investoren hinterherhinken, in der wirtschaftlichen sind sie weit fortgeschritten. Chinesische Unternehmen betreiben wie ihre europäischen Konkurrenten Handel in Afrika, investieren darüber hinaus aber längst auch in Fabriken, um entweder in Afrika für andere Auslandsmärkte, Europa oder Nordamerika, zu produzieren oder um mit Fabriken in Afrika die afrikanischen Märkte mit günstigen Produkten zu beliefern.

Business, nichts als Business

Chinas Interesse beschränkt sich weitgehend auf Handel und Investitionen in Infrastruktur und Rohstoffe. Die Europäer dagegen schwanken zwischen einem Ausbau der Handelsbeziehungen und dem Setzen politisch, sozial und umweltpolitisch wünschenswerter Ziele: Förderung von Frauen, Kampf gegen den Klimawandel, Aufbau erneuerbarer Energien, Unterstützung von Kleinbauern und anderen gesellschaftspolitischen Zielen. Diese Vermischung von politischen Zielen und Investitionen empfinden viele afrikanische Politiker als anmaßend.

Die deutsche Entwicklungshilfe fördert gerne soziale und ökologische Projekte, nachhaltige Landwirtschaft, den Aufbau von Krankenstationen auf dem Land und viele andere Dinge, die für den Zusammenhalt einer Gesellschaft wichtig sind. Für solche Themen interessieren sich Schwellenländer in Afrika wenig. Auch begegnen die Empfänger dieser Hilfe aus dem Westen immer mehr mit Misstrauen. Dieses schlägt nicht nur der staatlichen Zusammenarbeit entgegen, sondern auch den vielen kleinen und großen Hilfsorganisationen, die sich in Afrika tummeln. Das Klischee will, dass diese Helfer komfortabel leben, fahren sie doch meist in auffälligen, fabrikneuen Toyota-Landcruisern übers Land, am besten mit einem spritzigen Achtzylindermotor ausgestattet. Im nigerianischen Fernsehen gab es einmal eine Serie. In dieser fuhr ein attraktiver Weißer mit offenem Hemd und schicker Sonnenbrille im Cabrio über die Straßen und warf mit Geld nur so um sich. Die Mädchen warfen sich ihm allesamt um den Hals. Es war ein Entwicklungshelfer.

»Wie kommt Ihr dazu, wildfremden Menschen helfen zu wollen?«, hinterfragte ein Afrikaner einmal im Gespräch die Motive der Weißen, die unbedingt in Afrika helfen wollen. Was wäre eine ehrliche Antwort? Abenteuerlust? Sinnsuche junger Menschen zwischen Abitur und Studium? Oder doch eher die Aussicht auf ein Leben auf einem Standard, den viele der Helfer in Europa nicht erreichen könnten, mit Hausmädchen, Gärtner und Privatschule? Oder die Sehnsucht, Gutes zu tun und sich dabei selbst zu finden? Das Konzept des Helfersyndroms ist Afrikanern schwer zu vermitteln.

Es geht nicht darum, das europäisch-amerikanische Modell der Hilfe für ärmere Länder zu kritisieren. Vielmehr soll deutlich werden, wie in den Empfängerländern diese Hilfe wahrgenommen wird. Oft wird diese Hilfe eben nicht als Ausdruck von Wohlwollen gesehen, sondern als Teil eines raffinierten Plans, die westliche Überlegenheit zu beweisen und zugleich Afrika dauerhaft in einer postkolonialen Abhängigkeit zu halten.

China dagegen versucht gar nicht erst, sein Engagement in Afrika und anderen ärmeren Ländern mit guten Worten und guten Taten zu verbrämen. Es geht um Business und nur um Business, um Investitionen und um das Streben nach einer möglichst hohen Rendite auf diese Investitionen. Die Botschaft ist einfach und wird auch vor Ort leicht verstanden. Die Interessenlage ist eindeutig, und damit kann jeder leben. Ob diese Rechnung immer so aufgeht, steht allerdings auf einem anderen Blatt. Auch in Afrika ist es schwierig, hohe Renditen mit Investitionen in Infrastruktur zu erzielen. Dafür lohnen sich Investitionen in den Konsumsektor, da hier der Bedarf an günstigen Produkten immens ist.

Die chinesische Staatsführung hat sich auf handfeste Themen wie den Ausbau der Infrastruktur konzentriert und die Europäer auf den zweiten Rang verdrängt. Chinesische Baukonzerne bauen in Afrika Flughäfen, Eisenbahnlinien, Seehäfen, Autobahnen und jede Menge Bürogebäude in den Metropolen des Kontinents. Seit dem Jahr 2001 schon ist China der wichtigste Akteur im Aufbau der afrikanischen Infrastruktur mit einem Marktanteil von etwa 40 Prozent. In diesen rund 20 Jahren ist der europäische Marktanteil von 44 Prozent auf 34 Prozent gefallen. Noch weiter sind die USA gestürzt, von 24 Prozent auf weniger als 7 Prozent.

Was europäische Entwicklungshilfe in Afrika angerichtet hat

Die Europäer leben in der Vorstellung, dass die Länder, die wir früher »Entwicklungsländer« nannten, in ihrer Entwicklung zurückgeblieben sind und dass wir ihnen helfen müssen, ihren Rückstand aufzuholen. Doch die Hilfe, die Europa anbietet, wollen die Schwellenländer nicht mehr. »Durch die Hilfe wurde tatsächlich mehr Schlechtes als Gutes erreicht«, sagte der kenianische Ökonom James Shikwati in einem Gespräch mit der *Neuen Zürcher Zeitung*.[9] Die ausländische Hilfe habe den Raum besetzt, der von afrikanischen Denkern, Experten, Politikern selbst besetzt sein sollte. »Die ausländische Hilfe wurde zu einem Instrument der afrikanischen Politik, anstatt dass Möglichkeiten geschaffen wurden, dass sich afrikanische Strukturen selbst entwickeln«, sagte Shikwati weiter. Der Westen sei noch immer in den Mustern der Vergangenheit verhaftet. Das chinesische Engagement mache auch den Europäern klar, dass ihr Hilfeansatz für Afrika nicht mehr passe. »Die Chinesen geben keine Hilfe«, sagte Shikwati. »Sie investieren in Infrastruktur und sagen den Afrikanern: Das gibt es nicht umsonst. Wir wollen, dass ihr zurückzahlt.«

Die Entwicklungshilfe, so lautet eine gängige Kritik in den Schwellenländern am Engagement Europas, habe die Demokratie in Afrika geschwächt. Die Regierungen seien weniger ihren Wählern als vielmehr den Geldgebern aus dem Norden verpflichtet. Wer zahlt, schafft an, lautet ein beliebtes deutsches Sprichwort. Solange die afrikanischen Regierungen stärker aus Entwicklungshilfe finanziert werden als aus Steuergeld, sind sie auch den Geberinstitutionen stärker verpflichtet als jenen Menschen, von denen sie gewählt werden wollen. Das untergräbt den Aufbau demokratischer Strukturen in diesen Ländern.

»Es gibt von den Europäern gesetzte Strukturen und dann jene, die darauf von Afrikanern aufgebaut wurden«, beklagt Shikwati. »Und diese beiden spielen zusammen und erzeugen eine Vetternwirtschaft. Da ist eine Art Schattenregierung entstanden, die von den Europäern genährt wurde und die eine politische Elite hervorgebracht hat.« Entwicklungshilfe, wirtschaftliche Zusammenarbeit, die Wohltaten aus dem Norden – für viele Afrikaner ist das nichts anderes als ein versteckter Versuch, sich Wohlwollen von Machthabern und Entscheidungsträgern zu kaufen. Das Ziel des Westens, so die Vermutung, besteht darin, Afrika länger in politischer und wirtschaftlicher Abhängigkeit zu halten. An die These, dass der Westen mit seinem Geld den armen Ländern im Süden Gutes tun wolle, glauben in den betroffenen Ländern nur wenige.

Herrschaft des Geldes statt Herrschaft des Volkes?

Eine neue Frontlinie hat sich in den vergangenen Jahren aufgetan. Sie trennt nicht mehr zwischen entwickelten Ländern und Entwicklungsländern. Sie verläuft zwischen dem europäisch-amerikanischen Modell und dem asiatischen. Selbstbewusst erklärte der Politikwissenschaftler Mahbubani in einer Videokonferenz im Sommer 2022 das 21. Jahrhundert zum asiatischen Jahrhundert. »Die amerikanisch-europäische Vorherrschaft war eine historische Ausnahme«, meint der Politikprofessor. Die Europäer und Amerikaner lebten in der Überzeugung, dass sie in den vergangenen 40 Jahren Erfolg gehabt hätten. Und sie führten dies auf die Demokratie zurück. Doch das sei völlig unzutreffend. »In Wahrheit bekamen die Amerikaner und Europäer die Plutokratie«, sagte Mahbubani, eine Herrschaft, in der Geld und Vermögen Schlüssel zur politischen Einflussnahme sind.[10] Wenn Vertreter von Schwellenländern den alten Nationen den Spiegel vors Gesicht halten, gefällt das Bild nicht unbedingt.

Die beiden großen amerikanischen Parteien, Demokraten und Republikaner, haben nach einer Schätzung des unabhängigen Center for Responsive Politics (CRP) für ihren Wahlkampf um die amerikanische Präsidentschaft im Jahr 2020 rund 11 Milliarden Dollar ausgegeben.[11] Dies sei der teuerste Wahlkampf aller Zeiten gewesen. Ein gutes Programm genügt nicht mehr. Ein Kandidat muss heute auch jede Menge Wahlkampfwerbung im Fernsehen schalten. So war Wahlsieger Joe Biden in den umkämpften Bundesstaaten angeblich »pausenlos auf allen Lokalsendern« zu sehen.[12] Ohne eine starke finanzielle Rückendeckung ist es kaum noch möglich, einen Präsidentschaftswahlkampf zu gewinnen. Geld entscheidet in der Tat in den westlichen Demokratien über die Chance, eine Wahl zu gewinnen.

Auch im Sozialwesen sei der Westen zurückgefallen, klagt Mahbubani. Es sei offenkundig, dass Asien die Covid-19-Krise besser, effizienter und schneller als der Westen bekämpft habe. Dass Europa und Nordamerika so viel länger gebraucht hätten, um das Virus einzudämmen, läge auch an der eigenen

Überheblichkeit. Dass es dem Westen allerdings gelungen ist, innerhalb kürzester Zeit hochwirksame mRNA-Impfstoffe auf den Markt zu bringen, erwähnt er nicht. »Hat der Westen Delegationen nach Asien geschickt, um zu untersuchen, warum Asien so erfolgreich war? Nein«, beklagte der Politologe aus Singapur. Während sich die chinesische Politik im Ausland durch Pragmatismus auszeichne, leide der Westen unter einem »dogmatischen Überheblichkeitsgefühl«. Dabei sei Pragmatismus und nicht Dogmatik der Schlüssel zum Erfolg. Vietnam habe es auf diese Weise innerhalb von nur einer Generation von einem rückständigen Land zu einer führenden Wirtschaft geschafft und dabei die Etappe eines Schwellenlands übersprungen. Im Jahr 1990 lag das Bruttoinlandsprodukt bei rund 120 Dollar je Kopf. Heute sind es mehr als 4000 Dollar.[13] Der Anstieg beeindruckt, doch in den USA liegt die Wirtschaftsleistung bei mehr als 69.000 Dollar je Kopf und in Deutschland bei nominal rund 45.000 Dollar je Einwohner. Und die Korruption? In China gehe sie zurück, meint Mahbubani, während sie in den Vereinigten Staaten zunehme.

Ohne Frage, das europäische Modell einer Zusammenarbeit mit den Schwellenländern hat an Glaubwürdigkeit verloren – wegen der wirtschaftlichen Schwäche der entwickelten Länder, wegen der maroden Staatsfinanzen, wegen der sichtbaren Risse im politischen Gefüge und wegen all der negativen Effekte, die das europäische Modell einer Entwicklungszusammenarbeit hervorgebracht hat. Allerdings will der Westen diese Veränderung nicht so recht wahrnehmen. Die Europäer haben einen recht einseitigen Blick auf das Engagement Chinas in anderen Schwellenländern. China wird gerne als eine Art Kolonisator dargestellt oder als ein moderner Raubtierkapitalist, der nicht investiert, sondern nur danach trachtet, schwächere Länder wie Vietnam oder ganze Kontinente wie Afrika auszubeuten und zu unterwerfen. Die

Wahrheit ist komplexer. China wird in den Schwellenländern häufig als Vorbild gesehen. Afrikaner führen immer wieder an, dass China zum Zeitpunkt der Unabhängigkeit Ghanas im Jahr 1957 etwa genauso arm wie das Land in Westafrika war. Das Bruttoinlandsprodukt je Kopf war in beiden Ländern damals etwa gleich niedrig. Heute liegt das Bruttoinlandsprodukt in China bei 16.709 Dollar je Einwohner (nach Kaufkraftparität), in Ghana bei nur 5688 Dollar – fast dreimal weniger.

Jahrtausendealte Hochkultur

Immerhin beginnen die Europäer ihre Perspektive zu weiten. Im Oktober 2013 wurde im Liebighaus in Frankfurt eine bemerkenswerte Ausstellung eröffnet. Basierend auf den langjährigen Grabungen und Forschungen von Peter Breunig, Professor für Archäologie an der Goethe-Universität in Frankfurt, wurden zum Teil mehr als 3000 Jahre alte Ton-Skulpturen der Nok-Kultur in Zentralnigeria gezeigt. Das Bemerkenswerte an der Ausstellung waren die Skulpturen selbst – sie sind atemberaubend schön und auf verstörende Weise modern. Bemerkenswert war auch, dass die Kuratoren der Ausstellung die Nok-Figuren nicht in einem gesonderten Raum präsentierten, sondern inmitten der Dauerausstellung zwischen griechischen und ägyptischen Skulpturen, die zur gleichen Zeit entstanden waren wie die Terrakotten der Nok-Kultur. So wurde den Besuchern eindrücklich vor Augen geführt, dass die Kultur im Westen Afrikas den großen Kulturen nordöstlich der Sahara in nichts nachstand und dass es auch damals einen Austausch durch die Sahara hindurch gegeben haben muss.

Die komplexen und historisch weit zurückreichenden Beziehungen zwischen China und Indien, zwischen China und

Afrika oder auch zwischen Indien, dem Nahen Osten und Afrika werden in Europa kaum wahrgenommen. Als die Portugiesen vom 16. Jahrhundert an ihre ersten Handelsstützpunkte entlang der afrikanischen Küste gründeten, trafen sie auf Araber und Inder, die dort längst etabliert waren. Arabische Händler bereisten schon im 8. Jahrhundert die Insel Sansibar an der Ostküste Afrikas – zu dieser Zeit wurde der spätere Kaiser Karl der Große geboren. Als dieser einen schweren Krieg führte, um die Sachsen zum Christentum zu bekehren, etablierten die Araber bereits den Islam an der Ostküste Afrikas. Als der portugiesische Seefahrer Vasco da Gama am 28. Januar 1499 Sansibar besuchte, fand dieser gut ausgebaute und wohlhabende Städte vor, die seit Langem lebhaften Handel mit Indien trieben. Vom 17. bis zum 19. Jahrhundert herrschte der Sultan aus dem rund 4000 Kilometer Seeweg entfernten Oman über weite Teile der Ostküste Afrikas.

Die Beziehungen zwischen China und Afrika sind älter als die zwischen Europa und Amerika. Der Abenteurer Christoph Kolumbus stach im Jahr 1492 mit drei kleinen Schiffen und 90 Mann Besatzung in See und entdeckte Amerika. 59 Jahre zuvor, im Jahr 1433, war der chinesische Admiral Zheng He schon von seiner siebten Expedition nach Westen zurückgekehrt. Diese Reisen führten ihn bis nach Afrika. Zheng Hes Flotte umfasste 255 Schiffe, davon 62 Großschiffe, und mehr als 27.800 Männer an Bord, auch Ärzte, Sterndeuter und Geographen. Schon Marco Polo beschrieb die Riesenschiffe in China, im Vergleich zu denen Kolumbus' Karavellen wie Nussschalen wirken mussten: Mit vier bis sechs Masten und 60 Kabinen bestückt, konnten die chinesischen Schiffe bis zu 300 Seeleute aufnehmen.

Seine fünfte Reise in den Jahren 1417 bis 1419 trug Zheng He und seine große Flotte über Java und Sumatra bis zur somalischen Küste und von dort entlang der Ostküste Afrikas bis ins heutige Kenia. Und obwohl er mit einer veritablen Streitmacht die rund 9000 Kilometer lange Reise unternahm, hegte der chinesische Admiral keinerlei Ambition, Afrika zu unterwerfen. Im Gegenteil, er sollte diplomatische Beziehungen pflegen und neue Handelspartner für das chinesische Kaiserreich gewinnen. Im Vergleich zu den spanischen Conquistadores, die in ihrer Gier nach Gold Amerika durchstreiften und ganze Zivilisationen auslöschten, trat Zheng He bescheiden auf. Nur eine einzige Giraffe nahm er mit nach China zurück, um diese Kuriosität seinen Landsleuten zu Hause zu zeigen.

»Obwohl er oft als Entdecker beschrieben wird, unternahm Zheng He nicht in erster Linie Entdeckungsreisen«, meint Dolors Folch, emeritierte Professorin für Chinesische Geschichte an der Universität in Barcelona, in einem Bericht über diese Reisen.[14] »Während der Song-Dynastie hatten die Chinesen bereits Indien, den Persischen Golf und Afrika erreicht.« In der Tat nahm das chinesische Kaiserreich schon im Jahr 1414 diplomatische Beziehungen zum Sultan von Malindi an der afrikanischen Ostküste auf. Zheng Hes Reisen dienten vor allem der Festigung dieser Kontakte. Allerdings beendete China diese Reisen nach Zheng Hes Tod und zog sich von den Weltmeeren zurück.

Keine Einmischung und gegenseitiger Nutzen

Beziehungen zwischen Indien, China, Arabien und dem Osten Afrikas bestehen somit seit vielen Jahrhunderten. Nach dem Zweiten Weltkrieg versuchten die Politiker in den Ländern am Indischen Ozean und China an diese historischen Beziehungen anzuknüpfen. Die einstigen Verbündeten USA und Sowjetunion standen sich schon bald nach dem Sieg über das Deutsche Reich in einem Kalten Krieg gegenüber. Viele der neuen Staaten, die in den Nachkriegsjahren ihre Unabhängigkeit erlangt hatten, wollten sich nicht in einen dieser Militärblöcke einordnen. Und so begann China, auf der Konferenz von Bandung die schon erwähnte Allianz der blockfreien Staaten ins Leben zu rufen.

Ein Jahr vor dieser Konferenz hatte die kommunistische Staatsführung Chinas die Fünf Prinzipien der Friedlichen Koexistenz verkündet, die dann auch in Bandung angenommen worden sind. Als der chinesische Ministerpräsident Zhou Enlai damals Indien und Burma besuchte, wurde in beiden Ländern eine gemeinsame Erklärung veröffentlicht, in denen diese Prinzipien verankert waren: 1) Achtung der Souveränität und territorialen Integrität, 2) gegenseitiger Nichtangriff, 3) gegenseitige Nichteinmischung in die inneren Angelegenheiten, 4) Gleichberechtigung und gegenseitiger Nutzen und 5) friedliche Koexistenz trotz unterschiedlicher Systeme. Allerdings wird auch China immer wieder vorgehalten, gegen diese Prinzipien zu verstoßen. Dies zeigt sich aktuell in den schwierigen Beziehungen zu Hongkong und Taiwan. Aber auch im Rahmen der Neuen Seidenstraße wird die chinesische Staatsführung immer wieder dafür kritisiert, sich in innerstaatliche Angelegenheiten einzumischen.

Anders als die Europäer, als Weltbank, Europäische Investitionsbank oder der Internationale Währungsfonds stellen die Chinesen – Staatsführung wie Unternehmen – zumindest offiziell keine Forderungen und verknüpfen ihre Investitionen auch nicht mit erzieherischen Maßnahmen. Damit unterstütze China ungehemmt diktatorische und autokratische Regime in Afrika, lautet der Vorwurf aus den entwickelten Ländern. Chinesische Unternehmen stellen die Regeln, die sie vorfinden, nicht infrage. Richtig ist, dass chinesische Investoren keine Vorbehalte haben, Entscheidungsträger vor

Ort großzügig mit Geschenken zu bedenken, wenn dies ein Projekt voranbringt.

Die europäische Haltung wird entweder als verlogen dargestellt, weil die Europäer, wenn auch widerwillig, immer wieder Diktatoren stützten, wenn dies ihren Interessen diene. Oder sie wird als bevormundend oder entmündigend empfunden, wenn die Europäer den Regierungen souveräner Staaten weitreichende Eingriffe in die innere Verfassung ihres Landes vorschreiben wollen. Umgekehrt werden die Fünf Prinzipien von den einen als Zeichen des Respekts vor anderen Staaten gewertet, von den anderen als zur Schau getragene Gleichgültigkeit.

In den vergangenen Jahren haben afrikanische Staatschefs, die im Westen geächtet waren oder sogar mit internationalem Haftbefehl gesucht wurden, in China eine Alternative zu Investoren und Partnern aus den USA und Europa gefunden. Damit wurde es für den Westen schwerer, hohe Maßstäbe in Bezug auf politische Korrektheit international durchzusetzen – mittlerweile ist es unmöglich.

Gleichgültig, wie man zu den Fünf Prinzipien der chinesischen Außenpolitik steht: Fakt ist, dass die Europäer mit ihrer Verknüpfung einer politischen, militärischen und wirtschaftlichen Zusammenarbeit mit einem wechselnden Wertekanon, den sie dem Süden vorschreiben wollen, weltpolitisch zunehmend ins Hintertreffen geraten. Der Westen gerät damit in einen Zwiespalt zwischen der eigenen Öffentlichkeit, die hohe ethische, gesellschaftspolitische und umweltpolitische Standards weltweit einfordert, und dem wachsenden Einfluss großer Schwellenländer, die Weltpolitik nach anderen Maßstäben betreiben. Sie wollen weniger Entwicklungspolitik betreiben, sondern investieren. Normale Geschäftsbeziehungen, die auf Rendite, Gewinn und der Verfolgung egoistischer Interessen beruhen, gelten bei ihnen mehr.

Kapitel 4

Schmutzige Produktion in die Schwellenländer

Jahrzehntelang hat der Westen die Schwellenländer genutzt, um in diese Länder die Herstellung von Produkten zu verlagern, die im Westen zu teuer geworden war oder die im Westen politisch nicht mehr gewollt war. Der große Einschnitt kam mit der Ölkrise in den 1970er-Jahren. Diese ließ die Energiekosten in Deutschland explodieren und vertrieb die energieintensive Industrie zu großen Teilen aus Deutschland.

Am Sonntag, dem 25. November 1973, wurde in Westdeutschland erstmals ein Fahrverbot für Autos verhängt. Gleichzeitig wurde für Landstraßen die Höchstgeschwindigkeit von 100 auf 80 Stundenkilometer gesenkt. Auf Autobahnen durfte höchstens 100 Stundenkilometer schnell gefahren werden. Mit diesen Einschränkungen hatte damals der Konflikt zwischen Israel und den arabischen Staaten Europa erreicht. Die arabischen Staaten sagten dem Westen, der Israel im Jom-Kippur-Krieg unterstützte, den Kampf an und senkten die tägliche Ölproduktion. Vom 5. November 1973 an drosselten sie die tägliche Fördermenge um 25 Prozent. Sie wollten das Angebot so lange verknappen, bis die Energieversorgung im Westen nicht mehr sichergestellt war, der Westen einknicken und Israel zwingen würde, sich aus den Gebieten, die das Land 1967 im Sechs-Tage-Krieg erobert hatte, zurückzuziehen. Es war ein Weckruf für den Westen, der auf einmal seine Abhängigkeit von den Ölförderländern im Nahen Osten erkennen musste. Nicht nur wurden jetzt Ölfelder in der Nordsee erschlossen, auch wurden allerlei Energiesparmaßnahmen beschlossen und Heizungen allmählich von Öl auf Erdgas umgestellt. Frankreich reagierte auf die Ölkrise mit dem Bau neuer Atomkraftwerke.

In den 1970er- und 1980er-Jahren zwang die europäische Stahlkrise viele Hersteller, ihre Stahlwerke in Europa zu schließen. Das betraf auch die Aluminiumhersteller. Heute dominiert Asien die Produktion von Stahl und Aluminium. Viele entwickelte Länder sind von der Liste der großen Produzenten von Stahl und Aluminium auf der Welt verschwunden: Deutschland, Frankreich, Spanien, Griechenland, die Niederlande, Großbritannien, Italien. Südafrika produziert heute mit 690.000 Tonnen mehr Aluminium als Deutschland vor der Ölkrise (369.000 Tonnen). Damit hat Deutschland eine Forderung des SPD-Politikers Willy Brandt von 1961 wahrgemacht: »Der Himmel über der Ruhr muss wieder blau werden.«[15]

Während die westlichen Länder davon profitieren, dass die schmutzigen Industrien nicht mehr bei ihnen, sondern in Indien, China oder Korea angesiedelt sind, rühmt sich Europa gleichzeitig, wie sauber es wirtschafte und wie hoch der Nachholbedarf von China oder Indien in Sachen Klimaschutz sei. Diese Haltung des Westens wird in den Schwellenländern häufig als heuchlerisch wahrgenommen. Die in Berlin erscheinende Zeitung *Der Tagesspiegel* kommentierte anlässlich der 23. Weltklimakonferenz, die im Jahr 2017 in Bonn stattfand: Nur aufgrund der eigenen enormen Umweltprobleme sei China schließlich darauf eingeschwenkt, die Weltklimakonferenz, die in regelmäßigen Abständen an anderen Orten stattfindet, zu unterstützen. Nur unter Zwang habe sich China darauf eingelassen, nun auch für Klimaschutz einzutreten. »Die neue Klimaschutz-Offensive [der chinesischen Regierung] entspringt jedoch nicht in erster Linie dem guten Willen der Kommunistischen Partei, sondern ist vor dem Hintergrund der eigenen Umweltprobleme zu bewerten«.[16]

Sollte mit dieser Bemerkung die Umkehr der chinesischen Regierung in der Klimapolitik entwertet werden? Doch fand nicht in allen Ländern, auch in Deutschland, Frankreich und den USA, nicht erst vor dem Hintergrund bedrohlicher Umweltschäden ein Umdenken in der Klimapolitik statt? In Deutschland ging der erste Weckruf 1980 mit dem Waldsterben durchs Land, als großflächige Schädigungen des Waldes auftraten, erstmalig fern von eindeutig zu benennenden Emissionsquellen. Der Kampf gegen den Feinstaub in Europas Innenstädten wurde erst um das Jahr 2003 aufgenommen, als die gesundheitlichen Folgen – Asthma, Allergien, Schädigungen der Lunge – klarer geworden sind.

Der Himmel über der Ruhr wurde tatsächlich blau. Doch hat die Erfüllung dieser Forderung die Welt insgesamt nicht sauberer gemacht. Die schmutzigen Industrien sind in die Schwellenländer verlagert worden. Heute beklagt der Westen, dass China sich die Rohstoffvorkommen in Afrika sichern wolle, und vergisst dabei, dass die chinesischen Unternehmen genau mit diesen Rohstoffen zu einem Gutteil jene Produkte herstellen, nach denen die europäischen Verbraucher gieren: Smartphones, Tablets und Laptops mit Coltan aus der Demokratische Republik Kongo, Batterien für E-Autos und E-Bikes mit Lithium aus Chile und Bolivien, Edelstahl mit Chromit aus Simbabwe und Südafrika.

Stahlunternehmer aus Indien nutzen die Lücke, die Europa lässt: Anfangs verlagerte die europäische Wirtschaft energieintensive Branchen wie die Herstellung von Stahl und Aluminium ins Ausland. Dann stiegen indische Unternehmer wie Ambani oder Tata selbst groß in dieses Geschäft ein. Heute profitieren sie davon, dass Europa keine schmutzigen Industrien in Europa betreiben will, aber weiterhin Stahl und Aluminium in großen Mengen benötigt.

Anfangs sollten die Schwellenländer nach dem bewährten Schema nur jene Dinge herstellen, mit denen sich der Westen nicht mehr befassen wollte. Doch Asien – und vor allem

China – begnügte sich nicht mit einer Rolle als willfähriger Produzent billiger Massenware, während sich der Westen auf die technisch anspruchsvollere Weiterverarbeitung konzentrieren wollte.

Unter dem Nachfolger des chinesischen Übervaters Mao Zedong, Deng Xiaoping, verfolgte das kommunistische China von 1979 an eine Politik der vorsichtigen Öffnung und behutsamer, doch ambitionierter Reformschritte. Wenige Jahre später wollte die Sowjetunion unter Michail Gorbatschow eine ähnliche Öffnung einleiten unter den Schlagworten Glasnost (Transparenz) und Perestroika (Umstrukturierung). Während die Reformpolitik in der Sowjetunion grandios scheiterte und den Zerfall des kommunistischen Regimes nicht aufhielt, leitete Dengs Öffnung einen wirtschaftlichen Aufstieg Chinas ein, der in der Wirtschaftsgeschichte beispiellos sein dürfte.

- Wir versuchen, unsere Werte mithilfe der Entwicklungspolitik in die Welt zu tragen.
- Der Westen verkennt die jahrhundertealten Beziehungen unter den Schwellenländern.
- Der Westen hat die Schwellenländer zu lange für eigennützige politische Ziele benutzt.

KAPITEL 5

DIE GEWICHTE IN DER WELTWIRTSCHAFT VERSCHIEBEN SICH

Unternehmer aus den Schwellenländern erobern erfolgreich Branchen, die einst Europäer dominiert hatten. Damit steigt eine neue Klasse von Unternehmern auf, die sich anschickt, die Welt zu verändern.

Noch dominieren amerikanische Selfmade-Milliardäre die Liste der reichsten Menschen der Welt. Doch die erfolgreichen Unternehmer aus den Schwellenländern holen in rasanten Schritten auf. Auch sie legen heute mit ihren Yachten in den Luxushäfen der Côte d'Azur an, kaufen Fußballvereine in England und Frankreich, gönnen sich exquisite Weingüter rund um Bordeaux und ersteigern bei Auktionen die erlesensten Kunstwerke aus Europa. Auch in dieser Beziehung verschieben sich die Gewichte in der Weltwirtschaft. Viele der neuen Milliardäre aus den Schwellenländern haben die großen Vermögen in Europa längst überholt.

Die beiden reichsten Männer der Welt sind Selfmade-Milliardäre aus den USA: Elon Musk erreichte laut der Liste der reichsten Menschen der Welt des amerikanischen Wirtschaftsmagazins *Forbes* im Jahr 2022 ein Vermögen von 219 Milliarden US-Dollar netto, dicht gefolgt von Amazon-Gründer Jeff Bezos, der auf immerhin 171 Milliarden Dollar kam.[1] Musk wie auch Bezos haben kein Vermögen geerbt – sie haben es selbst aufgebaut.

Bezos hatte sein Studium der Elektrotechnik und Informatik an der renommierten Princeton University 1986 mit Bestnote abgeschlossen. Zunächst arbeitete er für die taiwanische Mobilfunkgesellschaft FITEL, dann für die New Yorker Investmentbank Bankers Trust, die 1999 an die Deutsche Bank verkauft wurde. Anschließend wechselte Bezos zum Hedgefonds D. E. Shaw & Co., den der Informatiker David E. Shaw im Jahr 1988 gegründet hatte. Mit Shaw zusammen entwickelte er die Idee eines Kaufhauses im Internet. 1994 trennte er sich von Shaw und gründete Amazon, um seine Idee allein weiterzuentwickeln. Der Rest der Geschichte – der steile Aufstieg von Amazon zum größten Online-Warenhaus der Welt – ist bekannt. Mit diesem Erfolg lässt Bezos Michael Otto, den Eigentümer des größten deutschen Versand- und Onlinehändlers Otto Versand, um Längen hinter sich. Michael Otto, geboren 1943 als Sohn des Versandhausgründers Werner Otto, schafft es auf ein Vermögen von 8,9 Milliarden Euro und somit weltweit auf Rang 180 der *Forbes*-Liste.[2] Nicht schlecht, doch das Vermögen des Selfmade-Milliardärs Bezos übertrifft das Ottos fast um das Zwanzigfache.

Ohne die Reichen aus der neuen Welt wären auch einige in der alten empfindlich ärmer. Die »Neue Welt«, das war jahrhundertelang die Bezeichnung für den amerikanischen Kontinent, nachdem Christoph Columbus ihn 1492 für die Europäer entdeckte. Heute sind mit »neuer Welt« die Schwellenländer gemeint, die neu in die Riege der aufstrebenden Wirtschaftsnationen aufsteigen und sich daran machen, die neuen Wachstumszentren in der Weltwirtschaft zu bilden.

Selfmade-Unternehmern werden gerne fehlende Manieren, mangelnde Bildung oder ein Hang zur Effekthascherei nachgesagt. Solche Vorbehalte schlugen sozialen Aufsteigern schon immer entgegen. Doch ohne die neuen Reichen aus den Schwellenländern wäre der Norden um einiges ärmer. Der französische Unternehmer Bernard Arnault belegte sicher nicht auf der Liste der reichsten Menschen der Welt mit einem Vermögen von 158 Milliarden US-Dollar den dritten Rang, wenn chinesische oder russische Kunden nicht so gern in den Luxusgeschäften seines Konzerns LVMH Taschen von Louis Vuitton kauften oder Champagner der Marken Veuve Clicquot oder Dom Pérignon tränken.[3]

Erfolgreiche Selfmade-Milliardäre aus den Schwellenländern

Der indische Unternehmer Mukesh Ambani belegte im Jahr 2022 mit einem Vermögen von rund 90 Milliarden Dollar weltweit den 10. Rang unter den reichsten Menschen der Erde. 1957 in der Hafenstadt Aden in Jemen geboren, wurde er unter anderem mit der Gewinnung und der Verarbeitung von Mineralöl steinreich. Mukesh Ambani gehört das Konglomerat Reliance Industries, das im Sommer 2022 einen Börsenwert von mehr als 200 Milliarden Euro erreichte.

Viele der erfolgreichen Unternehmer in den Schwellenländern sind in Europa kaum bekannt. Wir nehmen sie höchstens wahr, wenn sie die Extravaganzen vermögender Menschen ausleben. Einer von ihnen machte im März 2021 von sich reden, als er einen unglaublich hohen Preis für ein digitales Kunstwerk zahlte: Vignesh Sundaresan kaufte in einer Versteigerung des Auktionshauses Christie's für den Preis von sensationellen 69,3 Millionen US-Dollar das digitale Kunstwerk »Everydays: The First 5000 Days« des amerikanischen Künstlers Mike Winkelmann, der lieber unter dem Künstlernamen Beeple durch die internationale Kunstszene geht. Das digitale Werk presst 5000 kleine Teile im Format von iPhone-Fotos, die Winkelmann seit dem Jahr 2007 gesammelt hatte, in eine Collage. »Es ist die dekadente und unwürdige Spitze dessen, was einem bei dem Gedanken an Kunstauktionen so oft in den Sinn kommt: verantwortungslose Gier und ins Absurde gesteigerte Preise«, schäumte die Kunstjournalistin Sarah Pines in der *Neuen Zürcher Zeitung*.[4]

Für den indischen Millionär dagegen war dieser Kauf eine wohlüberlegte Investition. Sundaresan ist mit Krypto-Währungen, Blockchain-Technologie und Tokens im Alter von weniger als 40 Jahren zu einem stattlichen Vermögen gekommen. So hatte er das Unternehmen Bitaccess gegründet, das nach eigenen Angaben in 18 Ländern auf der ganzen Welt 100 Bitcoin-Geldautomaten aufgestellt hat, an denen die Nutzer Bitcoins in lokaler Währung abheben können. Verglichen mit den jungen Krypto-Unternehmern ist Mukesh Ambani ein Unternehmer der alten Schule. Nach einem Chemie-Studium an der University of Bombay erwarb er einen MBA-Titel an der Stanford Business School in den USA. Er begann seine Karriere im Familienunternehmen Reliance Industries, das auf Petrochemie spezialisiert ist, und übernahm im Jahr 2002 nach dem Tod seines Vaters die Führung des Konzerns. Er begnügte sich nicht damit, das Erbe zu bewahren. Mukesh Ambani expandierte nach Kräften, sodass Reliance Industrie heute außer Öl auch Telekommunikation, Chemie, Nahrungsmittel, Kleidung und Technologie im Sortiment hat und jedes Jahr einen Umsatz von umgerechnet mehr als 80 Milliarden Euro ausweist.[5] Doch im Westen wurde Ambani erst bekannt, als er im Jahr 2018 eine große Feier für die Hochzeit seiner Tochter Isha mit ihrem Kindheitsfreund Anand Piramal ausrichten ließ. Unter die 5100 Hochzeitsgäste mischten sich auch der ehemalige amerikanische Außenminister John Kerry wie auch die frühere amerikanische Präsidentschaftskandidatin Hillary Clinton. Die Hochzeit seiner Tochter ließ sich Ambani angeblich 100 Millionen Dollar kosten.[6]

Stahlwerke raus aus Europa

Die Schwellenländer waren lange auch ein Ort für die Industriekapitäne im Norden, in die sie ihre Produktion verlagerten, wenn die Lohnkosten in Europa oder den USA zu hoch waren oder wenn die Gewerkschaften zu restriktive Arbeitsbedingungen durchgesetzt hatten. Der Süden bot sich auch an, um die Produktion aufzunehmen, die dem Westen zu energieintensiv und zu schmutzig geworden war. So fielen in den vergangenen Jahrzehnten die Stahlkocher in Europa stark zurück. Ihre Führungsrolle übernahmen Konzerne in Indien oder China, sodass der Himmel über der Ruhr nicht mehr in hellem Orange aufleuchtete, wenn die Stahlkocher den glühenden Stahl abstachen.

Stahl war eine Schlüsselindustrie für den wirtschaftlichen Aufstieg Europas und der USA. Er ermöglichte einst den Bau von Maschinen, Flugzeugen, Eisenbahnen, Autos, schwerer Artillerie und Panzern, jenen Produkten, die im 20. Jahrhundert für den wirtschaftlichen Erfolg einer Nation entscheidend waren. Wenn auch seine Bedeutung seitdem zurückgegangen ist, so ist Stahl immer noch ein wichtiger Werkstoff.

Im Jahr 1970 befand sich China noch unter ferner liefen mit einer Stahlproduktion von gerade einmal 18 Millionen Tonnen, als die Produktion der Europäischen Gemeinschaft um ein Zehnfaches größer war, mehr als 190 Millionen Tonnen Stahl. Die USA folgten damals mit einer Produktion von knapp 120 Millionen Tonnen. Drei Marktakteure allein – EG, USA und Russland – dominierten damals die Stahlproduktion rund um den Globus.[7]

Heute ist Asien der Hochofen der Welt. Größter Stahlkonzern auf dem Globus ist die China Baowu Steel Group, dicht gefolgt vom indischen Konzern Arcelor Mittal mit einer jährlichen Produktion von knapp 100 Millionen Tonnen.[8] Auf den weiteren Rängen folgen Anstell aus China, Nippon Steel, Jiangsu Shagang aus China und Posco aus Südkorea. Der erste westliche Konzern ist die amerikanische Gruppe Nucor auf Rang 15, der erste europäische Thyssen-Krupp auf Rang 39. Allerdings wartet der Ruhrkonzern darauf, dass die EU ihm den Verkauf seiner Stahlsparte genehmigt.

Vor 30 Jahren sah das Bild noch anders aus.[9] Im Jahr 1992 war Nippon Steel die Nummer eins, dicht gefolgt vom französischen Konzern Usinor Sacilor. Posco aus Südkorea war Nummer drei, gefolgt von British Steel. Es folgten ein russisches Konglomerat, Nippon Kokan aus Japan und Ilva aus Italien. Thyssen-Krupp lag nach Kawasaki Steel auf dem neunten Rang und rangierte damit noch unter den Top Ten.

Heute haben sich die Gewichte in Richtung Asien verschoben. In den USA ist die Stahlproduktion seit 1970 um mehr als 25 Prozent auf knapp 87 Millionen Tonnen gesunken, in der EU um 14 Prozent auf 166 Millionen Tonnen.[10] Unumstrittener Herrscher über den Weltmarkt für Stahl sind heute die chinesischen Stahlproduzenten mit einer Jahresproduktion von unglaublichen 822 Millionen Tonnen. Chinas Hochöfen produzieren fast fünfmal mehr Stahl als die in Europa. Zudem sind in den Schwellenländern neue Großproduzenten hinzugekommen: Indien hat die Stahlproduktion seit 1970 um das 13-Fache auf 81 Millionen Tonnen gesteigert, Südkorea um das 137-Fache auf 66 Millionen Tonnen. Aus dem Nichts hat das Land die Schwerindustrie in einer Rekordzeit aufgebaut. Auch die Türkei hat in dieser Zeit die Stahlproduktion um das 26-Fache auf knapp 35 Millionen Tonnen erhöht.

Wie indische Unternehmer den europäischen Stahl eroberten

Die neuen Größen im globalen Stahlgeschäft kommen heute aus Indien. So hatte der persischstämmige Inder Jamshedji Tata schon im Jahr 1870 in Mumbai, dem früheren Bombay, den Grundstein für den späteren Tata-Konzern gelegt. Er kaufte eine bankrotte Ölmühle und wandelte sie in eine Spinnerei um. Die verkaufte er später und gründete eine Baumwollspinnerei. Dann eröffnete er das Hotel Taj Mahal Palace in Mumbai. Seine Söhne Dorabji und Ratan übernahmen 1904 die Geschäfte und gründeten eine Stahlfirma und einen Energiekonzern. Sie kauften weitere Unternehmen in anderen Branchen und expandierten rasch. Im Jahr 2012 übergab Ratan Tata die Unternehmensführung an Cyrus Pallonji Mistry, einen Manager, der nicht mit den Tatas verwandt ist.

Heute zählt Tata 98 Unternehmen mit mehr als 700.000 Beschäftigten in mehr als 80 Ländern. Tata schmilzt Eisen und Stahl, erzeugt Strom, baut Lokomotiven und Lastwagen, füllt Mineralwasser ab (Marke Himalayan Water), betreibt Buchhandlungen, Warenhäuser zur Selbstbedienung und Textilkaufhäuser, hat sich die britischen Automobilmarken Land Rover und Jaguar einverleibt, stellt verpackten Tee her wie auch Titanuhren und Salz, produziert Telefone, ist in der Chemie aktiv, in der Telekommunikation, in der Unternehmensberatung inklusive der Entwicklung von Unternehmensplanspielen, im E-Learning und schließlich immer noch im

Tourismus. Insgesamt erzielt Tata einen Umsatz von mehr als 100 Milliarden Dollar jährlich.

Der im Jahr 1904 verstorbene Industriepionier Jamshedji Tata hatte Tata Steel gegründet. Doch erst drei Jahre nach seinem Tod, im Jahr 1907, wurde das Unternehmen Tata Iron and Steel Company (TISCO) formal ins Handelsregister eingetragen. Das Werk profitierte von der hohen Nachfrage nach Stahl und Eisen durch das britische Militär im Ersten Weltkrieg und war 1939, kurz vor Beginn des Zweiten Weltkriegs, schon das größte Stahlwerk im gesamten British Empire. Erst im Jahr 2005 wechselte das Unternehmen den Namen und wurde Tata Steel.

Darin zeigte sich eine ehrgeizige Expansion:

- Im Jahr 2004 kaufte Tata Steel das Unternehmen Nat Steel mit Sitz in Singapur. Preis: 486 Millionen Dollar in bar.
- Im Jahr 2005 übernahm Tata Steel den Hersteller Millenium Steel in Thailand, Preis: rund 130 Millionen Dollar.
- Im Jahr 2007 folgte die schon erwähnte Übernahme des britisch-niederländischen Herstellers Corus, nachdem Tata Steel ein Gegenangebot des brasilianischen Konkurrenten Companhia Siderúrgica Nacional (CSN) erfolgreich abwehren konnte. Preis: gut 8 Milliarden Dollar.
- Ebenfalls im Jahr 2007 schluckte Tata Steel noch über die Nat Steel in Singapur die beiden asiatischen Anbieter Structure Steel Engineering (SSE) und Vinausteel. Kostenpunkt: 41 Millionen Dollar.
- Im Jahr 2018 wagte Tata Steel die Akquisition von Bhushan Steel, nachdem das Unternehmen Insolvenz anmelden musste. Bhushan Steel firmiert heute unter dem Namen Tata Steel BSL.

Allein der Kauf von Thyssen-Krupp Stahl sollte Tata bisher nicht gelingen. Die Übernahme der Stahlsparte des deutschen Industriekonzerns im Jahr 2019 scheiterte am Widerspruch der Wettbewerbshüter in der Europäischen Kommission.[11] Dagegen hat Thyssen-Krupp geklagt, ist aber auch vor Gericht gescheitert. Dabei ist klar, dass Thyssen-Krupp alleine die Stahlsparte nicht mehr halten kann. Neben den hohen Energiekosten in Europa belastet auch die Debatte um Klimaschutz – Hochöfen gelten als Super-Spreader klimaschädlicher Emissionen. Im März 2018 verhängte der damalige amerikanische Präsident Donald Trump Zölle von 25 Prozent auf die Einfuhr von Stahl aus aller Welt in die USA.[12] Nur Mexiko und Kanada hatte er ausgenommen. Ende Oktober 2021 einigten sich die EU und die USA auf einen Kompromiss, der diese Zollpolitik abmildert und der es der EU erlaubt, bestimmte Stahlmengen zollfrei in die USA zu liefern.[13]

Mission für einen Franzosen

Der große Schockmoment für die europäische Stahlindustrie kam jedoch schon zu Anfang des Jahrtausends. Der Franzose Guy Dollé hatte Großes vor, als er im Mai 2002 zum Vorstandsvorsitzenden des europäischen Stahlkonzerns Arcelor berufen wurde. Dollé war ein typischer Absolvent der französischen Kaderschmieden, hatte er doch die hoch angesehene Eliteschule für Ingenieure École Polytechnique besucht, in Frankreich kurz »X« genannt. Dollé war ein Stahlmanager durch und durch. Der Franzose begann 1980 im Management des französischen Stahlkonzerns Usinor, wo er bald den Bereich Bleche und Rohre führte. Zwei Monate lang, bis zur Anmeldung der Insolvenz, war er im Jahr 1993

Vorstandsvorsitzender von Saarstahl in Deutschland. Das hinderte ihn nicht daran, 1999 zum zweiten Mann bei Usinor hinter dem Vorstandsvorsitzenden Francis Mer aufzusteigen. Zwei Jahre später, Ende 2001, war er am Ziel angekommen und durfte Usinor endlich alleine führen.

Dollé war maßgeblich an der Fusion von Usinor mit Aceralia in Spanien und Arbed in Luxemburg beteiligt. Faktisch war es eine Übernahme der Spanier und Luxemburger durch die Franzosen.[14] Drei Stahlwerke betrieb Arcelor auch in Deutschland: die Stahlwerke Bremen, Ekostahl Eisenhüttenstadt und das heutige Stahlwerk Thüringen. Rasch wurde Dollé nach wenigen Monaten zum Vorstandsvorsitzenden des neuen Konzerns Arcelor befördert. Der Franzose hatte eine klare Mission: Dollé sollte mit Arcelor den Vormarsch der indischen und chinesischen Stahlkonzerne stoppen, die mit günstigem Stahl den Europäern Zug um Zug Anteile auf den Weltmärkten abnahmen. Immerhin war Arcelor der größte Stahlkonzern der Welt mit einer Produktionsmenge von mehr als 42 Millionen Tonnen im Jahr. Arcelor allein stand für 4,5 Prozent der Weltproduktion.

Doch schon damals war europäischer Stahl zu teuer. Dollé hatte allerdings einen ehrgeizigen Plan, um aus dem Fusionskonzern Arcelor einen der großen Akteure im internationalen Geschäft zu formen. Unter seiner Führung sollte Arcelor die europäische Stahlbranche zu alter Größe zurückführen. Im Jahr 2005 steigerte Arcelor den Umsatz um gut 8 Prozent auf 32,6 Milliarden Euro und erhöhte den Nettogewinn von 2,3 Milliarden auf 3,8 Milliarden Euro. Bei 46,7 Millionen Tonnen Stahl lag die Jahresproduktion. Dollé sah sich in einer Position der Stärke angesichts einer bevorstehenden Marktbereinigung im weltweiten Stahlgeschäft auf fünf bis sechs Unternehmen. Er schmiedete auch schon Pläne, wie Arcelor als Gewinner aus dieser Konsolidierung hervorgehen könnte.

Er überlegte, wie er in Brasilien, Russland, Indien oder China weitere Stahlunternehmen übernehmen könnte.

Am 23. November 2005 gab Dollé den ersten Schritt dieser Expansion bekannt: Arcelor gab ein Übernahmeangebot für den kanadischen Stahlkonzern Dofasco ab. Damit wollte Arcelor den europäischen Erzrivalen Thyssen-Krupp ausstechen. Die Reaktion ließ nur vier Wochen auf sich warten. An Heiligabend, kurz vor den Feiertagen, kündigte Thyssen-Krupp ein Gegenangebot über 3,65 Milliarden Euro an, das die Offerte von Dollé überbot. Im weiteren Bieterprozess wollte Thyssen-Krupp sein Angebot nicht weiter erhöhen, und so konnte Guy Dollé am 24. Januar 2006 die Beute Dofasco ins Arcelor-Reich holen. Der französische Stahlkonzern war um 11.000 Beschäftigte und 2,7 Milliarden Euro Umsatz größer geworden.

Kaum war diese Übernahmeschlacht beendet, geschah das Unerwartete, das Unerhörte: Der indische Konzern Mittal lancierte seinerseits ein Übernahmeangebot, ein feindliches obendrein. Drei Tage nach Unterzeichnung des Kaufvertrags für Dofasco, am 27. Januar 2006, folgte völlig überraschend die kalte Dusche für Dollé. Mittal kündigte eine Offerte für den gesamten Arcelor-Konzern an. Einen Kaufpreis von 18,6 Milliarden Euro rief der indische Selfmade-Milliardär Lakshmi Mittal auf. Drei Tage lang nur durfte sich Dollé als strahlender Weltenherrscher auf dem Stahlmarkt wähnen.

Wer ist dieser Lakshmi Mittal, der es wagte, die sorgfältig geformten Pläne der europäischen Industriepolitiker so brutal zu durchkreuzen? Es ist einer der mächtigsten Familienunternehmer der Welt, Herrscher über ein riesiges Stahlreich. Die Mittal Steel Company, benannt nach dem 1950 geborenen Unternehmensgründer Lakshmi Mittal, zählt mit mehr als 300.000 Beschäftigten und einem Umsatz von mehr als 28 Milliarden Dollar zu den größten Stahlkochern der Welt.

Der juristische Sitz von Arcelor Mittal, wie der Konzern seit der Übernahme des europäischen Stahlproduzenten Arcelor im Jahr 2007 heißt, liegt heute steuerschonend in Luxemburg. Die tatsächliche Konzernführung ist in London angesiedelt, wo Mittal mit seiner Familie in direkter Nähe der schicken Kensington Palace Gardens und damit in unmittelbarer Nachbarschaft zahlreicher Mitglieder der königlichen Familie wohnt.

Mittal tritt gemessen an anderen großen Unternehmern fast schon bescheiden auf, ließ er sich doch die Hochzeit seiner Tochter Vanisha mit dem Londoner Finanzier Amit Bhatia im Jahr 2004 nur etwas mehr als 60 Millionen Dollar kosten und gab damit deutlich weniger als sein Rivale Tata für die Hochzeit von dessen Tochter Isha aus. Immerhin gönnte Mittal dem Brautpaar eine einwöchige Feier in Frankreich, unter anderem mit der Trauung im Schloss von Versailles und einem Galadinner im königlichen Garten Tuileries mitten in Paris und einem Auftritt des Pop-Stars Kylie Minogue vor den 1000 Gästen.[15]

Zurück zu Mittals größtem Husarenstreich: Unmittelbar nach der Veröffentlichung von dessen Offerte für Arcelor lehnte Dollé – selbstverständlich – Mittals Übernahmeangebot entrüstet ab und wusste dabei den Aufsichtsrat hinter sich. Denn schon damals machte das steigende Angebot von Stahl aus Schwellenländern den europäischen Stahlkochern zu schaffen. Stahl aus Indien oder China war einfach günstiger als der aus Europa. Die Kombination aus hohen Löhnen für europäische Stahlarbeiter, abgesichert durch starke Gewerkschaften, teurem Strom und der Notwendigkeit, Rohstahl zunehmend nach Europa importieren zu müssen, schwächte die Wettbewerbsfähigkeit.

Die europäische Öffentlichkeit war geschockt. Wie kam ein Parvenü aus Indien dazu, einen der erlauchtesten Stahlkonzerne Europas, geformt nach jahrelangen Verhandlungen zwischen den europäischen Regierungen, anzugreifen? Denn das war sofort klar: Es würde eine feindliche Übernahme, eine Schlacht, die sich über Monate hinziehen würde. Vorstand und Aufsichtsrat appellierten an die Arcelor-Aktionäre, dem indischen Eindringling keine Aktien zu verkaufen. Das Großherzogtum Luxemburg, der größte Einzelaktionär, kündigte an, das Angebot abzulehnen.

Hektisch arbeitete die Arcelor-Führung an einem Businessplan, der nachweisen sollte, dass Arcelor ohne Mittal viel profitabler und erfolgreicher wirtschaften werde. Dollé schlug den Aktionären als Beweis eine Erhöhung der Dividende für 2005 von 1,85 Euro anstatt der vorgesehenen 1,20 Euro vor. 5 Milliarden Euro mehr wollte die Konzernführung an die Aktionäre ausschütten. Das sollte die Zauderer unter den Anteilseignern bei der Stange halten. Außerdem bereitete Dollé eine Giftpille vor, wie Investmentbanker solche Hindernisse auf dem Weg zu einer feindlichen Übernahme nennen: Er brachte flugs seine neueste Trophäe, Dofasco, in eine Stiftung niederländischen Rechts ein, was einen Verkauf praktisch unmöglich machen sollte. Dabei verließ sich Dollé darauf, dass die amerikanische Kartellbehörde ihre Zustimmung zu einer Übernahme von Arcelor durch Mittal von einem Verkauf von Dofasco abhängig machen würde. Thyssen-Krupp – der Konzern war ja zuvor im Bieterkampf um Dofasco Arcelor unterlegen – stand schon als möglicher Käufer bereit.

Damit war Lakshmi Mittal nicht geschlagen. Der indische Stahlmagnat ließ nicht locker und erhöhte im Mai 2006 sein Angebot auf 26 Milliarden Euro. Dollé war in seiner Verzweiflung sogar bereit, Arcelor dem russischen Stahlkonzern Severstal anzudienen. Dem Franzosen war eine Übernahme durch ein ehemaliges sowjetisches Staatsunternehmen lieber, als im Familienunternehmen eines indischen Emporkömmlings zu enden. Es half alles nichts. Ende Juni 2006 hatte Mittal die Übernahmeschlacht für sich entschieden. Aus Mittal und Arcelor wurde Arcelor Mittal, wobei der indische Unternehmer ganz diplomatisch den Europäern im Namen des neuen Weltmarktführers den Vortritt ließ. Dollé trat zurück, und Arcelor Mittal löste im November 2006 im Aktienindex CAC 40 der größten französischen Unternehmen an der Pariser Börse die Arcelor-Aktie ab.

Jahrhundertelang war die Kontrolle der Stahl- und Kohleindustrie im Herzen Europas Anlass für Kriege und Konflikte. Nach dem Zweiten Weltkrieg nahm die europäische Einigung mit der Gründung der Europäischen Gemeinschaft für Kohle und Stahl im Jahr 1951 in Paris ihren Anfang. Nun waren die verbliebenen Hochöfen in Lothringen, Luxemburg wie auch in Duisburg, Bremen oder Eisenhüttenstadt in indischer Hand. Es war ein Schock für die europäischen Wirtschaftspolitiker.

Europas Konzernbosse fühlten sich auch dann noch als die Gestalter der Weltwirtschaft, als sie es längst nicht mehr waren. Das gilt besonders für Guy Dollé, den gescheiterten Stahlmanager von Arcelor. In Metz geboren, wuchs er in direkter Nachbarschaft zu den großen französischen Stahlwerken auf, hatte mit Bravour die elitärste Eliteschule Frankreichs durchlaufen, stand dem Weltverband der Stahl- und Eisenindustrie als sein Präsident vor und führte Arcelor in dem Glauben, der Vollstrecker der Industriepolitik Europas zu sein, ein Gestalter der Weltmärkte. Er wurde von einem indischen Industriellen niedergerungen, in Dollés Augen einem Emporkömmling, der sich nicht an die Verhaltensregeln hielt, die Immigranten normalerweise in Europa beachten. In nur fünf Monaten hatte Mittal diesen Sieg über Europa davongetragen.

Aus Sicht der Schwellenländer war es ein Prestigesieg und eine logische Konsequenz aus ihrem Aufstieg. Erstmals war es einem Unternehmer aus einem Schwellenland gelungen, nicht nur einen der größten Konzerne Europas niederzuringen, sondern diese Transaktion auch noch gegen den Willen des Vorstands und des Aufsichtsrats sowie gegen den Willen der europäischen Regierungen durchzusetzen. Es war der erste sichtbare Fall, dass ein Unternehmer aus einem Schwellenland die Oberhand über die vereinten Kräfte aus ganz Europa gewann.

Stahl ließ sich eben in Indien, Korea oder China genauso gut und günstiger produzieren. Allein China kontrolliert heute mehr als 50 Prozent der Produktion von Rohstahl auf der Welt.[16] Thyssen-Krupp beispielsweise suchte sein Heil lange in der Produktion von Spezialstahl und hat es auch mit dieser Nischenstrategie nicht geschafft, seine Stahlsparte profitabel zu führen. Eine Zeit lang war ein Zusammenschluss von Thyssen-Krupp Stahl mit Salzgitter im Gespräch. Doch auch dieser ist mittlerweile vom Tisch.[17]

Europas Stahlbarone in der Sinnkrise

Mit der Übernahme von Arcelor durch Mittal wechselte die europäische Stahlindustrie zum großen Teil unter indische Kontrolle. Sicher, es gab schon früher den Einstieg von Investoren aus Schwellenländern bei europäischen Konzernen. 1974 war es ein Schock, als die Nachricht durch die bundesdeutschen Zeitungen ging: Herbert Quandt hatte den Großteil seines 14-prozentigen Anteils an Daimler-Benz an den Scheich von Kuwait verkauft.[18] Die meisten Aktionäre und Arbeiter an den Fließbändern von Daimler mussten wahrscheinlich erst einmal ihren *Diercke-Weltatlas* hervorkramen, um nachzuschauen, wo dieses Kuwait überhaupt lag.

Noch heute hält die Kuwait Investment Authority (KIA) 6,8 Prozent der Anteile an der Mercedes-Benz Group. In der Zwischenzeit sind zwei chinesische Großaktionäre hinzugekommen: die Beijing Automotive Group (BAIC) mit einem Anteil von 9,98 Prozent und die Tenaciou 3 Prospect Investment Limited mit 9,69 Prozent der Aktien. Tenaciou 3 gehört dem chinesischen Unternehmer Li Shufu, Gründer und Vorstandsvorsitzender des chinesischen Autoherstellers Geely, dem in Europa unter anderem schon Volvo gehört und in China mehr als zehn Autohersteller wie Shanghai Maple Automobile, die in Europa weitgehend unbekannt ist.

War der Einstieg Kuwaits bei Daimler ein Schock für die deutsche Öffentlichkeit, so war der Sieg Mittals über Europa ein traumatisches Ereignis, das sich nicht weit von Waterloo ereignete. Lange sahen sich die Manager der europäischen Konzerne als die Gestalter der Weltmärkte: Sie entschieden, wann sie in welchem Schwellenland investieren wollten, ob sie neue Märkte erschließen oder ob sie nur niedrigere Löhne und schlechtere Sozialstandards ausnutzen wollten. Diese Übernahme war eine Zeitenwende, denn von da an waren die europäischen Konzerne für alle erkennbar nicht mehr die Weltenherrscher. Sie befinden sich seitdem in der Defensive.

Thyssen-Krupp erging es nämlich kaum besser als Arcelor. Sicher, der Konzern hat bis heute seine Unabhängigkeit bewahrt. Glaubte der damalige Vorstandschef Ekkehard Schulz anfangs, Nutzen aus der Übernahme von Arcelor ziehen zu können, zeigte sich schon bald, dass diese Haltung ein Trugschluss war. Schulz sollte mit der Übernahme des kanadischen Stahlkochers Dofasco scheitern und diese Perle nicht aus Mittals Stahlreich reißen können. In der Zwischenzeit ist die Stahlsparte von Thyssen-Krupp so schwach geworden, dass sie für den restlichen Konzern zu einer Belastung geworden ist.

Heute zeigt sich, dass schon der Zusammenschluss von Thyssen und Krupp im Jahr 1999 ein Eingeständnis der

Schwäche war. Zwei Jahre lang führten der ehemalige Krupp-Chef Gerhard Cromme und der altgediente Thyssen-Manager Ekkehard Schulz den neuen Konzern zusammen. Dann wechselte Cromme an die Spitze des Aufsichtsrates, von der er Ende März 2013 zurücktreten musste. Schulz, intern der »Eiserne Ekki« genannt,[19] führte den Doppelkonzern bis Januar 2011 allein und wurde dann in den Aufsichtsrat gedrängt, immerhin relativ bequem auf den Posten des Vorsitzenden.

Die beiden Namen Cromme und Schulz stehen für eines der größten Desaster in der Wirtschaftsgeschichte der deutschen Nachkriegszeit.[20] Im Jahr 2005 waren sich Cromme und Schulz einig, dass sie zum großen Wurf ausholen und zwei neue Stahlwerke bauen sollten, das eine in Nordamerika, das andere in Südamerika. Im kleinen Ort Calvert im Südwesten des amerikanischen Bundesstaats Alabama wollte der deutsche Stahlkonzern Kohlenstoffstahl und Edelstahl produzieren und dabei bis zu 2700 Arbeitsplätze schaffen. In Brasilien wollte Schulz billigen Massenstahl herstellen. Doch das Land verzeichnete in diesen Jahren ein hohes Wirtschaftswachstum. Die Löhne stiegen rasch, und beim Bau traten erhebliche Schwierigkeiten auf. Zudem drängten die chinesischen Stahlkonzerne mit noch billigerem Stahl auf den Weltmarkt. Vor Baubeginn hatte die Unternehmensberatung McKinsey noch in einer Machbarkeitsstudie eine günstige Prognose abgegeben.

12 Milliarden Euro kosteten die beiden Stahlwerke. Fast wäre Thyssen-Krupp an diesen Fehlinvestitionen zugrunde gegangen. Der gescheiterte Stahlmanager Schulz war nicht mehr zu halten. Erst sein Nachfolger, Heinrich Hiesinger, beendete das Desaster im Februar 2017, verkaufte die beiden Stahlwerke und begrenzte den Schaden auf diese Weise auf 8 Milliarden Euro. Schlimm genug. »Das ist kein gutes Ende«, zitierte die *Süddeutsche Zeitung* den Vorsitzenden des

Konzernbetriebsrats, Wilhelm Segerath. »Aber es ist gut, dass es zu Ende ist.«[21]

Von dem Abenteuer profitierten ausgerechnet Konkurrenten aus Schwellenländern: Am Thyssen-Stahlwerk in Brasilien war der brasilianische Konzern Vale beteiligt, der Gruben für den Abbau vor allem von Eisenerz betreibt, aber auch für die Förderung von Kupfer, des Aluminium-Vorprodukts Bauxit, Kaolin, Nickel, Kobalt und anderen Industrierohstoffen. Daneben besitzt Vale Eisenbahngesellschaften, Verladeterminals an verschiedenen Seehäfen, eine Reederei, ein Logistikunternehmen und derlei mehr. Vale baute zusammen mit Thyssen-Krupp besagtes Stahlwerk CSA in Santa Cruz, 70 Kilometer westlich von Rio de Janeiro gelegen, und verkaufte im Jahr 2016 seinen Anteil von knapp 27 Prozent an Thyssen-Krupp. Im Februar 2017 gab Hiesinger das Werk an den argentinischen Stahlproduzenten Ternium ab.[22] Schätzungsweise 8 Milliarden Euro hatte Thyssen-Krupp in das Stahlwerk investiert und rund 1,5 Milliarden Euro beim Verkauf erhalten.

Schon im Jahr 2012 verkaufte Hiesinger den Problemstandort in den USA, die Edelstahlproduktion in Alabama, an den finnischen Konzern Outokumpu. Dieser kaufte Thyssen-Krupp zum Preis von 2,7 Milliarden Dollar die gesamte Edelstahl-Sparte, die im Unternehmen Inoxum GmbH gebündelt worden war, ab.[23] Thyssen-Krupp blieb an Inoxum mit einem Anteil von 29,9 Prozent beteiligt. Im Jahr 2014 folgte der Verkauf der restlichen Teile des Stahlwerks in Alabama zum Preis von 1,5 Milliarden Dollar an zwei Käufer, den japanischen Konzern Nippon Steel & Sumitomo Metal Corp. – und an Arcelor Mittal. Dass es Nippon Steel aus Japan und den Schwellenland-Konzernen Ternium und Arcelor Mittal gelang, ausgerechnet jene Stahlwerke erfolgreich zu führen, an denen Thyssen-Krupp gescheitert war, ist ein weiterer Beleg für die Stärke, die aufstrebende Unternehmen aus Schwellenländern mittlerweile im Stahlgeschäft erlangt haben. Die Schwellenländer hatten erfolgreich das einstige Herzstück der europäischen Industrie übernommen.

Strategische Fehlentscheidungen und kostspielige Abenteuer der Unternehmen aus Europa rächen sich heutzutage unmittelbar und sorgen für einen finanziellen Aderlass, von denen sich die europäischen Konzerne in der modernen Welt nur noch schwer erholen können. Dementsprechend vorsichtig sind europäische Unternehmen mittlerweile geworden.

Wie bei Stahl, so bei Aluminium

Nicht nur beim Kochen von Stahl, auch in der Herstellung von Aluminium sitzen die neuen Herren in Asien. Aluminium lässt sich nur durch Elektrolyse gewinnen. Das aufwändige Verfahren erfordert einen extrem hohen Einsatz von Strom. Aluminium ist im Grunde verwandelter Strom. Für die Herstellung von 1 Kilogramm Roh-Aluminium sind 12,9 bis 17,7 Kilowattstunden Strom erforderlich.[24] Zum Vergleich: Mit 1 Kilowattstunde kann man gut 50 Stunden lang am Laptop arbeiten oder 15 Hemden bügeln.[25]

Größtes Erzeugerland von Aluminium ist mit weitem Abstand China, mit einer Produktion von schätzungsweise 31 Millionen Tonnen jährlich.[26] Es folgen weit abgeschlagen dahinter Russland mit 3,6 Millionen Tonnen und Kanada mit 3,3 Millionen Tonnen sowie Indien und die Vereinigten Arabischen Emirate. Einziges europäisches Land in der Liste der großen Aluminiumländer ist Norwegen auf Rang 7 mit einer Produktion von 1,2 Millionen Tonnen jährlich, wobei der norwegische Konzern Norsk Hydro davon profitiert, dass Norwegen dank seiner geographischen Voraussetzungen günstigen Strom aus Wasserkraft herstellen kann.

Vor 50 Jahren, im Jahr 1970, tauchte China auf der Weltkarte der großen Aluminiumhersteller überhaupt nicht auf. Mit einer Produktion von 127.000 Tonnen lag es weit hinter den Vereinigten Staaten, die den Weltmarkt mit einer Produktion von 3,6 Millionen Tonnen klar beherrschten. Doch während in den USA die Produktion bis heute auf nur noch ein Viertel der damaligen Menge, auf 840.000 Tonnen, schrumpfte, steigerte China den Ausstoß um das 244-Fache auf besagte 31 Millionen Tonnen.[27]

Als die portugiesischen Staatsfinanzen im Zuge der Finanzkrise von 2008/2009 in Bedrängnis gerieten, machten die anderen europäischen Staaten eine finanzielle Unterstützung Portugals davon abhängig, dass der Staat einige Staatsbeteiligungen verkauft. Auf der Liste der zu privatisierenden Unternehmen befand sich auch die staatliche Stromgesellschaft Redes Energéticas Nacionais, kurz REN, der Betreiber des portugiesischen Stromnetzes.[28] Kein deutscher Versorger – weder Eon noch RWE oder EnBW – interessierte sich für eine Beteiligung am portugiesischen Netzbetreiber. Dabei steht in heutigen Zeiten der Betrieb des Stromnetzes im Zentrum der kritischen Infrastruktur eines Landes. Wer das Stromnetz kontrolliert, kontrolliert fast alles in einem Land.

Immerhin hatte Eon zuvor für eine Beteiligung von 21 Prozent an Energias de Portugal (EDP) geboten, war aber dem chinesischen Konkurrenten Three Gorges Corporation unterlegen. Der Verkauf der REN-Beteiligung dagegen fand das Interesse des chinesischen Konzerns State Grid. Denn immerhin spielt der Betreiber von lebenswichtiger Infrastruktur eines Landes eine entscheidende Rolle beim Bau der Neuen Seidenstraße, an der die chinesische Regierung mit Nachdruck arbeitet, wie wir später noch sehen werden. Bis zum Jahr 2050 jedenfalls will die chinesische Staatsführung im Rahmen ihrer Großprojekte für den Aufbau von Infrastruktur in drei Stufen ein Ultrahochspannungsnetz aufbauen, das sogar Nordamerika und Europa einbindet.

Mit einem Jahresumsatz von gut 363 Milliarden Dollar, einem Jahresgewinn von mehr als 10 Milliarden Dollar und mehr als 900.000 Beschäftigten ist State Grid der mit Abstand größte Stromversorger der Welt. Der chinesische Markt ist State Grid längst zu klein geworden. Und so hat der Konzern im Jahr 2007 in den Philippinen investiert und in einer Auktion als Teil eines Konsortiums für 25 Jahre das Recht erworben, den philippinischen Stromnetzbetreiber National Transmission Corporation, kurz Trans Co, zu betreiben. Dabei stachen die Chinesen einen philippinischen Konkurrenten aus. State Grid investiert auch in Brasilien, Australien, Chile, Italien, Griechenland und nicht zuletzt in Portugal.

Diese Auslandsinvestitionen dienen State Grid nicht nur dazu, einen noch höheren Gewinn einzufahren. State Grid ist ein zentraler Teil der chinesischen Außenwirtschaftspolitik. Portugal spielt in dieser Strategie eine wichtige Rolle, aber nicht, weil die kleine Republik im äußersten Südwesten Europas mit ihren 10 Millionen Einwohnern ein bedeutender Markt wäre. Vielmehr bietet der portugiesische Markt einen idealen Zugang zu den Märkten in Brasilien, Mosambik und Angola, die mit ihren ehemaligen Kolonialherren immer noch dieselbe Sprache teilen. Diese drei Länder vereinen einen Markt von 267 Millionen Einwohnern, mehr als dreimal so viel wie Deutschland. Vor allem jedoch stehen diese drei Länder für ein enormes Potenzial in der Landwirtschaft, einen großen Reichtum an Holz und Fischen und vor allem an unermesslichen Bodenschätzen: Erdöl, Erdgas und Kohle vor allem, aber auch Eisen, Mangan, Bauxit, Graphit, Nickel, Kupfer, Zinn, Beryll, Silber, Diamanten, Gold, Uran und insbesondere seltene Erden und seltene Metalle, die für Smartphones, Computer und allgemein die digitale Wirtschaft benötigt werden.

Eine lange Einkaufsliste in Europa

Investoren aus Schwellenländern sind längst keine Geschäftemacher mehr, die den erstbesten Coup landen, der ihnen einen raschen Profit verspricht. Vielmehr verfolgen sie langfristig angelegte Expansionspläne, um die Weltmärkte Schritt für Schritt zu erobern und Marktanteile zu besetzen, die europäische Konkurrenten nicht mehr halten können. Sie beschränken sich nicht mehr auf Stahl, Aluminium und Strom. Die Schwellenländer sind längst aus der Zeit herausgewachsen, als ihre Unternehmen für billige Massenware aus Plastik standen oder für altbackene Produkte, die westlichen Konzernen zu simpel geworden waren. Chinesische Unternehmen kaufen überall auf der Welt Autofabriken, Banken und Seehäfen. Allein seit 2008 haben sie rund um Bordeaux rund 150 Weingüter gekauft – zum Leidwesen der Franzosen, die beklagen: »Die neuen Eigentümer sind alles, aber keine Weinliebhaber.«[29] Chinesischen Investoren gehören westliche Hotelketten, Maschinenbauer in Deutschland und rund 150 Fußballklubs in Europa.[30]

Doch was für China gilt, lässt sich auch für viele andere Schwellenländer sagen, wenn auch nicht in diesem Maße. Unternehmer aus Brasilien, der Türkei, Russland und den ostasiatischen Ländern sind längst auf den Weltmärkten aktiv, um zu expandieren und zu investieren, um Handel zu treiben und westliche Konkurrenten noch stärker unter Druck zu setzen.

Insgesamt steigen die internationalen Investitionen auf der ganzen Welt weiter an. Manche Ökonomen und Journalisten hatten schon das Ende der Globalisierung ausgerufen. »Die Entglobalisierung hat sich beschleunigt«, sagte beispielsweise Kevin Warsh, Dozent an der Hoover Institution an der Stanford University und ehemaliger Gouverneur der amerikanischen Notenbank Fed.[31] Ungeachtet solcher Prophezeiungen lag das Volumen der ausländischen Direktinvestitionen rund um den Globus im Jahr 2021 bei knapp 1,6 Billionen Dollar und damit im langjährigen Durchschnitt.[32] Eine ausländische Direktinvestition, das kann die Übernahme eines anderen Unternehmens sein oder die Beteiligung an einem Unternehmen im Ausland, aber auch der Kauf einer Immobilie außerhalb der Landesgrenzen oder der Bau einer eigenen Fabrik, eines Kraftwerks oder eines Hafens, alle Transaktionen, die zu einem Kapitalexport führen.

Die neuen Unternehmer aus den Schwellenländern beschränken sich nicht mehr darauf, jene Aktivitäten zu übernehmen, die Industriekonzerne aus dem Norden loswerden wollen. Sie drängen in Aktivitäten und Geschäftsfelder, die Regierungen in Europa oder den USA als strategisch oder sicherheitspolitisch sensibel einstufen.

Deutsche Industrieroboter in chinesischer Hand

Ein solcher Weckruf ging durch die deutsche Öffentlichkeit, als sich das chinesische Unternehmen Midea im Jahr 2016 daranmachte, den Augsburger Hersteller von Industrierobotern Kuka zu übernehmen. Kuka gilt in dieser Schlüsseltechnologie des 21. Jahrhunderts als führend. Manche bezeichneten Kuka als »Kronjuwel der deutschen Wirtschaft«.[33] Nur wenige andere Unternehmen kommen an das Know-how der Augsburger heran. Nur der schwedisch-schweizerische Spezialist für Automatisierungstechnik ABB sowie die beiden japanischen Unternehmen Fanuc und Yaskawa können Kuka noch das Wasser reichen. Viel mehr sind es nicht.

Kuka ist ein gutes Beispiel dafür, wie sich der deutsche Mittelstand gewandelt und in neuen Bereichen die Technologieführerschaft errungen hat. 1898 gegründet, produzierte Kuka – damals hieß das Unternehmen noch Keller und Knappich – ursprünglich Acetylen-Generatoren für Beleuchtungskörper. Daraus entwickelte sich ein Geschäft für Autogen-Schweißkörper. Nach dem Ersten Weltkrieg fing Kuka an, Sicherheits-, Hand- und Kraftwinden mit automatischem Bremsregler herzustellen. Nach dem Zweiten Weltkrieg begann Kuka mit der Produktion von Rundstrickmaschinen und der Reiseschreibmaschine »Princess«. Auch Kanonen für einen Schützenpanzer der Bundeswehr zählten zum Produktionsspektrum.

Kuka blieb jedoch immer der Schweißtechnik treu. 1995 gründete das Unternehmen die Kuka Roboter GmbH als eigenen Bereich aus und übernahm 2014 die Mehrheit an der Reis Robotics in Obernburg am Main. In diesen hochspezialisierten Aktivitäten ist Kuka so erfolgreich, dass es auf einen Umsatz von jährlich mehr als 3 Milliarden Euro kommt.

Alles hätte so schön in ruhigen Bahnen weitergehen können. Doch im Mai 2016 gab der chinesische Konzern Midea in einer Pflichtmitteilung bekannt, 5,43 Prozent an der börsennotierten Kuka übernommen zu haben. Mit der Produktion von Klimaanlagen, Lüftungs- und Heizgeräten sowie von Kühlschränken und Waschmaschinen erzielt Midea einen Umsatz von umgerechnet gut 30 Milliarden Euro. Mit Bosch kooperierte Midea schon seit 2015. Die große Frage, die sich jeder in europäischen Wirtschaftskreisen stellte, lautete: Warum nur interessiert sich ein Hersteller von Klimaanlagen für ein derart hochspezialisiertes Maschinenbauunternehmen wie Kuka?

Schon lange hatten die Midea-Eigner ein Auge auf die Robotik geworfen und zwei Monate vor dem Einstieg bei Kuka mit dem japanischen Robotikspezialisten Yaskawa ein Gemeinschaftsunternehmen gegründet – das allerdings wurde erst Monate nach dem Midea-Einstieg bei Kuka in der kleinen Fachwelt der Robotik publik.[34] Dabei handelte es sich um ein Joint-Venture mit einem gemeinsamen Investment von umgerechnet 63 Millionen Dollar.

Bereits an die 428.000 Industrieroboter sind laut der Zeitschrift *Robotics Business Review* in China im Einsatz. Schon bald werde China mehr Industrieroboter einsetzen als die USA. Es sei Ziel der chinesischen Regierung, die weltweit höchste Dichte an Industrierobotern zu erreichen. Die International Federation of Robotics schätze, dass in naher Zukunft jeder dritte Industrieroboter auf der Welt in China eingesetzt würde.

Die Provinz Guangdong im Süden Chinas, wo Midea und das Joint-Venture mit Yaskawa ihren Sitz haben, wolle in den rund 2000 Fabriken in der Provinz Arbeitskräfte zunehmend durch Roboter ersetzen. Dafür sei eine Investition von mehr als 150 Milliarden Dollar geplant. An diesem Investitionsplan wird sich auch Midea beteiligen, durch die Herstellung von Industrierobotern, durch die Umstellung der eigenen Hausgeräteproduktion und künftig durch die Herstellung »intelligenter« Hausgeräte, die mit dem Internet verbunden sein werden.

Die Midea-Führung schien es eilig zu haben, dass sie so schnell nach Kuka griff, kaum dass die Verträge mit Yaskawa unterschrieben waren. In den Monaten nach dem Einstieg bei Kuka baute Midea seine Beteiligung aus, beteuerte zwar stets, nicht die Kontrolle über Kuka anzustreben, legte aber schon am 17. Mai 2016 den übrigen Aktionären ein Angebot vor, um sämtliche Kuka-Aktien zum Preis von insgesamt 4,6 Milliarden Euro zu übernehmen. 115 Euro je Aktie boten die Chinesen, einen Aufschlag von ungewöhnlich hohen 35 Prozent auf den letzten Aktienkurs von Kuka vor Abgabe des Angebots. Auch jetzt wieder beteuerte die Midea-Führung, Kuka nicht vollständig übernehmen zu wollen und auch keinen Beherrschungsvertrag anzustreben. Man wolle nicht mehr als 49 Prozent an dem Augsburger Vorzeigeunternehmen.

Am 8. August 2016 wurde die Mitteilung veröffentlicht, dass Midea nun 94,5 Prozent der Kuka-Aktien hält.[35] Auch jetzt ließ Midea über seine PR-Agentur mitteilen, Midea sei »grundsätzlich offen für weitere Aktionäre«, allerdings mit der Einschränkung im Nebensatz, »solange sie einen Mehrwert für das Unternehmen bringen«.

Diese Übernahme löste einen Schock am Wirtschaftsstandort Deutschland aus. Es kam die Befürchtung auf, die neuen Eigentümer könnten nach einer Schamfrist beginnen, Technologie abzuziehen. Kuka betonte nach der Übernahme durch Midea, alle Investorenverträge, die Kuka mit Midea unterzeichnet habe, »einschließlich der Abschirmvereinbarung zum Schutz des geistigen Eigentums von Kuka«, unverändert bestehen zu lassen.[36]

Schutz vor ausländischen Investoren

In den politischen Kreisen in Berlin habe ein Umdenken eingesetzt, schrieben die beiden *Welt*-Journalisten Nikolaus Doll und Gerhard Hegmann Ende 2018. »Während 2016 die Bundesregierung den Chinesen-Einstieg bei dem Vorzeige-Roboterkonzern Kuka noch durchwinkte, sieht die Politik den Fall inzwischen kritisch.« Schon im Herbst 2017 habe die damalige Wirtschaftsministerin Brigitte Zypries (SPD) gefordert, dass sich der Fall Kuka nicht wiederholen und dass das Know-how deutscher Unternehmen besser vor ausländischen Investoren geschützt werden solle. Ihr Nachfolger, Peter Altmaier (CDU), kündigte im August 2018 Pläne an, die Veto-Schwelle der Bundesregierung bei ausländischen

Kapitalanteilen an Unternehmen von 25 auf 15 Prozent zu senken. Auch der BDI, der Lobbyverband der deutschen Industrie, beklagte die chinesische Wirtschaftspolitik. »Chinas zunehmende Anstrengungen, den globalen Ordnungsrahmen mitzugestalten, laufen dem deutschen und europäischen Interesse nach einer regelbasierten, auf Prinzipien der Offenheit, Nichtdiskriminierung und der multilateralen Zusammenarbeit beruhenden globalen Ordnung immer öfter entgegen«, ließ der BDI die Öffentlichkeit wissen.[37]

Jahrzehntelang hatten deutsche Ordnungspolitiker Potentaten in den damals noch als Entwicklungsländer bezeichneten Staaten eingetrichtert, offene Märkte seien für alle gut. Alle zögen einen Vorteil daraus, wenn sich ausländische Investoren für ein Land interessieren. Damit rechtfertigten sie Investitionen aus der entwickelten Welt im Süden, und lange begründeten sie damit auch Bemühungen, selbst ausländische Investoren nach Deutschland zu holen. Seit der Jahrtausendwende gelten allerdings die alten Schwüre auf freie und offene Märkte weniger als zu jener Zeit, als die etablierten Nationen der »alten Welt« noch die Regeln auf den Weltmärkten bestimmen konnten.

In Großbritannien brachte die Regierung unter dem konservativen und eigentlich der Marktwirtschaft freundlich gesinnten Premierminister Boris Johnson im November 2020 ein Gesetz durchs Parlament, an dem seine Vorgängerin Theresa May zuvor gescheitert war: Die Regierung wollte mithilfe dieses Gesetzes 17 Branchen festlegen, hauptsächlich aus dem High-Tech-Bereich, in denen die Regierung den Einstieg eines ausländischen Investors im Namen der nationalen Sicherheit untersagen kann – sogar rückwirkend auf fünf Jahre. Hintergrund ist, dass ein chinesisches Staatsunternehmen, China General Nuclear Power Group, am Bau des Kernkraftwerks Hinkley Point C beteiligt war.[38] Zeitweise arbeiteten rund 100 chinesische Ingenieure auf der Baustelle.[39] Der britischen Regierung kamen Bedenken an diesem Engagement, als bekannt wurde, dass China General Nuclear Power auf einer schwarzen Liste der US-Regierung stand. »Die neuen britischen Regeln ähneln sehr stark dem amerikanischen Foreign Investment Risk Review Modernisation Act (FIRRMA), der 2018 beschlossen worden ist«, stellten die Journalisten des Wochenmagazins *The Economist* fest.[40] »Beide stützen sich auf die Anwendung des eher losen Begriffs der nationalen Sicherheit.« Trotz der Bedenken der britischen Regierung war der chinesische Partner auch zwei Jahre später immer noch an diesem Projekt beteiligt.[41]

In Deutschland unterdessen blieb es weitgehend bei Forderungen, Plänen und einem allgemeinen Unbehagen. Frankreich beispielsweise hat Ende 2019 ein Gesetz beschlossen, das es der Regierung ermöglicht, Übernahmen in strategisch wichtigen Branchen zu unterbinden.[42] Ein solches Gesetz kam in Deutschland nie. Zu groß ist offenbar die Angst, die Wirtschaftsbeziehungen zu wichtigen Abnehmerländern deutscher Produkte zu verschlechtern. Schließlich ist die deutsche Wirtschaft darauf angewiesen, möglichst ungehindert exportieren zu können, vor allem nach China. Allein die deutschen Maschinenbauer verkaufen nach China 11 Prozent ihrer Produktion. Damit ist China nach den USA der zweitwichtigste Markt für diese lebenswichtige Branche der deutschen Industrie.[43] Offenbar ist auf deutscher Seite die Angst zu groß, die chinesische Regierung zu verärgern. Allerdings werden sich mit dem russischen Einmarsch in der Ukraine und den Drohungen Chinas gegenüber Taiwan, wie sie Chinas Staatschef Xi Jinping auf dem 20. Parteitag der Kommunistischen Partei Chinas erneuert hat,[44] auch solche Einschätzungen verändern müssen, wobei noch offen ist, wie die deutsche Außenpolitik auf die neue Lage langfristig reagieren wird.

Eine zahnlose Verordnung

Die Bundesregierung begnügte sich mit dem Erlass einer Außenwirtschaftsverordnung, die allerdings relativ zahnlos bleibt. Denn prüfen kann das Wirtschaftsministerium einen Unternehmensverkauf nur dann, wenn die ausländische Beteiligung am deutschen Unternehmen mindestens 25 Prozent betragen soll. Dabei erlangt ein Anteilseigner oft schon mit deutlich weniger als einem Viertel der Anteile einen bedeutenden Einfluss auf ein Unternehmen.

Im Falle des Unternehmens 50 Hertz Transmission hätte die Außenwirtschaftsverordnung nicht gegriffen. In diesem Fall ging es nur um einen Anteil von 20 Prozent. Das Unternehmen betreibt das Höchstspannungsnetz im Norden und Osten Deutschlands, auch für Berlin und Hamburg. 50 Hertz ist damit nicht einfach ein Transporteur von Strom. Es ist ein zentraler Teil der deutschen Strominfrastruktur. In Zeiten von Digitalisierung, Industrie 4.0 und 5G sind die Betreiber von Stromnetzen in einem Bereich tätig, der direkte Bedeutung für die Sicherheitspolitik der Bundesrepublik hat. Der Betreiber eines Stromnetzes hat unmittelbar die Kontrolle über den Austausch elektronischer Nachrichten, die Steuerung von Satelliten und vielen anderen wichtigen Einrichtungen. Stromnetze zählen deshalb zur sogenannten kritischen Infrastruktur eines Landes.

Im Fall von 50 Hertz konnte die Bundesregierung mit einem Kniff einen Verkauf einer Beteiligung an den chinesischen Konzern State Grid Corporation of China verhindern. Im Frühjahr 2018 wurde bekannt, dass State Grid – jener chinesische Konzern, der sich schon erfolgreich in das portugiesische Stromnetz eingekauft hatte – einen Anteil von 20 Prozent an 50 Hertz erwerben wolle. Diese Transaktion, so kurz nach dem kontroversen Verkauf von Kuka, wurde zum

Politikum. Die Bundesregierung wollte den Verkauf des Anteils an State Grid verhindern.

Verkäufer der Anteile an 50 Hertz war der australische Initiator von Infrastrukturfonds Industry Funds Management über seinen Fonds IFM Global Infrastructure Fund. Der Einstieg eines australischen Finanzinvestors war für die Bundesregierung unproblematisch, der eines chinesischen Unternehmens dann aber schon. Glücklicherweise für die Bundesregierung hatte ein anderer Anteilseigner, der belgische Betreiber von Stromnetzen Elia, ein Vorkaufsrecht für diese Beteiligung. Elia übte sein Vorkaufsrecht aus und reichte den Anteil zum gleichen Preis an die deutsche Staatsbank KfW weiter, die diese Anteile auf Bitten der Bundesregierung übernahm.

Nicht immer hat die Bundesregierung so viel Glück, dass ein anderer Anteilseigner mit einem Vorkaufsrecht bereitsteht und dieser dann auch noch bereit ist, der Bundesregierung einen Gefallen zu tun. Und auch sind die Mittel der KfW beschränkt. Immerhin kostete die KfW die Gefälligkeit gegenüber der Bundesregierung knapp 1 Milliarde Euro.[45]

Interesse an deutschen Banken

Stahl, Aluminium, Roboter, Strom – die Interessen der chinesischen Investoren im Ausland sind weit gestreut. Auch an europäischen Banken zeigen sie großes Interesse. Das wurde im Frühjahr 2008 deutlich, als der Allianz-Konzern verzweifelt versuchte, einen Käufer für die schon waidwunde Dresdner Bank zu finden. Allein im vierten Quartal 2007 musste die Bank, die einst mit dem »grünen Band der Sympathie« geworben hatte, Abschreibungen von 900 Millionen Euro vornehmen, auf notleidende Kredite im ostdeutschen Immobiliengeschäft und andere schwierige Kredite. Weder in Europa noch in den

USA wollte sich ein Käufer finden, zumal die Weltwirtschaft schon damals auf die große Finanzkrise zusteuerte, die ein halbes Jahr später mit voller Wucht ausbrechen sollte. Da tauchte plötzlich der chinesische Staatsfonds CIC auf, der die Dresdner Bank ohne groß Fragen zu stellen mit Haut, Haar und jeder Menge schlechter Kreditrisiken schlucken wollte. Sogar das verlustreiche Filialgeschäft wollten die Chinesen übernehmen, wie auch die wenig erfolgreiche Investmentbank Dresdner Kleinwort, die allein ihre Investmentbanker reich machte.

Als das CIC-Angebot eintraf, müssen am Englischen Garten in München in den Büros des damaligen Allianz-Vorstandsvorsitzenden Michael Diekmann und seines Aufsichtsratsvorsitzenden Henning Schulte-Noelle Freudentänze stattgefunden haben. Dabei waren Diekmann und Schulte-Noelle für einen eher sachlichen Lebensstil bekannt. Zum Preis von 24 Milliarden Euro hatte die Allianz die Dresdner Bank notgedrungen im Jahr 2001 übernommen, nachdem mehrere Fusionsversuche sowohl mit der Deutschen Bank als auch mit der Commerzbank gescheitert waren und der Zusammenbruch der Dresdner Bank drohte.

Bald darauf kursierten Gerüchte, bei einem Verkauf der Dresdner Bank an den CIC drohten, wichtige Geschäftsgeheimnisse von Kunden der Bank an die Chinesen zu gehen, so auch zum Beispiel geheime Unterlagen deutscher Rüstungsunternehmen. Diese Befürchtungen waren völlig haltlos. Banker erhalten nie Einblick in derart vertrauliche Unterlagen ihrer Kunden. Aber sie genügten, um die Bundesregierung auf den Plan zu rufen.

Plötzlich kam Bewegung in die deutsche Bankenlandschaft. Die Commerzbank litt besonders unter der sich anbahnenden Finanzkrise und war auf staatliche Unterstützung angewiesen. Obwohl die Commerzbank selbst um ihr Überleben kämpfte, gaben Allianz und Commerzbank am 31. August

2008 bekannt, dass die Allianz die Dresdner Bank zum Preis von 9,8 Milliarden Euro an die Commerzbank verkaufen, Risiken aus Finanzgeschäften bis zu 975 Millionen Euro abdecken, sich zu knapp 30 Prozent an der Commerzbank beteiligen und obendrein die Fondsgesellschaft Cominvest erhalten würde.[46] Einen besseren Ausstieg aus der Dresdner Bank hätte sich Allianz-Chef Diekmann nicht erträumen können.

Mitten in den Verhandlungen hatte die amerikanische Nachrichtenagentur Bloomberg noch gemeldet, die China Development Bank prüfe die Bücher der Dresdner Bank im Hinblick auf einen möglichen Kauf.[47] Gleichzeitig wurde bekannt, dass die Allianz parallel zu den Gesprächen mit der Commerzbank auch mit der spanischen Bank Santander spreche, obwohl diese sich bis dahin nie an einem Kauf der Dresdner Bank interessiert gezeigt hatte. Jedenfalls scheint das Gerücht, die China Development Bank könne die Dresdner Bank der Commerzbank noch wegschnappen, die Verhandlungen beschleunigt zu haben.

Am 15. September 2008 meldete Richard S. Fuld Junior, Vorstandsvorsitzender der amerikanischen Investmentbank Lehman Brothers, Insolvenz an. Der amerikanische Finanzminister Hank Paulson, ehemaliger Boss des Lehman-Rivalen Goldman Sachs, hatte die Bank tatsächlich fallen gelassen. Niemand hatte es für möglich gehalten, dass die amerikanische Regierung eine derart große Bank wie Lehman in die Insolvenz stürzen lassen würde. Es war der Höhepunkt der Finanzkrise, die in den USA schon zuvor eine andere Investmentbank, Bear Stearns, und in Deutschland zwei große Banken in Düsseldorf, die West LB aus dem Sparkassensektor und den Mittelstandsfinanzierer IKB, in die Knie gezwungen hatte.

Bald nach dem Zusammenbruch von Lehman und den teils chaotischen Folgen auf der ganzen Welt wurde offenbar, dass auch die Commerzbank nicht aus eigener Kraft überleben würde und unter überhöhten Kreditrisiken zusammenzubrechen drohte. Die Führung der Bank verhandelte den Deal mit der Allianz nach und drückte den Kaufpreis für die Dresdner Bank von 9,8 Milliarden Euro auf 5,5 Milliarden. Dennoch musste die Commerzbank Rettung unter dem staatlichen Schutzschirm suchen und eine Zahlung aus den Töpfen des Sonderfonds Finanzmarktstabilisierung (Soffin) gegen eine staatliche Beteiligung in Anspruch nehmen. Die Commerzbank erhielt eine stille Beteiligung des Staates von 8,2 Milliarden Euro, genug, um die Allianz auszubezahlen. Und so bezahlte im Grunde die Bundesregierung 5,5 Milliarden an die Allianz, die auf diese Weise mitten in der Finanzkrise noch eine milliardenschwere Überweisung für den Verkauf ihrer Problembank Dresdner erhielt.

Die Vorstöße des chinesischen Staatsfonds CIC und der China Development Bank erwiesen sich als Glücksfall für die Allianz. Für China hätte die Übernahme der Dresdner Bank den Einstieg in die deutsche Kreditwirtschaft bedeutet – das wäre ein unermesslicher Prestigeerfolg für China und ein kaum schätzbarer Wettbewerbsvorteil für die chinesische Wirtschaft gewesen. Ohne die Drohung, die Chinesen könnten die Dresdner Bank übernehmen, wäre wahrscheinlich auf Jahre keine Bewegung in den deutschen Bankensektor gekommen. Es wäre der Allianz schwergefallen, einen Käufer für die Dresdner Bank zu finden. Aus gutem Grund, denn nach Jahren des Missmanagements und des inneren Zerfalls war die Bank von Grund auf marode.

Chinesische Tugenden

Die Chinesen sind es gewohnt, Schritt für Schritt vorzugehen, Geduld zu zeigen und dabei das langfristige Ziel nicht aus den Augen zu verlieren. Chinesische Unternehmen stoßen gezielt in sensible Bereiche der westlichen Wirtschaft vor. Obwohl die USA unter Präsident Donald Trump, der das Land von 2017 bis 2021 regierte, einen härteren Kurs gegenüber China einschlugen, drängten chinesische Unternehmen weiter in die amerikanische IT: So investierten staatlich gelenkte Fonds aus China allein im Jahr 2020 in Pixelworks, Black Sesame Technologies und Light IC Technologies.[48] Pixelworks ist für einige erfolgreiche Zeichentrickfilme bekannt und auf die Verarbeitung von Bildern und Videos spezialisiert. Dazu entwickelt Pixelworks Halbleiter und Software, eine wichtige Schlüsseltechnologie für Kino und Smartphones, aber auch für die Bilderkennung beispielsweise von Drohnen.

Mehr als 1600 Strategische Investmentfonds hat die chinesische Regierung ins Leben gerufen. Diese hätten bereits 610 Milliarden Dollar in verschiedenste Unternehmen investiert, schreibt die *Financial Times* unter Berufung auf die chinesische Beratungsgesellschaft Zero2IPO.[49] Diese Fonds werden von der chinesischen Nationalen Entwicklungs- und Reformkommission gesteuert, um in strategisch wichtige entstehende und reifere Industrien zu investieren, so in die Halbleiterindustrie, in der China den Rückstand auf die USA rasch aufholen will.

Immer mehr Unternehmer aus Schwellenländern wollen nicht den alten Industrien des 20. Jahrhunderts verhaftet bleiben und streben in die neuen Technologien. Deshalb sind gerade Asien und Afrika eine treibende Kraft für Digitalisierung, Elektromobilität, Telemedizin oder IT geworden.

- Unternehmer aus Schwellenländern dringen in angestammte Industrien in Europa vor.
- China und Indien sind die Fabrik der Welt geworden.
- Die neuen Unternehmer in den Schwellenländern streben die Führung in den Industrien der Zukunft an.

KAPITEL 6

DIE WACHSTUMSDYNAMIK DER SCHWELLENLÄNDER

Mit Kreativität und frischen Ideen schaffen Unternehmer in den Schwellenländern neue Märkte. Sie nutzen die Chancen der Digitalisierung, um innovative Lösungen für die drängenden Probleme in diesen Ländern zu finden.

Seit Jahren darf in Vorträgen über Afrikas Innovationskraft ein Beispiel nicht fehlen: der Erfolg von M-Pesa in Kenia. Im Jahr 2007 hatte die Mobilfunkgesellschaft Safaricom ein System auf den Markt gebracht, durch das die Nutzer ihr Mobiltelefon nutzen konnten, um Geld via SMS an Freunde und Verwandte zu schicken. M-Pesa ist günstig, einfach und für kleine Geldbeträge sicher genug. Schon lange funktioniert M-Pesa nicht mehr per SMS. Heute kann sich jeder Nutzer eine App herunterladen. M-Pesa hat die anderen Mobilfunkgesellschaften in Afrika gezwungen, einen ähnlichen Service anzubieten, um konkurrenzfähig zu bleiben.

Es ist unbestritten, dass mobiles Geld dazu beigetragen hat, dass Kenia heute eine derart hohe Wirtschaftsdynamik aufweist. Schätzungsweise 40 Prozent der kenianischen Wirtschaftsleistung werden heute über mobiles Geld abgewickelt. In Deutschland mögen Vortragsredner mit dem Beispiel von M-Pesa noch Staunen hervorrufen. In Kenia ist mobiles Geld seit gut 15 Jahren selbstverständlicher Alltag – und in immer mehr afrikanischen Ländern auch. In Europa soll das Beispiel M-Pesa zeigen, wie sehr Afrikaner zu Innovationen in der Lage sind und dass die Vorstellung, sie seien rückständige Hinterwäldler, falsch sei. Das ist gut gemeint. Doch für Afrikaner wirkt dieser ständige Hinweis auf etwas, was für sie ganz selbstverständlich geworden ist, in etwa so, als würden Kenianer in deutschen Supermärkten immer staunend auf die Leute an der Kasse zeigen und sagen: »Oh, schaut mal, die müssen ihre Karte gar nicht mehr in den kleinen Kasten stecken, es reicht schon, wenn sie sie davorhalten. Gut, sie sind etwas rückständig und verwenden noch Karten, aber sie sind ja doch überraschend fortschrittlich.«

Unsere Bilder und Vorstellungen von Schwellenländern sind immer noch stark von Stereotypen, Klischees und Vorurteilen geprägt. Hilfsorganisationen und Dokumentarfilmer erzählen sie immer wieder neu, bis sich diese Berichte zu einem Bild verselbstständigt haben, das mit der Wirklichkeit nur noch am Rande zu tun hat. Dabei hat sich weitgehend unbemerkt vom Westen in vielen Schwellenländern eine lebendige Start-up-Kultur entwickelt, eine Gründerszene, die viele nützliche Erfindungen hervorgebracht hat. Den Aufstieg der Schwellenländer prägen auch die vielen jungen Existenzgründer in Indien, Vietnam oder Nigeria.

M-Pesa ist im Übrigen gar keine afrikanische Erfindung. Das Prinzip, wie sich Geld über Mobiltelefone per SMS übertragen lässt, wurde in Großbritannien entwickelt. Maßgeblich daran beteiligt war der 2014 verstorbene Ingenieur Peter Dunn. Er hatte 1989 zusammen mit Simon Batchelor die Organisation Gamos gegründet, mit der sie Armut bekämpfen und erneuerbare Energie fördern wollten. Gamos begann das Projekt, Geldtransfers mit Mobiltelefonen zu ermöglichen, im Jahr 2002 zusammen mit der Commonwealth Telecommunications Organisation und der britischen Entwicklungsbehörde Department for International Development (DIFD). Später unterstützten der britische Mobilfunkanbieter Vodafone und der amerikanische Softwarekonzern Microsoft das Vorhaben.

Afrikanische Unternehmen oder gar Wissenschaftler waren somit in keiner Weise in die Entwicklung von M-Pesa eingebunden. Afrika wurde vielmehr als Versuchsfeld für eine europäische Entwicklung benutzt, die ihre Entwickler in Europa selbst nicht testen durften. Zu groß waren die Bedenken der Notenbank und der Aufsichtsbehörden gegenüber Geldtransfers, die über einfache Textnachrichten abgewickelt werden sollten. Ähnliche Vorstöße wurden auch in Deutschland im Keim erstickt. Im Jahr 2018 wurde vor dem Landgericht Kiel eine Bank in Haftung genommen, weil sie einem Kunden individuelle Codes für Überweisungen, TAN genannt, per SMS zugesandt hatte. Das geschah im Rahmen des smsTAN-Verfahrens. Offenbar ist es Betrügern gelungen, die SMS mit den Geheimzahlen abzufangen. Hier wurde die Bank nicht für SMS-Banking, wie es M-Pesa betreibt, in Haftung genommen, sondern nur für den Versand von Geheimzahlen per SMS. Solche Bedenken sind in Kenia nie aufgekommen.

Offen für Neues

Die Hemmungen, sich gegenüber Innovationen zu öffnen, sind in den meisten aufstrebenden Ländern niedriger als in Europa oder den USA. Darin liegt eine Stärke der Schwellenländer. Sicher, die vielen Vorschriften in den als entwickelt bezeichneten Ländern schützen die Verbraucher vor vielen Risiken. Die Textilfabrik Rana Plaza in Bangladesch wäre im April 2013 sicher nicht eingestürzt und hätte nicht mehr als 1000 Menschen unter sich begraben, wenn in dem Land ein Mindestmaß an Bauvorschriften eingehalten worden wäre. Doch die vielen Vorschriften, Regeln und Maßgaben in den entwickelten Ländern behindern auch Innovationen. Viele Dinge, die durch die Verbindung von Internet, mobiler Kommunikation, hochmodernen Kommunikationsnetzen wie 5G möglich geworden sind, werden in Europa durch Vorschriften und Datenschutz verhindert. In den Schwellenländern gibt es viel weniger Bedenken gegen E-Learning, Telemedizin oder Online-Formulare.

Es geht an dieser Stelle nicht um die Diskussion, ob Menschen in den Schwellenländern zu arglos oder ob die Datenschützer im Westen übervorsichtig sind. Hier soll nur dieser Unterschied festgestellt werden, um deutlich zu machen, dass in einem großen Teil der Welt die Aufgeschlossenheit gegenüber Innovationen, besonders aus dem IT-Bereich, größer ist als in einem anderen.

Als Mobiltelefone in den 1990er-Jahren in Europa auf den Markt kamen, wurde eine große Debatte über die möglichen Gefahren der neuen Geräte für die Gesundheit geführt. Die elektrischen Strahlen, die menschliche Sinne nicht wahrnehmen, könnten, so die Befürchtungen, chronische Krankheiten und schwere Schädigungen wie Impotenz und Krebs auslösen.

Die Diskussion hat sicher dazu beigetragen, Mobiltelefone sicherer zu machen. In den meisten Schwellenländern jedoch spielten solche Einwände kaum eine Rolle. Dort wurde das Mobiltelefon als eine lang ersehnte Befreiung vom staatlichen Telefonnetz wahrgenommen. Das leitungsgebundene

Netz war nie ausreichend ausgebaut worden, funktionierte schlecht und war regelmäßig gestört. So schnitten Arbeiter der staatlichen Telefongesellschaften häufig selbst Leitungen durch, um sie für die Nutzer gegen Zahlung eines Handgelds wieder zu flicken. Fiel ein Baum auf eine Leitung, konnte es Wochen dauern, bis sie repariert wurde, wenn überhaupt. Mit dem Mobiltelefon kamen private Anbieter auf den Markt, die viel Geld in die Aufstellung von Übertragungsmasten investierten, gegen moderate Gebühren einen funktionierenden Service anboten und den Nutzer als Kunden wahrnehmen. Das Mobiltelefon brachte eine Befreiung von der Gängelung durch staatliche Gesellschaften.

Alte Bevölkerung in weiten Teilen der Welt

Dass die Schwellenländer offener gegenüber Innovationen sind, hängt auch mit der Demographie zusammen. Die große Stärke von Ländern wie Indien, Indonesien, Kenia oder Nigeria ist die Jugend. Eine Gesellschaft ist umso dynamischer, je jünger sie ist. 90 Prozent der Weltjugend lebt in Schwellenländern und nicht in Deutschland, den USA, Kanada oder Frankreich.

Die Demographie ist eine der Triebfedern, die zu einer Verschiebung der Gewichte in der Welt beiträgt. In Japan lässt sich schon betrachten, wie sehr sich eine Gesellschaft verändert, wenn der Altersdurchschnitt steigt und die Älteren mehr und mehr das öffentliche Leben dominieren. Der Altersmedian in Japan lag im Jahr 1950 bei 22,3 Jahren. Der Median für eine Bevölkerung ist jener Wert, der diese in zwei gleich große Hälften teilt. Damals war somit die eine Hälfte der japanischen Bevölkerung älter und die andere Hälfte jünger als 22,3 Jahre. Heute liegt der Altersmedian bei 48,4 Jahren und wird bis zum Jahr 2050 auf 54,7 Jahre steigen.[1]

In China wird die Bevölkerung aufgrund der jahrzehntelang mit harter Hand durchgesetzten Ein-Kind-Politik in den kommenden Jahrzehnten schrumpfen und gleichzeitig stark altern. Auch wenn die chinesische Regierung im Jahr 2020 begonnen hat, Eltern mehr Kinder zu gewähren, so wird der Bevölkerungsrückgang nicht mehr aufzuhalten sein. Der Altersmedian der chinesischen Bevölkerung lag im Jahr 1950 bei 23,9 Jahren und sank bis 1970 auf 19,3 Jahre. Seitdem steigt der Altersmedian in China rapide an, auf aktuell 38,4 Jahre und auf prognostiziert 47,6 Jahre im Jahr 2050.[2]

In Deutschland übrigens liegt das Medianalter bei 44,1 Jahren für Männer und bei 47,6 Jahren für Frauen. Bis zum Jahr 2050 wird es auf 47,9 Jahre für Männer und auf 50,2 Jahre für Frauen steigen.[3] Somit wird Deutschland im Vergleich zu China und Japan eine Mittelstellung einnehmen: Die Bevölkerung in Deutschland wird statistisch nicht so stark gealtert sein wie die in Japan, jedoch etwas älter sein als die in China. Alle drei Länder jedoch werden von einem starken Anteil älterer Menschen geprägt werden.

Europa ist etwas besser auf den demographischen Wandel vorbereitet als China. Europa fällt es leichter, die niedrigen Geburtenraten und den dadurch bedingten Bevölkerungsrückgang durch Einwanderung auszugleichen. China tut sich schwerer damit, Einwanderer aufzunehmen und in die Gesellschaft zu integrieren. So gibt es beispielsweise viele Afrikaner, die in China an einer Hochschule studieren. Sie klagen regelmäßig über Diskriminierung und Ausgrenzung im Alltag.

In Indien bleibt die Bevölkerung auf Jahrzehnte hinaus jünger. Aktuell liegt der Altersmedian bei nur 28,4 Jahren und wird bis zum Jahr 2050 auf 38,1 Jahre steigen.[4] »Indiens junge Bevölkerung ist das wertvollste Kapital und die dringlichste Herausforderung«, heißt es in einer Studie des Weltwirtschaftsforums, das jedes Jahr ein Treffen der Großen und Mächtigen dieser Welt im Schweizer Skiort Davos ausrichtet.[5]

Junger Kontinent

Noch jünger wird auf Jahrzehnte hinaus der afrikanische Kontinent bleiben. Im Jahr 2050 werden Kinder und Jugendliche unter 15 Jahren dort einen Anteil von 40 Prozent an der Bevölkerung haben, in Europa nur noch einen Anteil von 16 Prozent.[6] In Europa werden die Senioren über 65 Jahre genauso 16 Prozent der Bevölkerung ausmachen, in Afrika nur 4 Prozent. Trotz einer enorm gestiegenen Lebenserwartung in Afrika wird der Anteil älterer Menschen auf dem Kontinent so niedrig sein, weil dort in den kommenden Jahrzehnten so viele Menschen geboren werden. Das wird dazu führen, dass sich die Bevölkerung in Afrika von heute rund 1,3 Milliarden Menschen auf rund 2,6 Milliarden Menschen verdoppeln wird.[7]

Das liegt nicht daran, dass afrikanische Frauen wegen einer hohen Kindersterblichkeit und eines schwachen Sozialstaats besonders viele Kinder bekämen. Diese Begründung gehört mit Ausnahme von einigen ärmeren Ländern wie Tschad oder Niger weitgehend der Geschichte an. Auch afrikanische Frauen wollen sich nicht der Strapaze von acht, zehn oder mehr Geburten aussetzen. Mit steigendem Wohlstand geht die Zahl der Geburten auch in Afrika rapide zurück. Die Geburtenrate liegt in Afrika derzeit bei 4,4 Geburten pro Frau, was immer noch fast doppelt so hoch ist wie die Zahl von 2,3 Geburten im globalen Durchschnitt. Doch diese Rate liegt weit unter der, unter der afrikanische Frauen in der

Vergangenheit litten. Noch in den 1970er-Jahren lag sie für den gesamten Kontinent im Durchschnitt bei 6,6 Kindern je Frau.[8]

In den wirtschaftlich erfolgreichen Ländern wie Südafrika, Kenia, Nigeria, Elfenbeinküste liegt die Geburtenrate heute nicht viel höher als in Europa. Nur in den wirtschaftlich schwachen Regionen wie der Sahelzone bringen die Frauen nach wie vor relativ viele Kinder zur Welt: 5,6 Kinder je Frau beispielsweise im Tschad.[9] Allerdings ist auch in diesen fragilen Regionen die Kindersterblichkeit glücklicherweise stark zurückgegangen. Heute liegt die statistische Lebenserwartung eines Babys, das in Afrika zur Welt kommt, bei 64 Jahren. Das bedeutet verglichen mit den Zahlen der Vergangenheit eine grandiose Verbesserung der Gesundheitsversorgung auf dem Kontinent.

Nein, die Bevölkerung in Afrika wächst aus einem anderen Grund: Weil die Bevölkerung Afrikas überwiegend aus Kindern und Jugendlichen besteht, werden diese in den kommenden Jahren Familien gründen. Auch wenn die Geburtenrate in Afrika von heute rund 4,6 Geburten je Frau bis zum Jahr 2050 auf 3,0 sinken wird, wird die Bevölkerung weiter stark wachsen.[10] Afrikas Bevölkerung wächst auch deshalb, weil Afrikaner heute tendenziell länger leben. Das Gesundheitswesen hat sich in weiten Teilen des Kontinents stark verbessert hat. Und der Kontinent ist so friedlich wie seit langer Zeit nicht mehr.

Ähnlich sieht das Bild in Indien oder Lateinamerika aus, wo die Bevölkerungsdynamik nicht so hoch ist wie in Afrika, wo aber der Anteil junger Menschen deutlich höher ist als in Europa. Das Bevölkerungswachstum konzentriert sich laut den Vereinten Nationen auf neun Länder: in Afrika auf Nigeria, die Demokratische Republik Kongo, Äthiopien, Tansania und Ägypten, in Asien auf Indien, Pakistan und Indonesien.

Überraschenderweise werden an neunter Stelle auch die USA genannt, die unter anderem nach wie vor von einer hohen Einwanderung profitieren.[11]

Was eine junge Bevölkerung mit sich bringt

Um zu ermessen, wie jung viele Schwellenländer sind, genügt eine Reise nach Afrika. Dort bestimmen Hunderte von Kindern aller Altersklassen das Bild auf den Straßen nach Schulschluss. Lachend, kichernd und sich neckend machen sie sich oft einen langen Fußweg nach Hause. Die Jugend treibt die gesellschaftliche, aber auch die wirtschaftliche Entwicklung maßgeblich voran. Musiker, die vor drei Monaten ganz oben in der Gunst der Jugendlichen standen, können heute schon wieder in Vergessenheit geraten sein. Auch die Sprache verändert sich ständig, weil jede neue Generation sich von den anderen absetzen will. Das geht am einfachsten über die Sprache. Ständig werden neue Wörter, neue Codes und Erkennungszeichen unter den Jugendlichen erfunden. Das hat auch wirtschaftliche Bedeutung. Konsumgüterhersteller, die sich diesen ständigen neuen Moden nicht fortlaufend anpassen, gelten schnell als hoffnungslos veraltet. Die Jugend in den Schwellenländern verleiht diesen Ländern eine hohe Dynamik – in Bezug auf Musikgeschmack, auf die Mode, die Essensvorlieben, die Sprache, die Werte, aber auch in Bezug auf die Religion und selbstverständlich auch auf die Lebensentwürfe.

Es wird eine der großen Herausforderungen für die gesamte Welt sein, auf der einen Seite des Globus das Bevölkerungswachstum im Süden zu steuern und auf der anderen Seite den Bevölkerungsschwund im Norden zu bewältigen. Es ist jedem Politiker in Afrika bewusst, dass die afrikanischen

Staaten damit überfordert sein werden, genügend Lehrer auszubilden, um in den nächsten 30 Jahren eine solide Schulausbildung für 1,5 Milliarden Kinder sicherzustellen und zu finanzieren. Das Gleiche gilt für Wohnungen, Krankenhäuser, Berufsausbildung und Jobperspektiven. Doch trotz aller Schwierigkeiten trifft man in Afrika auf großen Optimismus.

E-Learning und Laptops in den Schulen

Um die Schwierigkeiten zu lösen, die Schwellenländer bei der Lösung des Bevölkerungswachstums zu bewältigen haben, werden diese Länder auf Innovation setzen müssen. Die Art der traditionellen Schulausbildung mit einem Lehrer für 30 oder 40 Schüler, der an der Kreidetafel den Unterrichtsinhalt aufschreibt, wird im Süden keine Zukunft haben.

Um die Größe der Aufgabe zu ermessen, hilft ein Gedankenspiel: In den kommenden 30 Jahren werden in Afrika 1,5 Milliarden Kinder geboren werden. Wenn diese gleichmäßig über den gesamten Zeitraum zur Welt kommen, dann kämen jedes Jahr 50 Millionen Kinder neu in die Schule. Wenn alle Kinder nur fünf Jahre lang zur Schule gehen sollen, wären in der Spitze rund 250 Millionen Kinder gleichzeitig in den Schulen. Wenn eine Klasse aus 50 Schülern bestehen soll, was nach europäischen Maßstäben schon zu viel wäre, müssten die afrikanischen Staaten nach dieser Rechnung in der Spitze 5 Millionen Lehrer ausbilden, beschäftigen und bezahlen. Allein zur Ausbildung dieser Lehrer wiederum müssten Zigtausende Professoren ausgebildet werden. Eine Aufgabe, die nicht zu bewältigen ist.

Diese Rechnung ist zugegeben eine grobe Vereinfachung. Die Annahmen sind nur grob getroffen. Doch dieses Gedankenspiel soll ein Gefühl für die Größe der Aufgabe geben, vor der Afrika angesichts des hohen Bevölkerungswachstums steht. Wenn man sich dann vor Augen hält, wie schwer sich das deutsche Schulsystem damit getan hat, im Jahr 2020 von Präsenzunterricht auf Online-Klassen überzugehen, wie wenig die Lehrer über die dazu notwendigen IT-Kenntnisse verfügten und wie schlecht die deutschen Schulen mit Laptops und online nutzbaren Schulmaterialien ausgerüstet waren, dann lässt sich ermessen, wie groß diese Aufgabe für Afrika, Süd- und Südostasien sowie Lateinamerika sein wird. Und doch wird kein Weg daran vorbeiführen: In diesen drei Regionen der Welt wird der Unterricht zum großen Teil in Form von E-Learning stattfinden müssen. In Ruanda beispielsweise, einem kleinen Land in der Mitte Afrikas, werden die Schulen und Schüler seit Jahren mit Laptops versehen, nicht mit teuren iPads, sondern mit günstigen Modellen, die für die Vermittlung von Wissen, Kenntnissen und Fähigkeiten jedoch völlig genügen. Dazu werden die Schulen, auch auf dem Land, mit Internet und WLAN ausgestattet. Die Lehrer vor Ort unterstützen diesen Fortschritt, denn E-Learning befreit Afrikas Lehrer und Schüler von veralteten Schulbüchern. Und es verschafft den Lehrern die Möglichkeit, Schüler verschiedener Altersgruppen zeitgleich in einem Klassenzimmer zu unterrichten. Und noch ein Problem von Schulen im ländlichen Raum wird durch E-Learning gelöst: Endlich sind die Lehrer nicht mehr auf unsichere Lieferungen von Kreide angewiesen. Den Strom beziehen sie häufig aus einigen Solarpanels, die neben der Schule oder auf dem Dach aufgebaut werden.

Es soll kein Vorwurf sein, doch die Diskrepanz springt ins Auge: Im Westen werden Neuerungen rasch unter dem Gesichtspunkt der Sicherheit diskutiert. Es ist sicher auch ein gesunder Reflex, sich ausgiebig mit den Risiken zu befassen, um diese in den Griff zu bekommen und nach Möglichkeit auszuschalten. In den aufstrebenden Ländern im Süden dagegen wird technischer Fortschritt rasch unter dem Gesichtspunkt der Verbesserungen bewertet, die er möglicherweise bringt.

Fortschritt durch Digitalisierung

Auch die Telemedizin ist in Europa ein umstrittenes Thema. Die Vorbehalte gegenüber einem Gespräch mit einem Arzt über Videokonferenz, der sich vielleicht Hunderte Kilometer entfernt aufhält, sind groß. Erst die Corona-Krise im Jahr 2020 hat für Bagatellerkrankungen eine ärztliche Konsultation per Videokonferenz ermöglicht. Für Afrika bedeuten Online-Konsultationen oder auch Online-Therapien einen enormen Fortschritt. Sie bringen vielen Menschen den Zugang zu Fachärzten, die vielleicht eine Tagesreise entfernt ihre Praxis haben. Dank digitaler Technik können Hebammen bei komplizierten Geburten fachkundigen Rat online einholen und so Leben von Müttern und Babys retten.

Neben Videosprechstunden ermöglicht die Kombination aus Digitalisierung und 5G-Netz viele weitere Anwendungen, die erst noch im Entstehen sind: Telechirurgie, Telekardiologie, Teleneurologie, Telepsychiatrie und vieles andere mehr. Wenn Krankenhäuser, Pharmahersteller, Therapeuten, Forschungseinrichtungen und Pfleger sich weltweit vernetzen, eröffnen sich völlig neue Möglichkeiten. Viele Menschen in den Schwellenländern warten darauf, dass Operationen künftig am Bildschirm ausgeführt werden. Die Vorstellung schreckt sie nicht, dass der operierende Arzt von Mainz oder Miami aus den Operationsroboter steuert, während der Patient im OP-Saal in Mumbai oder Maputo liegt. Operationen auf Distanz würden vielen Afrikanern teure und aufwändige Reisen in Kliniken nach Indien, China oder den Nahen Osten ersparen. Und für die anschließend vielleicht notwendige Rehabilitation kann der Rekonvaleszent seine Übungen mit dem Physiotherapeuten ebenfalls am Bildschirm ausführen. Von diesen Möglichkeiten sind die Patienten in Deutschland noch weit entfernt. Hier müssen sie noch selbst die Röntgenbilder vom Labor zum Arzt tragen, weil das Labor die Bilder aus Gründen des Datenschutzes dem Arzt nicht per E-Mail übermitteln darf.

Digitale Jugend

Digitalisierung, Künstliche Intelligenz, Robotik und das Internet der Dinge werden in den Schwellenländern eine entscheidende Rolle beim Aufbau eines modernen Gesundheitssystems, im Erziehungswesen, in der politischen Information und in der Arbeitswelt spielen. Das prägt auch die Jugend in den Schwellenländern. »Junge Menschen suchen zunehmend nach produktiven Beschäftigungsmöglichkeiten und Karrierewegen, die ihre individuellen Bestrebungen spiegeln«, heißt es in der schon zitierten Studie des Weltwirtschaftsforums über die Jugend in Indien.[12] Bildung und Ausbildung sind dabei wichtige Faktoren: 97 Prozent der befragten jungen Inder und Inderinnen strebten ein Hochschulstudium an. Allerdings sei das indische Bildungssystem darauf schlecht vorbereitet: »Der Privatsektor muss eine aktivere Rolle bei der Verbesserung der Fähigkeiten und Fertigkeiten der indischen Jugend spielen«, fordern die Autoren der Studie des Weltwirtschaftsforums ein stärkeres Engagement privater Unternehmen in der Bildung. Indien sei mit einem Paradox konfrontiert: Die Jugendarbeitslosigkeit sei zwar hoch, aber der Privatsektor klage über einen Mangel an qualifizierten und marktreifen Arbeitskräften.

Auch wenn es die Studie nicht offen ausspricht, so zeigen es die Ergebnisse eindeutig: Die indische Jugend ist selbstbewusster geworden. Sie formuliert klar ihre Erwartungen und sie lässt sich von Normen, die in der Familie vorherrschen mögen, weniger stark in ihrer Berufswahl und in ihren beruflichen Perspektiven einschränken.

Private Unternehmen sind in allen Schwellenländern relativ wenig entwickelt. Somit werden einer immer besser ausgebildeten Jugend zu wenige interessante Jobmöglichkeiten geboten. Gleichzeitig sind die staatlichen Behörden für viele Jugendliche nicht attraktiv. Die Bezahlung ist oft schlecht, und selbst das niedrige Gehalt trifft selten pünktlich ein. Zudem geht es vielen jungen Absolventen ähnlich wie ihren Altersgenossen im Norden: Nicht alle wollen ihr Leben in vorgefertigte Karrierepläne stanzen lassen, die ihnen nur wenig Freiraum zu Selbstverwirklichung bieten. Viele von ihnen suchen deshalb ihr Glück als Unternehmensgründer und entwickeln Apps oder Unternehmen im Tech- und Fintech-Bereich.

Apps für die urbane Jugend

Die Schwellenländer sind die Region der Selbsthilfe geworden, der Start-ups allerorten. Überall entstehen neue Unternehmen, die häufig mithilfe von IT und Digitalisierung Alltagsprobleme der Menschen in der Region lösen wollen. Das Unternehmen Wow! Momo beispielsweise ist eine indische Gründung, eine Restaurantkette aus Kalkutta mit Filialen in Delhi, Chennai, Kochi und vielen anderen Städten. Die Geschäftsidee ist nicht originell, aber auf die Bedürfnisse der jungen, urbanen Inder abgestellt. Auf der Speisekarte von Wow! Momo stehen Hamburger, wie sie überall auf der Welt zu finden sind, aber auch tibetische Spezialitäten und laut

Eigenwerbung »alles Mögliche, das Du Dir vorstellen kannst«. Wow! Momo gibt es seit 2008 und es hat für diese Geschäftsidee bei Investoren 470 Millionen Dollar eingeworben.[13]

Restaurantketten und Lieferservices für Essen sind besonders beliebt in den großen Städten der Schwellenländer. Kein Wunder, dass dieser Sektor viele Existenzgründer anzieht. Auch für Fitnesstrainings und andere Lifestyle-Apps begeistern sich viele Gründer. Unter den bekanntesten Start-ups in Indien findet sich Flyrobe, ein Verleih für Designerkleidung. Dieses 2015 gegründete Unternehmen macht sich zunutze, worüber viele Online-Versandhändler klagen: Die Kunden lassen sich schicke Kleidung zusenden, ziehen sie für eine Party an und geben sie dann in die Retoure an den Händler zurück.

Die meisten dieser Start-ups orientieren sich an den Interessen der jungen, urbanen und weltoffenen Einwohner in den großen Städten Afrikas, Indiens, Chinas oder Lateinamerikas. Die Geschäftsideen sind meistens einfach und benötigen vor allem wenig Kapital. Die Bandbreite ist groß: Contabilizei ist ein brasilianisches Start-up, das Selbstständige im Land in der Buchhaltung und bei der Steuererklärung unterstützt. Sogar bei der Anmeldung einer neuen Gesellschaft leistet das Unternehmen Hilfe und hat für diese Geschäftsidee gut 20 Millionen Dollar eingeworben.[14]

Silicon Savannah

Eines der interessantesten und vielfältigsten Zentren der Gründerszene in der jungen Welt ist Nairobi. Hier konkurrieren zahlreiche Gründerzentren um junge IT-Unternehmer. Sie haben sich meist entlang der Ngong Road im Westen der Stadt angesiedelt. Silicon Savannah wird die IT-Szene in

Kenias Hauptstadt spaßeshalber gern in Anlehnung an die berühmte IT-Hochburg Silicon Valley in Kalifornien genannt.

88mph, 88 Meilen pro Stunde, heißt eines der ersten Gründerzentren, die Nairobi zu einem der quirligsten Zentren in der Welt der Digitalisierung machten. Der Serien-Unternehmer und Investor Kresten Buch hatte 88mph im Jahr 2011 gegründet, weil er für die traditionellen entwickelten Märkte keine große Zukunft voraussah. »In einem sehr frühen Stadium muss man eine langfristige Perspektive von 5 bis 10 Jahren haben … Und ich habe in einer zehnjährigen Perspektive einfach nicht viel Vertrauen in Europa oder die USA«, sagte Buch in einem Gespräch mit der News-Website »How we made it in Africa«.[15]

Buch hatte alle Voraussetzungen für eine komfortable Karriere in einem etablierten Unternehmen: Er hatte an der Universität Kopenhagen Politik und Wirtschaftswissenschaften studiert und dort 1997 den Bachelor abgelegt. Anschließend studierte er Management und Entrepreneur-Studien an der renommierten Stanford University Graduate School of Business nahe dem Silicon Valley in Kalifornien. Diese Perspektive schlug er aus und gründete 2010 den Seed-Fund 88mph in Nairobi. Solche Fonds – seed bedeutet im Englischen Samen – sind darauf spezialisiert, Unternehmern die erste Finanzierung zu geben, damit sie überhaupt die Möglichkeit bekommen zu testen, wie aussichtsreich ihre Geschäftsidee ist. In Europa oder Nordamerika braucht man häufig mehr als 100.000 Euro für eine Geschäftsgründung. In Afrika genügen oft schon wenige Tausend Euro, um eine Geschäftsidee mit einer ersten Finanzspritze auf den Weg zu bringen.

88mph war ein großer Erfolg und unterstützt heute mit Gründungskapital Start-ups im Bereich des mobilen Internet, die sich an afrikanische Verbraucher richten. In einem Open-Space-Bereich können die jungen Unternehmer arbeiten, bekommen einen schnellen Zugang zum Internet und treffen auf andere Gründer, mit denen sie sich austauschen können. Mittlerweile ist 88mph auch in Lagos und Kapstadt vertreten.

Der Erfolg von 88mph war so überwältigend, dass der Fonds im Jahr 2015 sein Tempo drosseln musste. »88mph hat von 2011 bis 2014 in 36 Unternehmen in Kenia und Südafrika investiert und unsere Fonds vollständig investiert«, hieß es damals in einem Blog.[16] »In den nächsten 18 bis 24 Monaten werden wir uns auf die Arbeit mit den Unternehmen konzentrieren, die wir schon finanziert haben.« Mittlerweile hat sich der Stau aufgelöst und 88mph investiert wieder in neue vielversprechende Unternehmer.

Neue Apps für eine neue Welt

Ohne M-Pesa wäre das nicht vorstellbar gewesen, was Kresten Buch mit 88mph aufgebaut hat. Zumindest vertrat der Gründer von 88mph diese These Ende 2012 in einem Interview mit dem Fernsehsender CNBC Africa.[17] Es klingt zumindest plausibel. M-Pesa in der ursprünglichen Form als SMS-Banking öffnete vielen Afrikanern die Augen, welche Möglichkeiten im mobilen Internet stecken. Die meisten Apps, die Kenianern heute das Leben leichter machen, setzen auf die mobile Geldbörse auf, die digitales Bezahlen so bequem und einfach macht.

Afrikas App-Entwickler lösen Probleme, die Europäer häufig gar nicht kennen. So befindet sich im Portfolio von 88mph ein Unternehmen, das eine Lösung für ein Problem entwickelt hat, das viele Städte in Schwellenländern trifft: Adressen existieren nicht oder sind so ungenau, dass sie kaum zu finden sind. Das ist ein großes Hindernis, um E-Commerce und Lieferdienste in Afrika zu etablieren. Ein anderes Unternehmen, das im Gründerzentrum kLab in Ruandas Hauptstadt Kigali angesiedelt ist, bietet eine App an, die wie eine Art Uber für die vielen Mopedtaxis funktioniert, wie sie überall in Afrika verbreitet sind.

Produkte für Afrikaner, entworfen von Afrikanern – das ist der große Markt der Zukunft. Europäische oder amerikanische Marken sind zwar weiterhin als Statusprodukte gefragt, um Wohlstand zur Schau zu stellen. Doch häufig treffen sie nicht den lokalen Geschmack oder auch nicht die lokalen Bedürfnisse. Und vieles von dem, was auf Afrika zutrifft, gilt auch für Lateinamerika, Indien, die Türkei oder andere Schwellenländer.

Die Vierte Industrielle Revolution

Die Vierte Industrielle Revolution ist eine Domäne, in der viele Unternehmer in den Schwellenländern ihre Stärke haben. Sie hat gerade erst begonnen mit der Digitalisierung unseres Lebens, dem mobilen Internet und dem Kommunikationsnetz 5G, das im Vergleich zu LTE und 4G die Übertragung von deutlich höheren Datenmengen ermöglicht. Bald wird 6G kommen, das neben Mobilfunkmasten und Leitungen auch Satelliten einbeziehen wird, und dann 7G, das die Satelliten untereinander verbinden wird. Industrie 4.0, Digitalisierung, Künstliche Intelligenz und Internet der Dinge – die automatisierte Kommunikation zwischen Maschinen – sind Schlüsselbegriffe der Vierten Industriellen Revolution, die gerade erst beginnt.

Diese Vierte Industrielle Revolution gestalten maßgeblich Länder wie China und Indien, so wie sich bei jeder industriellen Revolution der Schwerpunkt geographisch verlagert hat:

- Die Erste Industrielle Revolution begann um das Jahr 1780 mit der industriellen Nutzung der Dampfkraft, erst für Webstühle, dann für Eisenbahnen, die Schwerindustrie und die Dampfschifffahrt. Hier waren britische Unternehmer führend, in geringerem Maße auch französische.
- Die Zweite Industrielle Revolution begann gegen Ende des 19. Jahrhunderts mit dem Ersatz der Dampfmaschinen durch elektrisch angetriebene Maschinen. Damit einhergingen die Erfindung des Automobils und seine industrielle Massenfertigung in Fließbandarbeit. Es war auch das Zeitalter der Chemie und der Pharmazie. In dieser Zeit entstanden viele führende Unternehmen in Deutschland: Siemens, AEG, Daimler, BMW, Mannesmann, aber auch Chemie-Unternehmen wie Henkel, Bayer und viele andere.
- Die Dritte Industrielle Revolution basiert von der zweiten Hälfte des 20. Jahrhunderts an auf dem Computer. 1941 hatte der deutsche Ingenieur Konrad Zuse den ersten Computer der Welt entwickelt, den Z3. Es sollte noch bis in die 1970er-Jahre dauern, bis die Dritte Industrielle Revolution mit der Entwicklung des PC und des Laptops beginnen sollte. Doch der Schwerpunkt dieser Umwälzungen lag eindeutig in den Vereinigten Staaten, wo Unternehmen wie Hewlett-Packard, Microsoft, IBM, Apple, Google, Facebook und Amazon ihren großen Aufstieg dem Computer verdanken. Viele dieser Akteure aus der Zeit der Dritten Industriellen Revolution sind heute verschwunden wie Commodore in den USA, Nixdorf in Deutschland, Bull in Frankreich oder Olivetti in Italien.
- Die Vierte Industrielle Revolution bringt die Digitalisierung großer Bereiche unseres Lebens. Computer werden

> vernetzt und eigenständig miteinander kommunizieren. Dies ermöglicht die selbstorganisierte Produktion. In der Telemedizin beispielsweise werden Operationsroboter sehr viel präziser Operationen durchführen können, als dies je ein Chirurg schaffen könnte.

Die meisten Schwellenländer haben die ersten drei industriellen Revolutionen, wenn überhaupt, zum Teil mit erheblicher Verspätung vollzogen, zum Teil so spät, dass sie gewisse Etappen übersprungen haben. Die Vierte Industrielle Revolution wollen sich die Schwellenländer jedoch nicht entgehen lassen und sich an die Spitze dieser Innovationswelle setzen.

»Schwellenländer nutzen Technologie nicht nur, um zu den stärker entwickelten Ländern aufzuholen oder um auf bestehende Produkte und Dienstleistungen zuzugreifen« heißt es in einer Studie des Weltwirtschaftsforums.[18] »Stattdessen nutzen sie die digitale Welt als Quelle für Ideen, Kreativität und als Rohstoff für ihre eigenen einzigartigen Beiträge zum globalen Fortschritt.«

Digitalisierung, Blockchain, E-Mobilität, Telemedizin, Biotechnologie, Big Data – all diese Innovationstreiber können die Schwellenländer einsetzen und entwickeln, ohne dass diese Neuerungen mit bestehenden Technologien in große Konkurrenz treten. In Schwellenländern geht das weniger mit der Furcht einher, die Vierte Industrielle Revolution könne die Arbeitsplätze vernichten, die in der Zweiten und Dritten Industriellen Revolution entstanden sind. Vielmehr verbindet sich mit der Digitalisierung die Hoffnung, dass sich die Lebensumstände durch diese verbessern – für die Nutzer der neuen Technologien oder indem diese den Menschen Arbeitsplätze und ein wirtschaftliches Auskommen verschafft.

Ein ganz anderes Bild zeigt sich in Deutschland. In Stuttgart, wie überhaupt in Baden-Württemberg, geht die große

Angst um, das neue Ruhrgebiet zu werden. Wenn die Automobilbranche tatsächlich die Verbrennungsmotoren hinter sich lassen sollte, bedeutet das nicht zwangsläufig den Untergang der großen schwäbischen Autobauer Daimler und Porsche. Doch all die Autozulieferbetriebe, die Ventile, Zündungen, Einspritzdüsen, Dichtungen und zig andere Komponenten für Otto- und Dieselmotoren herstellen, werden vor einem dramatischen Strukturwandel stehen. Denn im Vergleich zu einem Fahrzeug mit Verbrennungsmotor ist ein Auto mit Elektroantrieb eine technisch relativ simple Angelegenheit.

»Ländle zittert – Furcht vor allmählicher Deindustrialisierung« lautete im März 2020 eine Schlagzeile von BR24, dem Nachrichtenportal des Bayerischen Rundfunks.[19] Viele Menschen, die von der Autoindustrie abhängig sind, haben Angst vor der Zukunft – und vor der Elektromobilität. »Detroit am Neckar, wenn die Politik meint, den Verbrennungsmotor kaputt machen zu wollen, dann erntet sie genau diese Arbeitslosenquote«, zitiert der BR24-Bericht einen anonymen Ingenieur, der bei Robert Bosch beschäftigt ist.

Digitale Hoffnungen in den Schwellenländern

In den Schwellenländern dagegen wird die laufende industrielle Revolution uneingeschränkt positiver gesehen. So schreibt der Internationale Währungsfonds über die Digitalisierung Afrikas: »Jede Sekunde hat die Region durchschnittlich 106 neue Internetnutzer. Diese rasante digitale Revolution verspricht, Volkswirtschaften und das Leben der Menschen zu verändern.«[20] Mit Blick auf die Zukunft schaffe die Verbreitung digitaler Technologien und Wissen neue Möglichkeiten für Fortschritt und Inklusion, lautet das optimistische Fazit der Afrika-Ökonomen des IWF.

Experten fordern sogar, dass Afrika noch stärker in die neuen Technologien investieren solle. »Um die Widerstandsfähigkeit Afrikas (gegenüber Pandemien wie der durch Covid-19 ausgelösten) zu stärken und sein Potenzial auszuschöpfen, ist es wichtig, in technologische Infrastrukturen und Unternehmen zu investieren, besonders in Informations- und Kommunikationstechnologie, gleichgültig, ob in breitere digitale Infrastruktur, technische Ökosysteme oder Start-ups« heißt es in einer Studie des renommierten amerikanischen Forschungsinstituts Massachusetts Institute of Technology (MIT).[21] Der Autor der Studie, der Professor für Politikwissenschaften Landry Signé, hebt hervor, wie sehr afrikanische Tech-Unternehmen durch innovative Lösungen zur Bekämpfung der Covid-19-Krise beigetragen hätten. Die Weltgesundheitsorganisation WHO geht näher ins Detail: Noch im ersten Corona-Jahr 2020 weist sie auf mehr als 120 Innovationen aus dem Bereich Gesundheitstechnologie in Afrika hin: WhatsApp-Chatbots in Südafrika, Apps zur Selbstdiagnose in Angola, Apps zur Kontaktverfolgung in Ghana und mobile Tools zur Gesundheitsaufklärung in Nigeria.[22]

China, das sich selbst noch als Schwellen- oder auch als Entwicklungsland sieht, ist dem Westen in vielerlei Hinsicht weit enteilt. »Technologie hat die Weltwirtschaft verändert und verleiht den Schwellenländern einen Wettbewerbsvorteil« heißt es anerkennend in einer Videoanalyse der japanischen Bank Nomura.[23] Grund dafür sei eine junge Bevölkerung und eine robuste technische Infrastruktur. Dieser Fokus auf neue Technologien führe dazu, dass Schwellenländer heute »in manchen Fällen« agiler und innovativer seien als entwickelte Volkswirtschaften, heißt es vorsichtig bei Nomura. »China hat die USA bereits bei den fünf besten Einhörnern überholt und weltweit führende Technologieunternehmen hervorgebracht, darunter Alibaba und Tencent.« Als Einhorn, oder englisch *unicorn*, werden im Jargon von Start-ups technisch innovative Unternehmen bezeichnet, die vor einem Börsengang oder vor dem Einstieg von Investoren eine Bewertung von mehr als 1 Milliarde Dollar erreichen. Deutsche Einhörner waren beispielsweise das Fintech-Unternehmen N26 oder der Lieferdienst Delivery Hero.

In vielen Studien zur Digitalisierung der Schwellenländer wird regelmäßig gefordert, die digitale Infrastruktur stärker auszubauen. Die Forderung ist berechtigt. Doch wer sich in den Metropolen der aufstrebenden Länder – sei es in China, Indonesien, Malaysia, Lateinamerika oder Afrika – bewegt, wird erstaunt darüber sein, wie gut das Internet dort funktioniert. In vielerlei Hinsicht ist die digitale Infrastruktur dort besser als in den entwickelten Ländern. Kostenlose WLAN-Netze sind auf vielen Straßen in den Innenstädten der Schwellenländer oder in den Bussen selbstverständlich. Deshalb richten sich die Sorgen weniger auf die Großstädte in den Schwellenländern, sondern auf die ländlichen Regionen. Diese drohen von der digitalen Welt abgehängt zu werden, wenn nicht weiter in den Ausbau der digitalen Infrastruktur investiert wird – eine Sorge, die vielen Bundesbürgern bekannt sein dürfte. Regelmäßig klagt der deutsche Mittelstand, von der digitalen Entwicklung abgeschnitten zu werden, wenn nicht stärker in das digitale Netz auf dem Land investiert werde.

Die Dynamik in den Tech-Branchen in den Schwellenländern lässt sich auch an der Zahl der Unternehmensgründungen messen. In Großbritannien ist die Zahl der Unternehmensgründungen zwischen 2006 und 2016 um 160 Prozent gestiegen, in Australien um 180 Prozent. In Indien ist die Zahl der Unternehmensgründungen um 190 Prozent gestiegen, in

Kolumbien um 240 Prozent, in Indonesien um 250 Prozent und in China sogar um 340 Prozent.

So wie England das Zentrum der Ersten Industriellen Revolution war und lange die Weltwirtschaft dank Dampfkraft, Eisenbahn und Maschinenbau dominierte, so ist China in wenigen Jahren das Zentrum der Vierten Industriellen Revolution geworden. Die Treiber dieser Entwicklung sind die Halbleiterindustrie, die Hersteller von Computerchips, aber auch die Anbieter mobiler Telekommunikation, besonders seit der Entwicklung zum künftigen Standard 5G, und Künstliche Intelligenz.

Wachstumstreiber Künstliche Intelligenz

Der Begriff »Künstliche Intelligenz« ist so widersprüchlich, dass viele Wissenschaftler es grundsätzlich ablehnen, Maschinen für intelligent zu erklären. Der Begriff löst viele verstörende Bilder bei den Menschen in den entwickelten Ländern aus, Androide, die Menschen überlegen sind, da sie nicht mehr Emotionen unterliegen, oder Roboter, die sich verselbstständigen und die Menschheit versklaven wollen. Doch Künstliche Intelligenz ist viel mehr als die Herstellung von Robotern. Künstliche Intelligenz steht für Computersysteme, die in der Lage sind, die Welt um uns herum wahrzunehmen und zu interpretieren, und die von Unsicherheit getrübte Ergebnisse richtig vorhersagen und komplexe Entscheidungen treffen können. Die Fähigkeit, selbst zu lernen, wird häufig dem Attribut »künstlich intelligent« zugeschrieben, ist jedoch bei vielen als intelligent geltenden Computersystemen nicht gegeben. »Deep learning« wird der Bereich in der Künstlichen Intelligenz genannt, der sich mit selbstlernenden Computersystemen befasst.

Bei allen Kontroversen darüber, welches Computersystem als intelligent gelten sollte und ob Computer überhaupt als intelligent bezeichnet werden dürfen, so herrscht doch über einen Punkt Einigkeit: Die Umwälzungen, die mit den IT-Systemen und den neuen Kommunikationsmöglichkeiten entstehen, werden gewaltig sein, und wir stehen erst am Anfang dieser Entwicklung. Das künftige 5G-Netz wird in der Lage sein, so große Datenmengen zu verarbeiten, dass damit die Voraussetzung für autonomes Fahren geschaffen wird und Autofahrer weniger in die Steuerung ihres Fahrzeugs eingreifen müssen. Das 6G- und mehr noch das 7G-Netz werden die Kommunikation zwischen Mensch und Maschine wie auch zwischen Computern noch tiefgreifender verändern. Und in der IT dürfte bald der Quantencomputer Wirklichkeit werden, der Datenmengen in einer Menge und in einer Komplexität verarbeiten kann, wie es herkömmliche Computer nicht annähernd bewältigen können. Sundar Pichai, der Vorstandsvorsitzende von Google, hat einmal die Umwälzungen, die Künstliche Intelligenz auslöst, mit der Nutzbarmachung des Feuers verglichen. Auch diese Fähigkeit hat die Menschheit so grundlegend verändert, dass sie für den Schritt der Menschen aus der Tierwelt in eine neue Welt steht, die der Mensch selbst gestaltet.

Lange waren die USA führend in der Entwicklung und in der Forschung zur Künstlichen Intelligenz. Doch die Überraschung war groß, als China im Jahr 2015/2016 zwei Begegnungen des komplexen Strategiespiels Go zwischen zwei großen chinesischen Meistern und dem Computer Alpha Go austragen ließ. Alpha Go war eine Entwicklung des britischen Unternehmens Deep Mind, das Google im Jahr 2014 übernommen hatte. Zum Entsetzen der chinesischen Führung gewann Alpha Go die beiden Go-Partien und bewies auf diese Weise die Leistungsfähigkeit von Künstlicher Intelligenz. Das löste eine Welle unter chinesischen IT-Studenten aus, sich auf die Forschung zur Künstlichen Intelligenz zu spezialisieren.

China erweist sich seitdem als hartnäckiger und konsequenter im Aufbau von Künstlicher Intelligenz. Die amerikanische Wirtschaft, speziell das Silicon Valley, ist hervorragend darin, Innovationen zu entwickeln und sich als Pionier in neuen Herangehensweisen zu etablieren. Chinesische Unternehmen sind vorsichtiger, wollen nicht unbedingt die ersten in einem neuen Bereich sein, zeigen dann jedoch keine Hemmungen, bewährte Innovationen zu kopieren und zu einem erfolgreichen Geschäftsmodell auszubauen.

Im Zeitalter der Quantentechnologie

So war Jeff Bezos der erste Unternehmer, der mit Amazon erfolgreich einen Online-Handel aufbaute. Der chinesische Unternehmer Jack Ma hatte keine Skrupel, Amazon zu kopieren und Alibaba aufzubauen. Die Dreistigkeit, mit der chinesische Unternehmer Ideen kopieren, mögen europäische und amerikanische Unternehmer beklagen. Doch die Methode ist effizient: Heute ist Alibaba nicht nur in China, sondern in den meisten Ländern rund um den Erdball der hartnäckigste Verfolger von Amazon. Genauso ist We Chat des Konzerns Tencent nicht nur die chinesische Variante des Instant-Messenger-Dienstes WhatsApp geworden, sondern macht dem amerikanischen Dienst zunehmend in anderen Sprachen, unter anderem auf Deutsch, Türkisch, Polnisch und Italienisch Konkurrenz. In vielerlei Hinsicht ist We Chat dem amerikanischen Original überlegen, da es zusätzliche Funktionen anbietet, wie zum Beispiel eine Zahlungsfunktion oder die Möglichkeit, ein Taxi, Lebensmittel oder zubereitetes Essen zu bestellen. Dass We Chat im Ruf steht, die auf diese Weise erhaltenen Nutzerdaten mit den chinesischen Behörden zu teilen, scheint die knapp 1,3 Milliarden Nutzer, nicht zu stören.[24] Davon dürften der weit überwiegende Teil chinesische Nutzer sein.

Die Bundesregierung hatte in ihrem Konjunkturprogramm, das sie Anfang Juni 2020 zur Bekämpfung der wirtschaftlichen Folgen der Covid-19-Pandemie aufgelegt hatte, einen kleinen Absatz versteckt, der in der Corona-Krise kaum beachtet worden ist. »Der nächste grundlegende digitale Technologiesprung durch Quantentechnologien beginnt jetzt«, heißt es unter Punkt 44 auf Seite 11 unten. Es sei Ziel der Bundesregierung, »dass Deutschland in wesentlichen Bereichen der Quantentechnologien, insbesondere dem Quantencomputing, der Quantenkommunikation, der Quantensensorik und auch der Quantenkryptographie wirtschaftlich und technogisch an der Weltspitze konkurrenzfähig ist«.[25] Den Finanzbedarf setzt die Bundesregierung auf 2 Milliarden Euro an.

Anstatt dieses Ziel zu einer nationalen Aufgabe zu machen, wurde es in einer Randnotiz versteckt. Noch ist ungewiss, auf welche Weise dieser Budgetposten der deutschen Quantenforschung zugutekommen soll. Doch es ist klar, dass Deutschland darauf achten muss, den Anschluss an die Vierte Industrielle Revolution nicht zu verlieren. Und genauso klar ist, dass der Merkposten von 2 Milliarden Euro im Bundeshaushalt allein nicht genügen wird, um den Anschluss zu halten.

China investiert viel stärker in Quantencomputer, auch wenn sich die Regierung mit der Veröffentlichung von Zahlen bedeckt hält. Immerhin berichtete die amerikanische Fachzeitschrift *Scientific American* im Jahr 2021 von drei bahnbrechenden Fortschritten: »In drei vorab veröffentlichten Papieren, die im vergangenen Monat auf arXiv.org veröffentlicht wurden, berichteten Physiker der University of Science and Technology of China (USTC) über entscheidende Fortschritte sowohl in der Quantenkommunikation als auch im Quantencomputing«, heißt es in dem Bericht.[26]

Künstliche Intelligenz für alle

Die Digitalisierung erfordert eine gemeinsame Kraftanstrengung aller Akteure in Deutschland. Andere Länder, auch Schwellenländer, sind weiter, wenn es darum geht, die Kräfte aller im Hinblick auf Künstliche Intelligenz zu mobilisieren. Die indische Regierung beispielsweise hat unter dem Namen »AI for All«, Künstliche Intelligenz für alle, ein Programm aufgelegt, das die Entwicklung von Künstlicher Intelligenz getriebenen Lösungen für das Gesundheitswesen, die Landwirtschaft, die Industrie, das Bildungswesen und die Berufsausbildung unterstützt. Auch in der Entwicklung pharmazeutischer Präparate wird Künstliche Intelligenz eingesetzt, um die Entwicklungszeit dieser Präparate zu verkürzen.

Die chinesische Regierung ist in einer systematischen Förderung von Künstlicher Intelligenz große Schritte weiter. So hat sie spezielle Kapitalbeteiligungsfonds gegründet, die Unternehmen in diesem Bereich in ihrer Finanzierung unterstützen. Darüber hinaus hat die chinesische Regierung konkrete Ziele gesetzt und leitet die notwendigen Ressourcen in die Entwicklung Künstlicher Intelligenz. Auf diese Weise werden beispielsweise Straßen in China schon heute den Bedürfnissen von künftigen autonom fahrenden Fahrzeugen angepasst. Genauso werden heute schon das Bildungssystem und das Gesundheitswesen für künftige Anwendungen auf Basis von Künstlicher Intelligenz vorbereitet. Dabei geht es nicht nur um Technik, sondern auch um Normen, Gesetze und andere Regulierungen. All dies hat die Regierung in einem »Entwicklungsplan für Künstliche Intelligenz der neuen Generation« zusammengefasst. Dieses planmäßige Vorgehen ermöglicht Kooperationen und Synergien zwischen, sagen wir, einer Stadt, die Drohnen für die Verkehrssteuerung einsetzen will, und einem Logistikunternehmen, das mithilfe von Drohnen seinen Warenstrom optimieren möchte.

Nur wenige Staaten haben eine derart umfassende Strategie in den Kernbereichen der Vierten Industriellen Revolution – Digitalisierung, Künstliche Intelligenz, 5G und 6G und all den verschiedenen Anwendungsbereichen – festgelegt. Doch viele Schwellenländer sind in anderen Bereichen der Digitalisierung mit großem Erfolg engagiert. Sie haben Chatbots entwickelt, virtuelle Assistenten für Callcenter, Gesichtserkennung oder auch Spracherkennung. »Schwellenländer, darunter einige der ärmsten Länder der Welt, setzen bereits grundlegende Künstliche Intelligenz ein, um kritische Entwicklungsprobleme zu lösen, besonders für die Bereitstellung von Finanzdienstleistungen für unterversorgte Bevölkerungsgruppen«, heißt es in der Studie der International Finance Corporation (IFC), einem Unternehmen der Weltbank-Gruppe.[27] Als Beispiele nennen die Autoren Ant Financial in Ostasien, M-Shwari in Ostafrika, M-Kajy in Madagaskar oder MoMo Kash in Elfenbeinküste. M-Shwari beispielsweise setzt maschinelles Lernen ein, um die Wahrscheinlichkeit eines Zahlungsausfalls eines Schuldners zu ermitteln.

Die Ant Financial Group ist eines der bemerkenswertesten Fintechs der vergangenen Jahre. Als Fintech werden Unternehmen bezeichnet, die mithilfe von Digitalisierung die Innovationen in der Finanzbranche vorantreiben. Mit einem Wert von schätzungsweise 150 bis 200 Milliarden Dollar ist dieses Unternehmen eines der wertvollsten Juwelen in der Schatzkammer von Alibaba-Gründer Jack Ma. Ant Financial betreibt unter anderem Alipay, die weltgrößte Plattform für Online-Zahlungen.

Erst im Jahr 2014 gegründet, wurde China für Ant Financial bald zu klein. Im März 2019 übernahm das Unternehmen in Großbritannien World First, ein Unternehmen, das auf Geldüberweisungen spezialisiert ist. Im November 2019 kündigte Ant Financial die Expansion nach Indien und Südostasien an. Im März 2020 folgte eine Beteiligung an Klarna, einem Zahlungsdienstleister in Schweden, der auch in Deutschland aktiv ist. Im August 2020 beschloss Ant Financial den Gang an die Börse. Seine Größe ließ manchem Börsianer den Mund offen stehen: 15 Prozent der Ant-Aktien sollten an die Börsen Hongkong und Schanghai gebracht werden mit einem Marktwert von unglaublichen 37 Milliarden Dollar. Damit wäre Ant Financial der größte IPO aller Zeiten gewesen, noch vor dem des Ölkonzerns Saudi Aramco, der im Dezember 2019 mit einem Emissionsvolumen von 29 Milliarden Dollar an die Börse ging. Allerdings musste Ant Financial die Börsenpläne Anfang November 2020 kurz vor dem geplanten Listing absagen.

Rätselhaft blieben die Gründe für die Absage der Börsenpläne – offiziell war, wie so häufig in diesen Fällen, von einer Verschiebung die Rede. Angeblich basiert das Geschäftsmodell von Ant Financial auf einem immer größeren Kreditgeschäft und damit recht hohen Risiken. Die Investoren seien nicht bereit gewesen, diese Risiken mit einzugehen. Doch normalerweise klopfen die beratenden Investmentbanker solche Bedenken vorher ab. Trotz dieses Misserfolgs war allein die Tatsache, dass Ant Financial einen derart großen Börsengang ins Auge fasste, eine Sensation. Immerhin gewährte Ant Financial im Zuge dieser Börsenpläne Einblick in seine Gewinnrechnung: Auf umgerechnet 8,9 Milliarden Euro Umsatz im ersten Halbjahr 2020 erzielte das Unternehmen einen Gewinn von 2,6 Milliarden Euro. Auf 100 Euro Umsatz macht Ant Financial rund 29 Euro Profit – eine ziemlich hohe Marge, die manchen Unternehmer in Europa neidisch machen muss.

Ein weiteres Einsatzgebiet Künstlicher Intelligenz wird die Mobilität der Zukunft sein: der Betrieb von Zügen, U-Bahnen oder Bussen, aber auch die Steuerung der Verkehrsflüsse und vor allem die E-Mobilität. Auch in der Entwicklung elektrischer Autos zeigt sich, dass Schwellenländer offener und offensiver mit diesem Thema umgehen, weil sie weniger industrielles Erbe in der Automobilindustrie mit sich herumtragen als die entwickelten Länder.

Die Marktdurchdringung von Elektroautos ist laut einer Studie der Unternehmensberatung McKinsey in den Jahren 2016 bis 2019 um 41 Prozent jährlich gestiegen.[28] Rund 2,3 Millionen Elektrofahrzeuge wurden weltweit im Jahr 2019 verkauft. Größter Markt mit einem Absatz von 1,3 Millionen Fahrzeugen war die Region Asien-Pazifik. Rund 80 Prozent der chinesischen Verbraucher zogen der Studie zufolge den Kauf eines Elektroautos zumindest in Erwägung. Dieser hohe Anteil war über alle Altersklassen hinweg relativ konstant. Auch spielte es keine Rolle, ob der Befragte in der Stadt oder auf dem Land lebt. China ist somit laut McKinsey der Markt für Elektroautos, der im Vergleich zu den USA, Deutschland und Norwegen am schnellsten wächst – und das, obwohl die norwegischen Autokäufer als besonders elektroaffin gelten. In den USA beispielsweise konzentriert sich das Interesse an Elektroautos weitgehend auf Kalifornien.

Sollten sich Elektroautos am Automarkt etablieren, wird dies auch die Gewichte in der Weltwirtschaft neu verteilen. Die geopolitische Bedeutung von ölreichen Regionen wie dem Nahen Osten nähme dann tendenziell ab. Gleichzeitig rückten jene Länder stärker in den geopolitischen Fokus, in denen die Rohstoffe für die Herstellung von Batterien abgebaut werden. Denn die E-Mobilität wird die Nachfrage nach Kobalt, Lithium, Kupfer und Nickel steigen lassen. Große Vorkommen für alle vier Rohstoffe finden sich in der Demokratischen Republik Kongo, Lithium in Bolivien, Australien oder Marokko.

Während China in den vergangenen Jahren schon stark in den Aufbau von Fabriken zur Herstellung von Batterien investiert hat, muss Europa diese Produktionskapazitäten erst noch schaffen. So will Volkswagen in Zukunft Batteriezellen in Salzgitter selbst produzieren. Auch andere Unternehmen oder Industriegruppen arbeiten überall auf dem europäischen Kontinent am Bau entsprechender Fabriken. Doch diese zusätzlichen Kapazitäten werden nicht einmal genügen, um bei Volkswagen sämtliche E-Golf zu bestücken, geschweige denn all die anderen Modelle des Konzerns. Von daher ist schon heute offensichtlich, dass E-Mobilität, Digitalisierung und die weitere Entwicklung Künstlicher Intelligenz die Gewichte in der Weltpolitik verschieben werden.

- Junge, kreative Unternehmer sind der entscheidende Motor der Schwellenländer.
- Die Hemmungen, sich Innovationen zu öffnen, sind in den aufstrebenden Ländern niedriger als in Europa oder den USA.
- Schwellenländer führen die nächste industrielle Revolution an.

KAPITEL 7

DAS RINGEN UM INTERNATIONALEN EINFLUSS

Zwischen dem Westen und den Schwellenländern ist ein Wettstreit um Einfluss in den internationalen Institutionen ausgebrochen. Gleichzeitig bauen die Schwellenländer zunehmend eigene multilaterale Institutionen auf, die sich an ihren Bedürfnissen ausrichten.

Es war ein Sonntag, der 28. Januar 2018. Da fanden sich die Staats- und Regierungschefs der 55 Mitgliedsstaaten der Afrikanischen Union zu einem zweitägigen Gipfeltreffen in der äthiopischen Hauptstadt Addis Abeba ein. Es hätte ein Treffen sein können wie so viele sonst auch. Doch die zuvor vereinbarte Tagesordnung hatte bei diesem 30. Gipfel keine Bedeutung. Die Politiker hatten nur ein Thema. Die französische Tageszeitung *Le Monde* hatte kurz zuvor, am Freitag, dem 26. Januar, einen Artikel veröffentlicht, der die Gespräche auf den Fluren des imposanten Gebäudes der Afrikanischen Union beherrschte.[1]

Der Artikel handelte von einem unerhörten Skandal: Großzügig hatte die chinesische Regierung der Afrikanischen Union ein neues, hochmodernes Gebäude geschenkt, mitten in Addis Abeba, der Hauptstadt Äthiopiens, jenes Landes, das als einziges in Afrika nie von einer Kolonialmacht beherrscht worden ist. Der neue Sitz der Afrikanischen Union sollte ein Symbol der engen Verbundenheit zwischen China und Afrika sein. Doch nun stand die Frage im Raum: Haben die Machthaber in Peking dem afrikanischen Kontinent in Wahrheit ein Trojanisches Pferd als Sitz ihrer gemeinsamen Institution angedreht?

Die Frage ist berechtigt, nachdem die Journalistin Ghalia Kadiri und der Journalist Joan Tilouine detailreich in *Le Monde* schilderten, was nachts in diesem Gebäude vor sich ging. Zwischen Mitternacht und 2 Uhr in der Früh zogen die Server der Afrikanischen Union mehrere Jahre lang auffallend viel Strom und waren bis zum Anschlag ausgelastet. Dabei waren die Büros allesamt leer. Ein aufmerksamer Informatiker forschte nach der Ursache und machte eine erschreckende Entdeckung: Nacht für Nacht wurden sämtliche Informationen, auch die allergeheimsten, die in der Afrikanischen Union zirkulierten, auf geheimnisvolle Server 8000 Kilometer weiter östlich in der chinesischen Metropole Schanghai übertragen. Offenbar hatten die chinesischen Bauingenieure, die das Gebäude im Jahr 2012 schlüsselfertig der Afrikanischen Union übergeben hatten, zuvor einige geheime, elektronische Hintertüren, sogenannte »Backdoors«, eingebaut. Mehrere Jahre lang konnten die Chinesen so am gesamten Informationsaustausch innerhalb der Afrikanischen Union teilhaben.

Die Vertretung der afrikanischen Staaten wechselte daraufhin sämtliche Server aus. Ungerührt bot die chinesische Regierung großzügig an, auch die neuen Server zu konfigurieren. Die Verwaltung der Afrikanischen Union lehnte dankend ab. Bei dieser Gelegenheit verbesserte sie die Cybersicherheit und verschlüsselte fortan sämtliche Daten. Den Telekommunikationsanbieter wechselte die Afrikanische Union auch. Der bisherige Anbieter war das äthiopische Staatsunternehmen Ethio Telecom. Den Verantwortlichen der Afrikanischen Union erschien er zu nah an der äthiopischen Regierung, die für eine engmaschige Überwachung ihrer Bürger bekannt ist. Für die elektronische Aufrüstung ließ die afrikanische Institution vier EDV-Spezialisten aus Algerien einfliegen. Diese entdeckten gleich noch zahlreiche Wanzen, die in Büros, Besprechungszimmern und Konferenzräumen angebracht waren.

Sicher, China ist nicht das einzige Land, das Spionage betreibt. »Ausspionieren unter Freunden, das geht gar nicht«, beschwerte sich schon die damalige Bundeskanzlerin Angela Merkel im Jahr 2013, einige Jahre vor dem China-Skandal von Addis Abeba. Damals sorgte es für Schlagzeilen, dass der amerikanische Nachrichtendienst National Security Agency (NSA) höchstwahrscheinlich jahrelang das persönliche Mobiltelefon der Kanzlerin abgehört hatte. Sie war nicht die Einzige. Auch andere deutsche Politiker wurden abgehört, beispielsweise die SPD-Politiker Frank-Walter Steinmeier, damals Außenminister, und Peer Steinbrück, damals Kanzlerkandidat der SPD.[2]

Daraufhin setzte der Bundestag einen Untersuchungsausschuss ein, der den NSA-Skandal aufarbeiten sollte. Diesen Ausschuss wiederum ließ offenbar der amerikanische Geheimdienst CIA ausspionieren.[3] Die deutsche Empörung über die Methoden von NSA und CIA ließ erst nach, als publik wurde, dass auch der Bundesnachrichtendienst (BND) über einen langen Zeitraum Vertreter befreundeter Regierungen ausgespäht hatte.

China löst sich aus seiner Selbstisolation

Man kann aus dem Abhörskandal aber auch eine positive Nachricht für die Afrikaner herauslesen: Er zeigt, wie sehr sich die chinesische Regierung heute für das Geschehen in Afrika interessiert. Leider hat bisher kein Meinungsforschungsinstitut den Deutschen die Frage gestellt, wie gut sie die Afrikanische Union kennen, ob sie ihr Emblem erkennen würden oder ob sie den aktuellen, jährlich wechselnden Vorsitzenden benennen könnten. So bleibt nur die Vermutung, dass diese Organisation wahrscheinlich zu jenen internationalen Institutionen zählt, die sich bisher nicht ins deutsche Kollektivbewusstsein eingegraben haben.

Aufseiten der chinesischen Regierung hat das Interesse an internationalen und multilateralen Institutionen spürbar zugenommen. Die Zeit der Selbstisolation, die Mao dem Land in den Jahren der Kulturrevolution verordnet hatte, hat die heutige Staatsführung hinter sich gelassen. Jetzt interessiert sich China selbst für Institutionen, die in den vergangenen Jahren spürbar an Bedeutung eingebüßt haben. Ein Beispiel ist die Welthandelsorganisation WTO in Genf. Ihre Aufgabe ist es, den Welthandel so zu organisieren, dass nicht jeder ihrer 164 Mitgliedsstaaten mit den 163 anderen Mitgliedsstaaten bilaterale Handelsabkommen abschließen muss. Die WTO soll dazu beitragen, auf der Welt Zölle und andere Handelshemmnisse abzubauen.

Lange stand die WTO im Mittelpunkt des Welthandels. Doch dann haben sich zunehmend individuell verhandelte bilaterale Handelsabkommen durchgesetzt. Damit laufen viele Vereinbarungen an der WTO vorbei. An den schwierigen Verhandlungen über die künftigen Wirtschaftsbeziehungen der Europäischen Union zu ihrem ehemaligen Mitgliedsland Großbritannien war die WTO in keiner Weise beteiligt. Auch zu anderen Wirtschaftsblöcken hat die EU die Handelsbeziehungen in eigenen Abkommen geregelt: mit Kanada im Rahmen des CETA, mit Japan durch das JEFTA, mit Singapur mit dem EUSFTA. Während das geplante Abkommen mit den USA, TTIP genannt, scheiterte, schloss die EU bilaterale Vereinbarungen auch mit Australien, Vietnam und Ghana. Das geplante Handelsabkommen mit den USA, TTIP, scheiterte an unterschiedlichen Auffassungen über Standards für Waren und Dienstleistungen – Stichwort: Chlorhühnchen. Seit dem Jahr 2016 pausieren die Gespräche. Diese vertieften Handelsabkommen gehen über Zollfragen weit hinaus und reichen bis in das Gebiet technischer Standards und anderer Normen hinein.

All diese Abkommen haben eines gemein: Sie bringen immer abenteuerlichere Buchstabenketten hervor. Seit Ende Mai 2019 ist der Buchstabensalat um das Kunstwort AfCFTA reicher. Es steht für die Afrikanische Kontinentale Freihandelszone, von der sich bisher Eritrea als einziges Land auf dem Kontinent ausnimmt. Die Gründung dieser Freihandelszone haben viele Beobachter als Auftakt zu einer Entwicklung gefeiert, die Afrika zu einer politischen Einigung des Kontinents bringen werde, so wie die europäische Einigung über eine gemeinsame Wirtschaftspolitik und den europäischen Binnenmarkt gelang. Bisher ist wenig über die Fortschritte beim Aufbau der Freihandelszone nach außen gedrungen. Doch vielleicht ist es auch zu früh, um konkrete Ergebnisse zu erwarten.

WTO in der Krise

Dass die WTO angesichts der vielen regionalen und einzeln ausgehandelten Abkommen an Einfluss verliert, stört die chinesische Regierung offenbar nicht. Jedenfalls hat sie es auf einen handfesten und öffentlich ausgetragenen Konflikt mit der amerikanischen Regierung unter dem damaligen Präsidenten Donald Trump ankommen lassen, als es im Jahr 2020 um die Neubesetzung der Spitzenposition der Organisation ging. Die zwei wichtigsten WTO-Mitglieder, die USA und China, seien bei der Besetzung des Postens des Generaldirektors »schwer zerstritten«, berichteten die Journalisten Johannes Ritter und Hendrick Kafsack.[4]

Schließlich machte die Nigerianerin Ngozi Okonjo-Iweala im März 2021 das Rennen. Sie konnte einen überzeugenden Lebenslauf vorweisen: Harvard mit der Abschlussnote magna cum laude, promoviert am MIT, dem renommierten Massachusetts Institute of Technology, 21 Jahre auf der Karriereleiter bei der Weltbank, erst von 2003 bis 2006 und dann abermals von 2011 bis 2015 nigerianische Finanzministerin, dazwischen für kurze Zeit Außenministerin, anschließend ein zweites Mal bei der Weltbank, dieses Mal für vier Jahre auf der Führungsebene des internationalen Entwicklungsfinanziers. Noch im November 2020 hatte der damalige amerikanische Präsident Donald Trump zum Ende seiner vierjährigen Amtszeit der Nigerianerin seine Zustimmung versagt. Doch als Joe Biden Trumps Nachfolge im Weißen Haus antrat, war der Weg frei. Einstimmig haben alle 164 WTO-Mitgliedsländer die Nigerianerin gewählt, auch die USA und China. Okonjo-Iwealas schwerste Aufgabe wird es sein, die WTO aus der Krise zu lösen, in die die Organisation, idyllisch am Genfer See gelegen, durch die schweren Auseinandersetzungen zwischen den USA, Europa und China gestürzt wurde.

An dieser Krise hat Deutschland einen gehörigen Anteil. Kurz vor dem Jahresende 2020, am 30. Dezember, hatte die Europäische Union – auf Druck der Bundesregierung – ein Investitionsabkommen mit der Volksrepublik China abgeschlossen. Diesem waren sieben lange Jahre Gespräche und 34 schwierige Verhandlungsrunden vorausgegangen. Treibende Kraft hinter dem Abschluss war Angela Merkel, die dieses Vorhaben noch während der deutschen EU-Ratspräsidentschaft, die mit dem 31. Dezember 2020 endete, durchboxen wollte.[5]

Dieses chinesisch-europäische Investitionsabkommen stieß schon im Vorfeld auf heftige Kritik. »China wird seine Industriepolitik als Dreh- und Angelpunkt fortsetzen und intensivieren«, warnte wenige Tage vor Abschluss des Investitionsabkommens Joachim Lang, Hauptgeschäftsführer der deutschen Industrielobby BDI im Dezember 2020.[6] »Die deutsche Industrie muss sich weiter auf erhebliche strukturelle Wettbewerbsverzerrungen einstellen.« Zwar lobte Gabriel Felbermayr, Präsident des liberalen Instituts für Weltwirtschaft in Kiel, das neue Abkommen: »Die Einigung ist für die EU ein Erfolg.« Doch worin genau dieser Erfolg bestand, vermochte der Ökonom damals nicht zu sagen. Denn wenige Sätze später räumte er selbst ein: »Der Text des Abkommens ist noch nicht bekannt.«[7] Später nannte er die Aussetzung des Ratizifizierungsprozesses durch die EU »bedauerlich«.[8] In die Öffentlichkeit gelangte hingegen, dass sich die chinesische Seite erfolgreich einer zentralen europäischen Forderung widersetzt hatte. China musste sich nicht verpflichten, der internationalen Konvention gegen die Zwangsarbeit beizutreten. Damit werden chinesische Unternehmen in diesem Abkommen bessergestellt als die meisten ihrer europäischen Wettbewerber.

Deutsche Unternehmen zum Beispiel müssen aufgrund des Lieferkettengesetzes, das die Koalition von CDU/CSU und SPD im Sommer 2021 kurz vor Ende ihrer gemeinsamen Regierungszeit noch beschlossen hatte, dafür Sorge tragen, dass ihre Lieferanten die Menschenrechte einhalten. Deutsche

Unternehmen können künftig haftbar gemacht werden, wenn ihre chinesischen Geschäftspartner Zwangsarbeiter einsetzen oder Kinder schuften lassen, anstatt sie zur Schule zu schicken. Chinesische Unternehmen dagegen können nach dem Investitionsabkommen mit der EU Kinder oder Zwangsarbeiter einsetzen, ohne in irgendeinem europäischen Land eine Sanktion dafür befürchten zu müssen.

Der Widerstand gegen das Investitionsabkommen der EU mit China ließ nicht nach. Im Mai 2021 verabschiedete das Europäische Parlament eine Resolution, das Abkommen auf Eis zu legen. Dieser Entschluss entsprang jedoch nicht der Sorge um die Zukunft der europäischen Wirtschaft. Vielmehr suchten die Abgeordneten nach einer Möglichkeit, China wegen Menschenrechtsverletzungen gegenüber der Volksgruppe der Uiguren mit Sanktionen zu belegen.[9]

Auch wenn die Kritik an diesem Investitionsabkommen sich vor allem an politischen Fragen wie der Zwangsarbeit und der Behandlung der Uiguren entzündete, so bestehen auch wirtschaftliche Zweifel an diesem Vertrag. Vor allem Abgeordnete im Europäischen Parlament äußerten diese, etwa der Grünen-Politiker Reinhard Bütikofer. Beim Thema Zwangsarbeit habe sich die EU mit »Geschwätz« zufriedengegeben, monierte Bütikofer.[10] Auch würden europäische Unternehmen in China weiterhin unter einem Sonderrecht gehalten und hätten nicht dieselben Rechte wie chinesische Unternehmen. Europa habe sich auf leere Versprechungen eingelassen, lautet ein zentraler Kritikpunkt der EU-Parlamentarier. China habe nichts Konkretes zusichern müssen, schon gar nicht eine faire Behandlung europäischer Unternehmen in China. Das Land vereinnahme über Partnerschaften mit europäischen Unternehmen technisches Know-how,[11] öffne sich aber nicht dem europäischen Wettbewerb und behindere europäische Unternehmen bei einer

Übernahme chinesischer Konkurrenten. »Dass der Deal vom 30. Dezember eine echte Gleichbehandlung bringen könnte, daran zweifeln viele«, beschrieb die ARD-Korrespondentin Helga Schmidt Anfang Mai 2021 die Stimmung im EU-Parlament.[12]

Schritt für Schritt dehnt die chinesische Regierung ihren Einfluss in der internationalen Wirtschaftspolitik aus. Das verläuft nicht ohne Widerstände. Dem Beitritt Chinas zur WTO im Jahr 2001 gingen jahrelange zähe Verhandlungen voraus. Immerhin wurde China deutlich früher in den Club eingelassen als Russland, das erst 2012 der Welthandelsorganisation beitreten durfte.

Wie China auf größeren Einfluss drängt

Auch in anderen internationalen Institutionen zeigt China systematisch eine größere Präsenz. »China ist in seiner Außenpolitik von einer Vermeidung von Engagements in internationalen Organisationen zu einer Umarmung übergegangen«, stellte der kanadische Autor und Universitätsprofessor Marc Lanteigne im Jahr 2005 fest.[13] Angesichts der militärischen und wirtschaftlichen Übermacht der USA habe sich China für einen »neuen Weg« entschieden und nutze internationale Institutionen, um einen Status als Großmacht zu erlangen.

»China hat gegenüber diesen (internationalen) Organisationen eine zunehmend durchsetzungsfähige und proaktive Haltung gezeigt, die in einigen Fällen mit einer größeren institutionellen Macht verbunden war«, heißt es in einer Studie des Economic Strategic Institute in Washington von 2011.[14] »Auf der ganzen Linie ist China effektiver geworden, wenn es darum geht, internationale Organisationen zu nutzen, um nationale Interessen zu fördern und aus diesen Institutionen herauszuholen, was es braucht.«

Offenbar entsendet die chinesische Regierung ihre Vertreter systematisch auf alle Ebenen der verschiedensten internationalen Organisationen. Dies könnte als Teil eines Bemühens ausgelegt werden, sich in die internationale Staatengemeinschaft zu integrieren. Allerdings hegt die amerikanische Regierung den Verdacht, dass China auf diese Weise die Arbeit dieser Institutionen von innen heraus zu beeinflussen versucht – so wie es viele westliche Nationen ja selbst seit Langem praktizieren. »China manipuliert die internationalen Organisationen« lautete etwa im November 2020 die Überschrift eines Artikels von Share America, der offiziellen Nachrichtenplattform des amerikanischen Außenministeriums.[15] Vereinte Nationen, Welthungerhilfe, die Welternährungsorganisation FAO, Europäische Bank für Wiederaufbau und Entwicklung (EBRD), WTO und wie diese Institutionen alle heißen, sie alle sind offenbar das Ziel der chinesischen Bemühungen um eine größere internationale Bedeutung geworden. Mit deren Hilfe will Chinas Machthaber Xi Jinping den Einfluss seines Landes über die Staatsgrenzen hinaus systematisch vergrößern. Und die Zahl der internationalen Organisationen, die mit der Weltordnung nach dem Zweiten Weltkrieg entstanden sind, ist ja nicht gerade klein.

Chinas Streben nach größerem internationalen Einfluss wird diese Organisationen nachhaltig verändern. Zumindest sind die Experten des amerikanischen Economic Strategic Institute davon überzeugt. »In den kommenden Jahren und Jahrzehnten werden sich Organisationen anders entwickeln und sich in mancher Hinsicht von den US-beeinflussten philosophischen Grundlagen, auf denen sie aufgebaut wurden, entfernen«, heißt es in dem schon zitierten Bericht aus dem Jahr 2011.[16] Die Autoren sparen nicht gerade an Lob, wenn es um dieses neue Engagement geht: Durchsetzungsvermögen, Ausdehnung des Einflusses, Erweiterung des Wirkungskreises, extreme Effizienz, eine beeindruckende Lernfähigkeit – das sind die Umschreibungen, die den amerikanischen Autoren angesichts der diplomatischen Offensive Chinas in den Sinn kommen.

Instrumente der chinesischen Politik

In der Welthandelsorganisation wäre ein Spitzenposten für eine Chinesin oder einen Chinesen unrealistisch gewesen. Als es darum ging, die Spitzenposition der Weltorganisation für geistiges Eigentum World Intellectual Property Organization (WIPO), die ebenfalls in Genf ihren Sitz hat, neu zu besetzen, hat China Wang Binying ins Rennen geschickt. 1992 stieß sie zur WIPO und wurde Schritt um Schritt befördert. Als im Jahr 2020 ein Nachfolger für den Generaldirektor Francis Gurry, einen Australier, gesucht wurde, war Wang Binying stellvertretende Generaldirektorin, zuständig unter anderem für Marken. Doch es regte sich Widerstand gegen ihre Berufung. Damit besetze sie einen Schlüsselposten in der Organisation, urteilte die Genfer Tageszeitung *Le Temps*.[17] »Der Diebstahl geistigen Eigentums ist eine der Ursachen für den Handelskrieg der USA gegen China«, schreibt der Diplomat François Nordmann in dem Artikel. »Ein chinesischer Generaldirektor an der Spitze des WIPO bedeutet, den Wolf in den Schafstall zu lassen …« Der Widerstand gegen die Ernennung Wang Binyings hatte schließlich Erfolg: Francis Gurrys Nachfolger an der Spitze der WIPO wurde der Rechtsanwalt Daren Tang aus Singapur.

Die chinesische Regierung habe schon Chinesen an die Spitze von vier Agenturen der Vereinten Nationen gebracht, merkte *Le Temps* weiter an: (1) bei der Internationalen Fernmeldeunion ITU in Genf, (2) der Internationalen Zivilluftfahrtorganisation ICAO in Montreal, (3) der Organisation für industrielle Entwicklung UNIDO in Wien und (4) der Welternährungsorganisation FAO in Rom. Allerdings leitet die ICAO in der Zwischenzeit der Kolumbianer Juan Carlos Salazar Gómez. Der UNIDO steht seit dem Jahr 2021 der deutsche CSU-Politiker Gerd Müller vor.

Die starke chinesische Präsenz in internationalen Organisationen allein stelle noch kein Problem dar, erkennt Nordmann an. Immerhin sei China heute – nach den USA – der zweitwichtigste Finanzier der Vereinten Nationen. Das Problem sieht er woanders: »Sobald sie ernannt werden, verhalten sich chinesische Direktoren in erster Linie als Instrumente der chinesischen Politik und missbrauchen ihre Verantwortung als internationale Beamte.« Das habe sich bei Interpol gezeigt, als der chinesische Direktor in Peking verhaftet worden sei, weil er chinesische Interessen bei der Ausübung seines Auftrags nicht genügend berücksichtigt habe.

Als es im Jahr 2019 um die Besetzung der Spitzenposition bei der FAO, der Ernährungsorganisation der Vereinten Nationen, ging, zog das zentralafrikanische Land Kamerun plötzlich seinen Bewerber zurück. China honorierte dies mit einem Schuldenerlass von mehr als 78 Millionen Dollar. Anschließend wurde der chinesische Bewerber Qu Dongyu mit 108 von 194 Stimmen auf den Chefposten der FAO gewählt. Der Kandidat der USA kam aus dem kleinen Kaukasusstaat Georgien und vereinte gerade einmal 12 Stimmen auf sich.

Bei ihrer Politik gegenüber internationalen Organisationen profitiert China davon, dass sich die USA, besonders unter dem Präsidenten Donald Trump, aus internationalen Organisationen zurückgezogen haben, sobald diese auf amerikanische Interessen angeblich zu wenig Rücksicht nahmen. So stoppte Trump im April 2020 die amerikanischen Beitragszahlungen an die Weltgesundheitsorganisation WHO. Anders die Volksrepublik: Als der chinesische Staatschef Xi Jinping im Mai 2020 vor einer Online-Konferenz der WHO auftrat, brachte er 2 Milliarden Dollar als Unterstützung für die ärmeren Länder im Kampf gegen die Covid-19-Pandemie mit. »Solidarität und Zusammenarbeit sind die stärksten Waffen, um das Virus zu besiegen«, rief Xi in die Videokamera.[18] Trotzig beschwerte sich Amerikas Präsident Donald Trump, China benutze die FAO als »PR-Agentur«.

Nicht nur China strebt Führungspositionen an

Viele UN-Behörden, in denen nun chinesische Vertreter Spitzenposten bekleiden, mögen in der Öffentlichkeit wenig bekannt sein. Doch spielen sie eine gewichtige Rolle, wenn es um internationale Normen und Standards geht. In der Internationalen Fernmeldeunion etwa werden die Regeln für die weltweite Telekommunikation gesetzt. China nutze seinen Einfluss, um diese Normen zunehmend an chinesischen Interessen auszurichten, lautet ein Vorwurf aus dem Westen.

Doch auch in diesem Fall wäre es verkürzt, den Kampf um die internationalen Institutionen auf ein Duell zwischen den USA und China reduzieren zu wollen. Andere Schwellenländer streben ebenfalls zunehmend Führungsposten in diesen Organisationen an, auch wenn sie dies vielleicht weniger planmäßig tun. Die Gewichte in der Welt verändern sich, und die Schwellenländer wollen ihren Anteil an den internationalen Organisationen durchsetzen.

In seinem Bemühen um größeren Einfluss auf der Welt kann China deshalb zahlreiche Verbündete aufbieten. Gerade die aufstrebenden Länder fordern mit Nachdruck, dass ihre Vertreter bei der Besetzung von Spitzenpositionen in den internationalen Institutionen stärker berücksichtigt werden. Dabei können sie durchaus Erfolge verzeichnen. An der Spitze der Vereinten Nationen etwa ist aktuell der Portugiese António Guterres der erste europäische Generalsekretär seit dem Österreicher Kurt Waldheim, der die Organisation von 1972 bis 1981 geleitet hatte. Dazwischen führten die Vereinten Nationen der Peruaner Javier Pérez de Cuéllar, der Ägypter Boutros Boutros-Ghali, der Ghanaer Kofi Annan und der Südkoreaner Ban Ki-Moon.

Schwellenländer sind heute auch dort in internationalen Organisationen vertreten, wo es der unbefangene Beobachter nicht vermuten würde: Bei der Europäischen Bank für Wiederaufbau und Entwicklung (EBRD) mit Sitz in London sind nicht nur die westeuropäischen Länder, die USA, Südkorea und Japan am Kapital beteiligt, sondern auch Indien, China und Belarus.

Doch auch andersherum lässt sich eine Beteiligung anderer Staaten an den Institutionen der Schwellenländer beobachten: Die Afrikanische Entwicklungsbank nennt sich afrikanisch, doch das ist sie nur zum Teil. An ihr sind viele nichtafrikanische Länder beteiligt: neben vielen europäischen Ländern auch China, Argentinien, die USA, Brasilien, Indien, Japan oder auch Kuwait, Saudi-Arabien und die Vereinigten Arabischen Emirate. Das mag Vorteile haben. Denn so sind die Finanzierungsmöglichkeiten dieser internationalen Entwicklungsbanken ungleich größer. Ohne die Beteiligung der entwickelten Staaten und nichtafrikanischer Schwellenländer müsste die Afrikanische Entwicklungsbank ihre Projekte allein mit den finanziellen Mitteln der afrikanischen Staaten finanzieren. Damit wäre ihr Spielraum für Finanzierung deutlich geringer. Diese Beispiele zeigen jedoch, wie verwoben die Weltdiplomatie heute ist.

Die Sitze im Weltsicherheitsrat

In ihrem Ringen um größeren Einfluss bilden sich zuweilen überraschende Allianzen. Schon im Jahr 2004 vereinbarten Brasilien, Japan und Indien mit dem damaligen deutschen Außenminister, dem Grünen-Politiker Joschka Fischer, sich gegenseitig in ihren Bemühungen zu unterstützen, einen ständigen Sitz im Sicherheitsrat der Vereinten Nationen anzustreben.[19] Der Sicherheitsrat müsse die Realitäten der Staatengemeinschaft im 21. Jahrhundert widerspiegeln, hieß es damals in einer gemeinsamen Erklärung der vier Regierungen.

Nur fünf Staaten wurde bisher das Privileg zuteil, im Weltsicherheitsrat ständigen Sitz und Stimme zu haben. Die ständigen Mitglieder – und das ist wohl ihre wichtigste Waffe – haben ein Vetorecht bei allen Entscheidungen des Sicherheitsrats. Anfangs teilten sich die vier Siegermächte des Zweiten Weltkriegs – die USA, die Sowjetunion, Frankreich und Großbritannien – dieses Privileg. China hatte ebenfalls einen ständigen Sitz und Vetorecht im Sicherheitsrat. Allerdings wurde China bis zum Jahr 1971 von Taiwan bei den Vereinten Nationen vertreten. Im Jahr 1971 musste die Republik China (Taiwan) mit Billigung der USA zugunsten der Volksrepublik China ihren ständigen Sitz im Weltsicherheitsrat räumen.

Daneben zählt das Gremium zehn weitere Mitglieder, die keinen ständigen Sitz darin haben. Jedes Jahr wählt die UN-Generalversammlung fünf Mitglieder für die Dauer von zwei Jahren in den Weltsicherheitsrat. Wie die Wahl auf diese fünf

Länder fällt, zählt zur hohen Kunst der Weltdiplomatie: Die nichtständigen Mitglieder werden in regionale Gruppen unterteilt. Afrika fallen dabei drei Sitze zu. Ein Sitz ist für Osteuropa reserviert. Je zwei Sitze entfallen auf Asien, Lateinamerika/Karibik und Westeuropa zusammen mit der restlichen Welt. Ein rotierendes System innerhalb dieser Regionen soll dafür sorgen, dass alle Länder in einem festen Turnus einen Sitz im Weltsicherheitsrat bekommen.

Um die ständigen Sitze herrscht seit Jahren ein heftiger Streit. Auch Afrika erhebt Anspruch auf eine dauernde Vertretung im wichtigsten Gremium der Vereinten Nationen. Für diesen liegen Nigeria, Südafrika und Ägypten im Wettstreit. Auch Japan meldete Interesse an einem ständigen Sitz im Sicherheitsrat an. Und weshalb sollte der Sitz für Lateinamerika zwingend auf Brasilien entfallen? Mexiko und Argentinien sind der Meinung, dass sie diese Rolle auch gut ausfüllen könnten. Eine Lösung wäre, die ständigen Sitze im Sicherheitsrat ganz abzuschaffen. Doch dies dürfte am Widerstand jener fünf Staaten scheitern, die bisher dieses Privileg genießen. Deshalb wird dieser Weg nicht ernsthaft diskutiert. Es wird wohl darauf hinauslaufen, die Zahl der ständigen Mitglieder zu erhöhen. Dies wird jedoch kaum zulasten der nichtständigen Mitglieder möglich sein. Also wird der Sicherheitsrat wohl insgesamt vergrößert werden müssen, wodurch jedoch seine Fähigkeit, Entscheidungen zu treffen, sinken dürfte.

Es gibt vielleicht dringlichere Probleme auf der Welt als die Zahl der Mitglieder im Weltsicherheitsrat. Wahrscheinlich schwelt die Debatte deshalb seit mehr als 15 Jahren, ohne dass irgendein Fortschritt erzielt worden wäre. Doch diese Diskussion zeigt nicht nur, wie der Einfluss des Westens auf die Welt schwindet, sondern auch dass die aufstrebenden Staaten in Asien, Lateinamerika und Afrika nicht gewillt sind, sich hinter eine Führungsmacht China zu scharen. Sie haben ihre eigene außenwirtschaftliche und außenpolitische Agenda. Die aufstrebenden Länder einen wenige gemeinsame Interessen. Sicher, aus dem Geist von Bandung ziehen die Schwellenländer, wie wir oben gesehen haben, viele Gemeinsamkeiten. Doch diese beziehen sich darauf, dass sie die Weltordnung, wie sie der Westen nach dem Zweiten Weltkrieg geschaffen hat, nicht mehr bedingungslos anerkennen wollen. Doch um dieser Ordnung eine andere entgegenzusetzen, sind die Schwellenländern in ihren Traditionen, ihrer Kultur, ihren wirtschaftlichen, geographischen und politischen Grundgegebenheiten zu verschieden. Die einen Länder leben stark von Rohstoffen, die anderen profitieren stark von der Digitalisierung. Einige Gesellschaften sind pluralistisch, andere autoritär.

Die G7

Doch eines ist gewiss: Die Weltordnung, wie sie die Siegermächte des Zweiten Weltkriegs entworfen haben, ist ins Wanken gekommen. Genauso wie der Sicherheitsrat ringen andere Institutionen um eine neue Legitimation: der Internationale Währungsfonds (IWF), die Weltbank, die Welthandelsorganisation WTO mit ihrem Vorgänger GATT oder selbst Treffen wie die regelmäßigen G7-Gipfel. Anfangs versammelten diese Gipfel noch die politischen Führungen der mächtigsten Industrieländer der Welt. Heute bringen sie deutlich weniger wirtschaftliches Gewicht auf die Waage, nicht zuletzt weil China und Indien der G7 nicht angehören.

In den 1970er-Jahren fanden sich die mächtigsten Industrieländer der Welt zusammen, um eine Art Weltwirtschaftsregierung zu bilden. Zumindest wollten sie angesichts der damals großen Verwerfungen am Ölmarkt und rund um die Devisenmärkte nach dem Ende der Goldbindung des amerikanischen Dollar und des Systems fester Wechselkurse dafür sorgen, die Wirtschaftspolitik untereinander abzustimmen und die Wechselkurse nach Möglichkeit zu stabilisieren. G7 nannte sich die Gruppe wegen ihrer sieben Mitglieder Deutschland, Frankreich, Großbritannien, Italien, Japan, Kanada und USA. Sie waren nicht nur die wirtschaftlich und finanziell mächtigsten Länder der Erde, sie bildeten auch die liberalsten Märkte der Welt. In den 1990er-Jahren wurde das reformoffene Russland unter dem damaligen Präsidenten Boris Jelzin eingeladen in der Hoffnung, den größten Nachfolgestaat des zerfallenen Sowjetreichs auf dem Weg zur Marktwirtschaft in den Klub der großen kapitalistischen Nationen einzubinden. Die G7+1-Gruppe war geboren, aus der bald darauf die G8 wurde. Im Jahr 2014 wurde Russlands Mitgliedschaft nach der Annexion der Halbinsel Krim allerdings »ausgesetzt«, wie die Diplomaten den Rauswurf bezeichneten.

Die Zusammensetzung der G7 wurde umso mehr kritisiert, desto mehr der Einfluss der G7 schwand. Australien, Indien, Südkorea und Spanien wurden als weitere Mitglieder ins Spiel gebracht. Da neben wirtschaftlicher Stärke auch die Hinwendung zur Demokratie für eine Aufnahme in die G7 zählt, ist China nicht Mitglied der Gruppe. Allein die Europäische Union wurde aufgenommen.

Je mehr die Schwellenländer an wirtschaftlicher Macht gewinnen, desto bedeutungsloser und formaler werden die Gipfeltreffen der G7. Als Gipfeltreffen, um eine gemeinsame Lösung für die großen Probleme der Welt in offenen Gesprächen zu suchen, taugt die Runde nicht mehr. Die G7 verliert von Jahr zu Jahr an Legitimation, als Weltwirtschaftsregierung aufzutreten.

Die G20

Immerhin brachten die acht Teilnehmerstaaten auf dem G8-Treffen – neben den G7-Ländern auch Russland – in Köln im Juni 1999 die G20 auf den Weg. Diese Gruppe führt seit mehr als 20 Jahren Industrie- und Schwellenländer zusammen. Seit 2011 finden die Gipfeltreffen jährlich an wechselnden Orten statt. In der G20 sind etablierte Industrieländer vertreten wie Australien, Kanada, Frankreich, Deutschland, Italien, Japan, Großbritannien, die USA und die EU wie auch die Schwellenländer China, Indien, Indonesien, Südkorea, Südafrika, Brasilien, Argentinien, Mexiko, Russland, Saudi-Arabien und die Türkei. Als ständige Gäste werden Spanien, die Afrikanische Union, die ASEAN (Association of Southeast Asian Nations), die Vereinten Nationen, die Weltbank und viele andere Organisationen eingeladen. Insofern ist die G20 also deutlich breiter angelegt als die G7.

Aber auch diese Runde sieht sich Kritik ausgesetzt: »Die G20 ist eine selbsternannte Gruppe«, monierte der ehemalige norwegische Außenminister Jonas Gahr Støre in einem Interview mit dem *Spiegel.*[20] »Seine Zusammensetzung wird von den wichtigsten Ländern und Mächten bestimmt.« Die G20 möge repräsentativer sein als die G7, in der nur die reichsten Länder vertreten sind, aber sie sei immer noch willkürlich zusammengesetzt.

Der IWF

In vielen anderen internationalen Organisationen fühlen sich die Schwellenländer ebenfalls nicht hinreichend repräsentiert. Dies gilt besonders für die Weltbank oder den Internationalen Währungsfonds (IWF), bei denen der

Westen die Spitzenposten auch mehr als 70 Jahre nach ihrer Gründung immer noch unter sich ausmacht. Europa und die USA hatten sich auf eine Teilung geeinigt: Die Amerikaner stellen den Weltbank-Präsidenten, die Europäer den geschäftsführenden Direktor des IWF. So kamen die Chefs des IFW seit dessen Gründung im Jahr 1945 allesamt aus Europa, mal aus Schweden, Belgien, den Niederlanden, Spanien und nun aus Bulgarien, am häufigsten jedoch aus Frankreich. Einmal, mit Horst Köhler von 2000 bis 2004, stellte Deutschland den geschäftsführenden Direktor. Doch aus Japan oder China kam er nie.

Diese Politik der Jobvergabe spiegelt nicht mehr die aktuellen finanziellen Gewichte im IWF. Auf die jahrelange Kritik an der Übermacht des Westens hat der IWF schon reagiert und die Stimmanteile von Schwellenländern wie China, Indien und Brasilien leicht erhöht. Doch Deutschland hält auch heute noch 5,6 Prozent des IWF-Kapitals und Frankreich 4,2 Prozent, während China auf 6,4 Prozent kommt und Japan auf 6,5 Prozent. Indien durfte trotz eines Kapitalanteils von 2,8 Prozent nie den geschäftsführenden Direktor des IWF stellen, auch Brasilien trotz eines Anteils von 2,3 Prozent nicht, Belgien mit nur 1,4 Prozent und Spanien mit 2 Prozent dagegen schon. Allerdings haben sich die USA dank eines Anteils von 17,4 Prozent am Kapital bei wichtigen Entscheidungen ein Vetorecht vorbehalten.

Dabei kann der IWF gehörigen Einfluss auf die Politik eines Landes gewinnen, wenn dieses in Zahlungsschwierigkeiten gerät und die Hilfe des IWF in Anspruch nehmen muss. Der Fonds knüpft seine Unterstützung in der Regel an seine berühmten »Strukturanpassungsprogramme«, die in vielen Schwellenländern gefürchtet sind. Denn meistens erlegen diese Programme den überschuldeten Ländern harte Kürzungen in den Staatsausgaben auf, die in der Regel das Sozialwesen und das Bildungswesen zuerst treffen. Die IWF-Politik steht für umfangreiche Privatisierungsprogramme, die Öffnung der Märkte für ausländische Konkurrenten und eine Liberalisierung der Wirtschaftspolitik. Mit »short term pain for long term gain«, vorübergehende Schmerzen für langfristige Heilung, wird die IWF-Politik denn auch häufig umschrieben. Doch in den betroffenen Ländern wird diese Politik häufig als harte Rosskur wahrgenommen. Der IWF interessiere sich nicht für soziale Härten, monieren seine Kritiker.

Die Weltbank

Ähnlich verhält es sich mit der Besetzung des Spitzenpostens in der Weltbank. Der Präsident kommt seit 1946 gemäß der Vereinbarung mit den Europäern aus den Vereinigten Staaten, wobei zwei Mal eine leichte Einschränkung getroffen werden kann: James Wolfensohn (Weltbank-Präsident von 1995 bis 2005) hat neben der amerikanischen auch die australische Staatsbürgerschaft und Jim Yong Kim (2012 bis 2019) besitzt neben einem amerikanischen auch den südkoreanischen Pass.

Immerhin wurden die Stimmrechte in der Weltbank schon im Jahr 2010 neu sortiert, und dabei wurde das Gewicht der Schwellenländer angehoben. Zu den Gewinnern zählten unter den Schwellenländern Südkorea, Brasilien, Indien, die Türkei, Mexiko und Singapur und aus Europa Griechenland und Spanien. Den größten Stimmenanteil haben jedoch weiterhin die USA mit 15,6 Prozent, gefolgt von Japan mit 7,4 Prozent. Es folgen China (5,7 Prozent), Deutschland (4,2 Prozent), Großbritannien (3,9 Prozent) und Frankreich (3,9 Prozent).[21]

Konsortiale Führung

Damit sind die aufstrebenden Staaten in den beiden wichtigsten internationalen Finanzorganisationen IWF und Weltbank eklatant unterrepräsentiert. China kommt auf einen Anteil der Weltwirtschaftsleistung, gemessen am Bruttoinlandsprodukt, von mehr als 18 Prozent.[22] Im IWF ist das Land jedoch nur mit einem Gewicht von 6,4 Prozent vertreten und in der Weltbank nur mit besagten 5,7 Prozent. Noch krasser ist die Diskrepanz im Falle Indiens, das auf einen Anteil am Welt-BIP von rund 6,9 Prozent kommt und damit deutlich vor Deutschland liegt, das nur 3,9 Prozent erreicht. Frankreich, das nach Wirtschaftsleistung sogar nur ein Gewicht von 2,3 Prozent in die Waagschale werfen kann, ist international um Längen besser vertreten als Brasilien, das mit 2,4 Prozent der Weltwirtschaftsleistung in der ökonomischen Bedeutung für die Welt mit Frankreich gleichzieht.

Besonders dem IWF, der einen größeren Einfluss auf nationale Politik nehmen kann als die Weltbank, die mehr fördert und weniger fordert, wird ein Demokratiedefizit vorgehalten, vor allem aus Kreisen der Globalisierungsgegner. »Es gibt in der Welt eben eine Führungsgruppe«, meint dazu Werner Link, emeritierter Professor für Politikwissenschaften der Universität Köln.[23] »Formell durch die Stimmengewichtung, informell durch die Tatsache, dass sich die Hauptmächte vor jeder Entscheidung absprechen.« In der Wissenschaft nenne sich dies konsortiale Führung. »Money buys votes«, Geld kauft Stimmen, lautet die Rechtfertigung derjenigen, die an der althergebrachten Stimmverteilung etwa im IWF festhalten. Doch wenn Geld tatsächlich Stimmen, also Einfluss, kauft, dann müsste Schwellenländern wie Indien, China, Russland oder den Vereinigten Arabischen Emiraten ein viel größerer Einfluss zugestanden werden – ganz abgesehen davon, dass der IWF selbst schon im Jahr 2001 einräumte, dass seine Verwaltungsstrukturen weniger von den reichen Industriestaaten finanziert werden als vielmehr von den Schuldnerländern.[24]

Der Streit um die Institutionen der Welt ist nur eine Facette der großen Veränderungen, die dafür sorgen werden, dass sich das 21. Jahrhundert in ganz grundlegenden Fragen vom 20. Jahrhundert unterscheiden wird. Der Westen befindet sich in einem großen Spiel von Kräften, dessen Spielregeln wir nicht durchschauen. Der Westen gibt diese Regeln immer weniger vor. Der Westen verliert in dem Maße seinen Führungsanspruch, in dem das Wirtschaftswachstum bei ihm nachlässt, sich die wirtschaftliche Dynamik in neue, aufstrebende Länder verlagert und er auch immer weniger in der Lage ist, auf der einen Seite den finanziellen Ansprüchen der Bürger im Westen gerecht zu werden und auf der anderen Seite seinen Führungsanspruch für die Welt finanziell zu unterlegen.

Neue Organisationen

Auch militärisch holen die Schwellenländer in großen Schritten auf. Noch sind die USA dank ihrer Atomwaffen und ihrer übermächtigen Kriegsmarine die mit Abstand stärkste Militärmacht der Welt. Doch Länder wie China, Indien und Brasilien rüsten rapide auf. Die USA haben mit gut 800 Milliarden Dollar immer noch den größten Militärhaushalt der Welt. Doch China folgt mit fast 300 Milliarden Dollar schon an zweiter Stelle, gefolgt – wenn auch mit großem Abstand – von Indien, das rund 77 Milliarden Dollar für sein Militär ausgibt, mehr als Russland, das auf rund 66 Milliarden Dollar kommt. Damit stellen China und Indien die bisherige Führungsrolle der USA noch nicht infrage. Doch der militärische Einfluss der Vereinigten Staaten auf die Welt schwindet rapide. Die verlorenen Kriege im Irak und in Afghanistan sind auch ein Eingeständnis einer zunehmenden militärischen Ohnmacht. Dass die Atommacht Russland im Krieg gegen die Ukraine ebenfalls militärisch eklatante Schwächen zeigt und westlichen Waffen deutlich unterlegen ist, vermag nicht wirklich zu beruhigen.

Wie soll der Westen mit dem Aufstieg der Schwellenländer umgehen? Soll er den Parvenüs einen Platz am Tisch der Großen einräumen und darauf hoffen, dass die neureichen Kapitalisten sie weiterhin dort sitzen lassen werden? Oder soll er sich an seiner verblassenden Größe festklammern und den Besitzstand verteidigen, so lange es möglich ist? Der Westen muss vor allem eine Antwort auf die Frage finden, was er den aufstrebenden Wirtschaftsmächten im Wettstreit um Einfluss und Macht entgegensetzen kann. Doch ganz gleichgültig, ob sich nun der Westen in seinen überholten Machtstrukturen verschanzt oder ob er eine Reform der internationalen Organisationen unterstützt, die Vertreter der Schwellenländer wollen nicht länger warten und haben begonnen, ihre eigenen Strukturen und Organisationen aufzubauen.

Die Bandung-Konferenz im Jahr 1955 war der erste Versuch der asiatischen und afrikanischen Länder, eine Gegenmacht zu den beiden mächtigen Blöcken, dem kapitalistischen Westen und dem von der UdSSR bestimmten Ostblock, zu bilden. Obwohl politische Schwergewichte des Antikolonialismus – von Gamal Abdel Nasser aus Ägypten und Sukarno aus Indonesien bis zu Jawarhalal Nehru aus Indien und Zhou Enlai aus China – an der Konferenz teilnahmen, so erlangten die Folgekonferenzen nicht mehr die Bedeutung der Konferenz von Bandung.

Immerhin mündete die Bandung-Konferenz im Jahr 1961 in die Gründung der Bewegung der blockfreien Staaten, was diese allerdings auch nicht wie im Falle Chinas und Indiens im Jahr 1962 daran hinderte, einen Krieg um Grenzziehungen zu führen. Wie die Bandung-Konferenz wurde die Bewegung der blockfreien Staaten von Nasser, Nehru, Sukarno und dem jugoslawischen kommunistischen Machthaber Josip Broz Tito, der sich mit Moskau überworfen hatte, getragen. Rund 120 Mitgliedsstaaten zählt die Bewegung noch heute und hat doch weniger Bedeutung als jemals zuvor in ihrer Geschichte. Sicher, die alte Verbundenheit zwischen den kleinen Nationen, die sich gegen die Großmächte zu erwehren suchen, wirkt nach. Doch sie genügt nicht mehr, um ein konkretes politisches Projekt zu formulieren.

Der erste Versuch, eine weltumspannende Allianz der Schwellenländer zu bilden, muss somit als gescheitert gewertet werden. Erfolgversprechender sind die Bündnisse, die Schwellenländer auf regionaler Ebene bilden. Die Interessen der aufstrebenden Nationen sind offenbar noch zu unterschiedlich, als dass sie sich in wirklich weltumspannenden Organisationen zusammenfinden könnten. Auf regionaler Ebene dagegen lassen sich leichter gemeinsame Interessen finden. So hat China im November 2020 ein Freihandelsabkommen mit seinen asiatischen Nachbarstaaten geschlossen. Die Regional Comprehensive Economic Partnership oder RCEP umfasst 15 Staaten aus dem Asien-Pazifik-Raum: Neben China selbst sind das die Nachbarstaaten Kambodscha, Vietnam, Singapur, Indonesien, Philippinen, Laos, Malaysia, Thailand, Brunei und Myanmar, aber auch entferntere Länder wie Australien und Neuseeland wie auch selbst die ökonomischen Rivalen Südkorea und Japan.

Die RCEP vereint 30 Prozent der Weltbevölkerung und 30 Prozent des globalen Bruttoinlandsprodukts. Damit ist sie zumindest ein Faktor in der Weltwirtschaft, der beachtet werden sollte. Unklar ist, welches Ziel dieses Abkommens verfolgt. Welche Rolle strebt China an? Will das Land kooperieren oder dominieren? Von einem Freihandelsabkommen sollten alle Beteiligten profitieren. Doch für westliche Beobachter ist die Antwort auf diese Fragen klar: »China baut seinen Einfluss in der Region Asien-Pazifik weiter aus«, urteilte der Journalist Till Fähnders in Singapur.[25] Die Einigung stehe im Kontrast zum Schicksal der einst von den USA angestrebten Transpazifischen Partnerschaft (TPP), stellt Fähnders einen Bezug zu einem anderen, gescheiterten Projekt in der Region her.

In der Tat hatte der damalige US-Präsident Barack Obama den transpazifischen Handelsverbund TPP von 2009 an maßgeblich vorangetrieben, um die amerikanischen Nachbarländer im Pazifik – unter Ausschluss Chinas – wirtschafts- und handelspolitisch enger an die USA zu binden und das mächtige Wirtschaftsreich zu isolieren. Obamas Nachfolger Donald Trump kippte die Verhandlungen um die TPP als eine seiner ersten Handlungen im Weißen Haus nach seinem Amtsantritt Anfang 2017.

Unter Chinas Einfluss haben auch Institutionen wie die Asiatische Entwicklungsbank oder der Staatenbund ASEAN, unter dessen Führung die RCEP verhandelt wurde, an Gewicht gewonnen. Andere Regionen versuchen ebenfalls, durch regionale Bündnisse gemeinsam stärker zu werden. So haben sich die großen südamerikanischen Länder Brasilien, Argentinien, Paraguay und Uruguay unter dem Namen Mercosur zum Gemeinsamen Markt des Südens zusammengeschlossen. Die Mitgliedschaft Venezuelas ist zwar seit 2012 ausgesetzt, doch dafür sind Chile, Bolivien, Peru, Kolumbien, Ecuador, Guyana und Suriname in der einen oder anderen Form in den Mercosur eingebunden. Die arabischen Länder am Persischen Golf Kuwait, Katar, Bahrain, Oman, Saudi-Arabien und die Vereinigten Arabischen Emirate haben den Gulf Cooperation Council (GCC) gegründet, die Länder Ostafrikas die East African Community (EAC), in der sich unter der wirtschaftlichen Führung Kenias auch die Länder Tansania, Uganda, Ruanda, Burundi und Südsudan zu einer Zoll- und Freihandelsunion zusammengeschlossen haben.

Mit all diesen Initiativen machen sich die Schwellenländer unabhängiger von der Weltordnung, wie sie der Westen nach dem Zweiten Weltkrieg geschaffen hat. Knüpft der IWF zu harte Bedingungen an seine Unterstützung, wenden sich viele Länder häufig mit Erfolg an andere Institutionen oder an andere Geldgeber wie die Volksrepublik China. Das schwächt die westlich geprägten Institutionen der Nachkriegsordnung. Sie müssen sich den Wünschen der Schwellenländer immer häufiger beugen, wenn sie nicht Gefahr laufen wollen, sich zu isolieren.

So hatte der IWF im Juli 2021 die Regierung des westafrikanischen Staats Ghana gewarnt, ihre Schulden nicht weiter zu erhöhen und dadurch nicht noch anfälliger für Wirtschaftskrisen zu werden.[26] Zwei Jahre zuvor, im Jahr 2019, hatte der IWF Ghana jedoch erst eine Hilfe von rund 1 Milliarde Dollar gewährt.[27] Und letztlich folgten der Drohung von 2021 keine Taten. Ungeachtet weiter steigender Staatsschulden unterstützte der IWF weiterhin die Regierung in Ghana. Dabei hat sich das Land zudem auch noch China zugewandt, das weiterhin staatliche Infrastrukturprojekte in dem Land finanzierte. Und trotzdem gewährte der IWF Ghana im Jahr 2022 eine weitere Finanzspritze über 3 Milliarden Dollar. Es war die 17. Finanzspritze, um die Ghana den IWF gebeten hatte, wie das britische Wirtschaftsmagazin *Economist* ausführte.[28] Diese Hilfe ist jedoch kein Zeichen für die Stärke des IWF. Im Gegenteil, sie zeigt, wie sehr der Währungsfonds durch die chinesische Finanzkraft in die Defensive geraten ist. Hätte er sich geweigert, Ghana weiter zu finanzieren, hätte der IWF damit den Einfluss Chinas in Westafrika gestärkt.

Ghana steht vor der Wahl: China oder IWF

Die Beziehungen zwischen dem IWF und Ghana waren selten harmonisch. Unter dem 2017 abgewählten Präsidenten John Dramani Mahama waren sie besonders kontrovers, vor allem als dieser die vom IWF gesetzten Ziele nicht erreichte. Obwohl Mahamas Nachfolger Nana Akufo-Addo, der in Paris und London zuvor eine sehr erfolgreiche Karriere als internationaler Wirtschaftsanwalt absolviert hatte, stärker dem Westen zugewandt ist, haben chinesische Finanziers und Unternehmen ihren Einfluss in Ghana in den vergangenen Jahren weiter erhöht. So baute die China Harbour Engineering Company (CHEC) in Tema, dem wichtigsten Hafen des Landes, für 1,5 Milliarden Dollar ein Containerterminal, das im Jahr 2019 in Betrieb ging.[29] An der Finanzierung beteiligte sich die Weltbank über ihre Tochtergesellschaft International Finance Corporation (IFC) mit 195 Millionen Dollar. 472 Millionen Dollar kamen von drei chinesischen Banken. In Ghana – der ehemaligen britischen Kolonie Goldküste – ist der Rohstoffsektor mit Gold, Silber, Diamanten, Bauxit, Mangan, Phosphat und vielen anderen Industriemetallen von großer Bedeutung. In diesem Bereich ist das chinesische Engagement besonders stark.

Zwar haben sich die Beziehungen entspannt, als Akufo-Addo im Jahr 2017 Präsident von Ghana wurde. Doch in der Sache blieb der IWF hart und beharrte auf weiteren Strukturanpassungen. Als sich der IWF angesichts der schwierigen öffentlichen Finanzen Ghanas nach wie vor zurückhaltend mit weiterer Unterstützung zeigte, sprang Peking ein. China werde mit 2 Milliarden Dollar dringend benötigte Infrastruktur – Eisenbahnlinien, Straßen, Brücken – finanzieren, hieß es im November 2019.[30] Dafür trat Ghana an China 5 Prozent seiner Vorkommen an Bauxit, aus dem Aluminium gewonnen wird, ab. Schon eine Woche vor Bekanntgabe dieser Vereinbarung kündigte Ghanas Finanzminister Ken Ofori-Atta an, die Staatsausgaben um 21 Prozent zu erhöhen und die Gehälter der Staatsbeamten anzuheben. Außerdem wolle er an den internationalen Finanzmärkten Anleihen im Volumen von 3 Milliarden Dollar platzieren.[31]

»Ghana ist für Afrika von wesentlicher Bedeutung, und China hat dem Land große Aufmerksamkeit geschenkt«, schreibt der Journalist Joseph Hammond.[32] In Ghana unterhält der China-Afrika-Entwicklungsfonds, auch als CAD Fund[33] bekannt, eines seiner wenigen Büros in Afrika. Den Fonds hat die chinesische Regierung 2007 mit einer Kapitalausstattung von 10 Milliarden Dollar ins Leben gerufen, um Geld für chinesische Investitionen in Afrika zu mobilisieren.

Diese Initiativen, mit denen der Einfluss des IWF beschnitten wird, hielten Chinas Präsidenten Xi Jingping nicht davon ab, kurz darauf auf dem Weltwirtschaftsforum in Davos Anfang 2021 eine Rückkehr zum Multilateralismus zu fordern. »Eine multilaterale Ordnung sei wichtig, um die Existenz globaler Lieferketten zu sichern«, sagte Xi in seiner Rede.[34] Er wünsche sich auch wieder eine stärkere Rolle für internationale Organisationen und nannte dabei konkret die Weltgesundheitsorganisation (WHO) und den IWF.

Mythos Seidenstraße

Das größte, das ambitionierteste und zugleich geheimnisvollste Gegenprojekt zur alten Nachkriegsordnung ist zweifelsohne die Neue Seidenstraße. Viel wird über sie geredet, viel spekuliert, wenig Konkretes ist bekannt. Denn die chinesische Staatsführung lässt nur wenige Informationen an die Öffentlichkeit dringen. Und häufig widersprechen diese sich auch noch. Doch eines ist gewiss: Sollte die Neue Seidenstraße auch nur ansatzweise die Dimension erreichen, die sie erreichen soll, so wäre sie das mit Abstand gigantischste Infrastrukturprojekt, das die Welt jemals gesehen hat. Sie wäre das Rückgrat einer Neuordnung der Welt, losgelöst von den Institutionen des 20. Jahrhunderts: Vereinte Nationen, Weltbank, Welthandelsorganisation, Internationaler Währungsfonds. Die Neue Seidenstraße lässt sich auch anders verstehen: Sie ist ein verzweifelter Versuch der chinesischen Regierung, sich unter Einsatz immenser Mittel Einfluss in der Welt zu verschaffen und die Führung unter den aufstrebenden Ländern zu erreichen, ein Machtanspruch, den Länder offenbar nicht ohne Weiteres akzeptieren.

Wie gesagt, wenig ist bekannt. Nur so viel: Die Neue Seidenstraße, auf Englisch als Belt and Road Initiative oder BRI bekannt, soll aus zwei Teilen bestehen, die sich ergänzen: zum einen aus einem Netz an maritimen Handelsrouten, die von der chinesischen Küste entlang der asiatischen Südküste bis nach Arabien, das Rote Meer, Afrika und durch den Suez-Kanal verlaufend bis zum Mittelmeer führen und dort Europa erreichen. Zum andern soll ein Netzwerk aus Straßen und Eisenbahnlinien quer durch Asien entstehen und China über Russland mit Westeuropa verbinden, aber auch mit Indien, Pakistan, Zentralasien, der Türkei und dem Nahen Osten.

Ein Blick auf die Weltkarte zeigt: China mag sich früher als das Reich der Mitte gesehen haben. Tatsächlich liegt es an die Ostküste der eurasischen Landmasse und dadurch an den Rand des größten Kontinents der Erde gedrängt. Zudem führen die großen Wasserstraßen nach Westen durch eine Vielzahl von Nadelöhren wie die Straße von Malakka bei Singapur und Kuala Lumpur. Ziel der Neuen Seidenstraße ist sicherlich, China aus dieser Lage zu befreien und mit dem Rest Asiens, Arabien, Afrika und Europa zu verbinden.

Die geplanten Infrastrukturkorridore sollen die chinesische Wirtschaft mit 60 Ländern verknüpfen. Die Neue Eurasische Landbrücke führt durch Kasachstan, Russland, Belarus und Polen bis nach Duisburg am Rhein. Ein anderer Korridor geht von China über die Mongolei in Russlands Fernen Osten. Der China-Zentralasien-Westasien-Korridor verbindet Westchina mit der Türkei, der China-Indochina-Korridor Südchina mit Singapur, der China-Pakistan-Wirtschaftskorridor China mit dem Hafen von Gwadar an der Küste des Arabischen Meers.

Daneben sind viele weitere Projekte geplant, insgesamt nach offiziellen Zahlen rund 900 Vorhaben.[35] In ersten Schätzungen gehen Experten davon aus, dass der Bau der Neuen Seidenstraße wohl 4 bis 8 Billionen Dollar verschlingen könnte. Eine gigantische Summe. Das ist mehr, als die gesamte deutsche Volkswirtschaft in einem Jahr erwirtschaftet – beläuft sich das deutsche Bruttoinlandsprodukt doch auf etwa 4,2 Billionen Dollar im Jahr.[36] Daneben nimmt sich der Marshall-Plan, mit dem die USA nach dem Zweiten Weltkrieg den Wiederaufbau Europas unterstützt haben, geradezu mickrig aus. 13,2 Milliarden Dollar hatten die Amerikaner damals nach Europa überwiesen. Das wären nach heutigem Maßstab 130 bis 140 Milliarden Dollar, gerade einmal 3,5 Prozent der 4 Billionen Dollar, die als untere Marke für die Neue Seidenstraße genannt werden.

Ausdruck von Größenwahn?

Ist die Neue Seidenstraße Ausdruck chinesischen Größenwahns und von Selbstüberschätzung oder Zeichen für das besonders vorausschauende strategische Denken der chinesischen Führung? Xi Jinping versucht, die Zweifel zu zerstreuen. Immerhin wurde das Projekt im Jahr 2017 in die chinesische

Verfassung aufgenommen. Immerhin hat China schon einen Anteil von 67 Prozent am griechischen Hafen Piräus gekauft. Immerhin verkehrten bis zum Ausbruch des Kriegs in der Ukraine regelmäßig Frachtzüge zwischen dem Duisburger Hafen und der chinesischen Industriestadt Chongqing. Und immerhin hat China dafür eigens im Jahr 2016 die Asiatische Infrastruktur-Investitionsbank (AIIB) mit einem Startkapital von 100 Milliarden Dollar gegründet.

Die AIIB soll die Finanzierung dieser gigantischen Infrastrukturprojekte bewerkstelligen und im Verbund mit anderen Finanziers das notwendige Kapital und die benötigten Kredite auftreiben. Heute zählt sie 103 Mitgliedsländer aus aller Welt. Sollte die AIIB wie geplant wachsen, könnte nach Meinung erster Beobachter eine Entwicklungsbank unter chinesischer Führung entstehen, die dem IWF und der Weltbank den Rang ablaufen würde.[37] Denn die AIIB soll nach der Vorstellung der chinesischen Regierung der führende Finanzier von Infrastruktur in der Welt werden. Sollte dieser Plan aufgehen, hätte China eine Institution aufgebaut, die die internationalen Finanzierungsstrukturen, wie sie der Westen nach dem Zweiten Weltkrieg aufgebaut hat, infrage stellte. Bis dahin ist es allerdings noch ein weiter Weg. Die neue Mega-Bank liegt weit hinter den großen Ankündigungen Chinas zurück. In den ersten zwei Jahren ihrer Existenz hätte die AIIB Kredite von 10 bis 15 Milliarden Dollar jährlich ausreichen sollen. Tatsächlich erreichte sie laut dem amerikanischen Wirtschaftsmagazin Forbes nur 4,4 Milliarden Dollar.[38] Für die folgenden Jahre ließ die chinesische Regierung keine Zahlen mehr in die Außenwelt dringen.

In der Politik können Worte die Welt genauso beeinflussen wie Taten. Die Ankündigungen müssen nur glaubwürdig genug sein, um ihre Wirkung zu entfalten. Genauso verhält es sich mit der Neuen Seidenstraße. Sie entfaltet auf jeden

Fall eine riesige PR-Wirkung. Sie verändert schon heute die Welt, teilt den Globus in potenzielle Nutznießer des Projekts und in jene, die nicht berücksichtigt werden. Die Neue Seidenstraße zeichnet die Erdkugel in großen Teilen neu, selbst in Europa. Doch bisher brachte das Projekt nur wenige greifbare Ergebnisse zutage.

Ein erster Erfolg für China ist Griechenland. Das Land litt jahrelang unter den harten Reformauflagen, mit denen die Europäische Union auf Druck der Bundesregierung die aus dem Ruder gelaufenen Staatsschulden senken sollte. Peking präsentierte sich der Regierung in Athen als spendable Alternative zu Europa. Auch in Deutschland blüht das chronisch strukturschwache Duisburg auf. Weil China die Stadt als Endpunkt der 11.000 Kilometer langen Eisenbahnstrecke nach Europa gewählt hat, öffnen sich für die Industriestadt am Rhein unverhoffte Perspektiven. 120 chinesische Unternehmen haben sich in der Stadt schon angesiedelt, selbst der Telekom-Riese Huawei, der mit beherztem Engagement die kommunale Verwaltung in das IT-Zeitalter befördern will.[39] Dank des chinesischen Interesses kann die Stadt das größte Containerterminal auf dem europäischen Festland zu vorgesehenen Kosten von rund 100 Millionen Euro angehen.

So tun sich unter dem Eindruck der Neuen Seidenstraße in Europa allerorten Alternativen zur ansonsten unumgänglichen Europäischen Union und ihrer Bank, der Europäischen Investitionsbank, oder zur Europäischen Bank für Wiederaufbau und Entwicklung (EBRD) auf. In Serbien baut China Brücken; in Litauen erweitert China einen Ostseehafen; in Rumänien investiert China in Kernkraftwerke; bis nach Polen führt China eine Güterzugverbindung. Selbst in Belarus, das die EU angesichts schwerer Verletzungen der Menschenrechte mit Wirtschaftssanktionen belegt hatte, investiert China. Mit Pekings Hilfe entsteht ein gigantischer Industriepark in der

Nähe des Flughafens der Hauptstadt Minsk. Der Park sei »eine Perle auf der neuen Seidenstraße«, sagte Chinas Präsident Xi Jinping bei der Grundsteinlegung im Mai 2017.[40]

Indien zeigt Flagge

Andere Länder dagegen widersetzen sich dem chinesischen Expansionsdrang, der sich nicht auf Wirtschaft beschränkt, sondern sich zunehmend politisch und militärisch zeigt, wie das Vordringen des chinesischen Militärs in das Südchinesische Meer zeigt. Dort lässt die Regierung künstliche Inseln im Meer aufschütten, um die Ausdehnung des chinesischen Machtbereichs zu untermauern. Doch Indien hat daraufhin seinerseits begonnen, mitten im Pazifischen Ozean ebenfalls künstliche Inseln aufzuschütten, um dem chinesischen Vordringen Einhalt zu gebieten. Auf zwei winzigen Inseln, irgendwo im Indischen Ozean, baue die indische Regierung eine 3000 Meter lange Landebahn, die auch Großflugzeuge nutzen können, und zwei Schiffsanleger, berichtete der in Singapur lebende Journalist Christoph Hein im Sommer 2021.[41] »Damit scheinen die Inder in kleinem Maßstab dem zu folgen, was China seit Jahren mit seiner Landnahme im Südchinesischen Meer und im Westpazifik vormacht: Ein für die Weltwirtschaft entscheidender Raum wird durch Militärbasen abgesichert, die Stück für Stück ausgebaut werden«, schreibt Hein. Wenn Indien auf diesen Inseln mitten im Indischen Ozean Flagge zeigt, geht es Hein zufolge nicht nur um Schifffahrtslinien, sondern auch um Fischbestände, Bodenschätze und Tourismus. Auch hat die indische Regierung Anfang August 2021 Kriegsschiffe ins Südchinesische Meer entsandt, um »befreundete Länder« wie Vietnam oder Indonesien im Konflikt mit China zu unterstützen.[42]

Noch sind die Ziele der chinesischen Außenpolitik genauso unklar wie die wahren Ziele der Neuen Seidenstraße. Doch dass die Schwellenländer beginnen, sich vom Einfluss der etablierten Industrienationen zu lösen, ist offensichtlich. Entscheidende Bedeutung kommt dabei der Frage zu, wie es China gelingt, seine Beziehungen zu den anderen Schwellenländern zu gestalten. Wird die Regierung in Peking versuchen, auf die amerikanische Weltordnung eine chinesische folgen zu lassen? Oder wird Peking vielmehr versuchen, partnerschaftliche Beziehungen in die Welt zu knüpfen? Und wie werden die Beziehungen zwischen dem Westen und den Schwellenländern in Zukunft aussehen? Wie werden die alten Institutionen aus der Zeit nach dem Zweiten Weltkrieg den Wandel in der Welt überstehen? Werden sie sich anpassen?

Es ist nicht ausgemacht, dass sich die Welt künftig um ein neues Machtzentrum China gruppieren wird. Der Westen sieht in dem Land einen aggressiven Wirtschaftseroberer, der mit der Kraft seiner Exportwirtschaft und unermesslichen Devisenreserven Kontrolle über die Welt erlangen will. So haben sich vier großen Anrainerstaaten im Pazifik zusammengeschlossen – vordergründig, um bei Themen wie Impfstoffen, Klimawandel und Technologie zusammenzuarbeiten.[43] Tatsächlich geht es den vier Verbündeten USA, Japan, Indien und Australien darum, einer etwaigen Expansionspolitik Chinas gemeinsam etwas entgegenzusetzen. Die USA, Großbritannien und Australien haben zudem im Jahr 2021 mit Blick auf China den AUKUS-Sicherheitspakt gegründet. Dieser sieht unter anderem vor, Australien mit atomgetriebenen U-Booten auszurüsten.

Angesichts der Territorialstreitigkeiten im Chinesischen Meer wird es China kaum gelingen, die übrigen Länder in Ostasien und Südostasien hinter sich zu bringen. Die Lage Vietnams etwa beschreibt der seit vielen Jahren in Singapur lebende Journalist Christoph Hein als »verzwickt«: Die USA seien zwar der Hauptexportmarkt für die vietnamesische Wirtschaft, China jedoch ihr größter Handelspartner. »Vietnam steht zwischen Amerika und China wie das Hackfleisch des Burgers zwischen den Brötchenhälften«, urteilt Hein. »So wie Singapur braucht Vietnam beide Länder als wirtschaftliche Partner.«[44]

China drosselt seine Exporte

Auch ist die chinesische Regierung gerade in jüngster Zeit dazu übergegangen, die Exporte zu drosseln. »Dual circulation« heißt die neue Parole, die Xi Jinping ausgeben ließ. Doch auch dieses Konzept erscheint widersprüchlich. Auf der einen Seite soll China der Welt zugewandt bleiben (der »große internationale Verkehr«), auf der anderen Seite sollen die inländischen Märkte gestärkt werden (der »große heimische Verkehr«). Der Exportanteil am Umsatz von Chinas Unternehmen jedenfalls ging bereits von 36 Prozent im Jahr 2006 auf 18 Prozent im Jahr 2019 zurück.[45] Offenkundig versucht die chinesische Führung, unabhängiger vom internationalen Handel zu werden und die wirtschaftliche Eigenständigkeit zu stärken. Dieses Bestreben legt nahe, dass es kein Ziel der chinesischen Außenpolitik ist, um jeden Preis eine wirtschaftliche Dominanz über die Welt anzustreben. Eine Abkehr von der Doktrin einer exportgeführten Wachstumsstrategie würde zudem Raum für andere Schwellenländer schaffen.

Der wirtschaftliche Aufstieg anderer Schwellenländer ist vielleicht nicht so eindrucksvoll verlaufen wie der Chinas in den vergangenen 40 Jahren. Doch auch Länder wie Indien haben sich stark entwickelt, wobei Indien den großen Vorteil aufbietet, die größte Demokratie unter den Schwellenländern zu bilden. Das macht die politische Entscheidungsfindung vielleicht manchmal weniger geradlinig als in China. Doch Indien ist das wohl am meisten unterschätzte Schwellenland, weil es weniger internationale Tech-Konzerne hervorgebracht hat als China und weil es weniger eindrucksvoll auf die Weltbühne tritt als sein mächtiger Nachbar. Doch in allen seinen Höhen und Tiefen hat das Land eine eindrucksvolle Stabilität bewiesen. Genauso sind Länder wie Brasilien, Mexiko, Argentinien, Nigeria, Südafrika, die Golfstaaten oder auch Marokko in der Zukunft Faktoren, die vielleicht nicht die Weltpolitik dominieren, doch eine kraftvolle Stimme erheben werden.

Und wie wird sich Russland entwickeln, wenn seine Regierung eines Tages dazu übergehen sollte, nicht mehr von der Ausbeutung der Rohstoffe im Land leben zu wollen, sondern das wirtschaftliche Potenzial dieses Landes freizusetzen? Und auch die Türkei hat schon in ihrer jüngsten Vergangenheit gezeigt, welche unternehmerischen Möglichkeiten in diesem Land stecken. Gerade in anderen Schwellenländern haben türkische Unternehmer und vor allem auch Unternehmerinnen gezeigt, wie geschickt und wie schnell sie Marktanteile erobern können – mit Produkten, die an die Bedürfnisse vor Ort angepasst sind.

Aus all diesen Gründen wäre es verkürzt, die tiefgreifenden Veränderungen der Weltordnung auf einen Zweikampf zwischen China und den USA reduzieren zu wollen.

- China schickt seine Vertreter gezielt in die internationalen Institutionen.
- Gleichzeitig schafft China eigene Institutionen unter den aufstrebenden Ländern der Welt, die den Institutionen des Westens Konkurrenz machen.
- Indien widersetzt sich zunehmend dem chinesischen Führungsanspruch.

KAPITEL 8

DIE NEUE ROLLE DES WESTENS

Die Schwellenländer haben die Globalisierung genutzt, um den Westen in vielen Bereichen zu überholen. Der Westen muss sich auf die neue Realität einstellen und seine Beziehungen zu den Schwellenländern neu definieren.

Nach dem Fall der Berliner Mauer 1989 und dem Ende der *Pax Sovietica* über einen großen Teil der Erde sah es einige Jahre lang nach einem großen Triumph der westlichen Werte aus. Die *Pax Americana* sollte fortan nach dem Willen der amerikanischen Regierung nicht mehr auf den Westen beschränkt bleiben, sondern um die ganze Welt greifen. Die Menschen- und Bürgerrechte von 1789 schienen tatsächlich universell zu werden. Viele im Westen sahen schon die liberale Marktwirtschaft als die globale Wirtschaftsnorm der Zukunft, der sich auch Russland, die übrigen ehemaligen Sowjetrepubliken und selbst China anschließen würden.

Heute herrscht in Russland ein autokratischer Machthaber, der vor allem auf den Reichtum vertraut, von dem Russland durch die Ausbeutung seiner immensen Bodenschätze lebt. In Peking hat die Kommunistische Partei, im Westen jahrelang kaum wahrgenommen, das Heft stärker in die Hand genommen und stellt selbst mächtige, multinationale Technologiekonzerne wie Tencent unter Kuratel. Viele andere Länder haben sich in der Reihe der erfolgreichen Staaten nach vorne geschoben. Indien, Vietnam, überhaupt die Staaten im Südosten Asiens, zählen dazu.

Noch halten die USA eine starke Stellung in der Weltwirtschaft. Diese beruht allerdings weitgehend auf ihren Erfolgen in der Dritten Industriellen Revolution. Die großen amerikanischen Technologiekonzerne Apple, Google, Amazon, Microsoft oder der Facebook-Mutterkonzern Meta haben das Zeitalter der IT, der Online-Wirtschaft und der sozialen Medien geprägt – und prägen unsere westliche Welt bis heute entscheidend mit. Daraus zieht die amerikanische Wirtschaft auch heute noch ihre Stärke und ihren Anspruch, die führende Wirtschaftsmacht der Welt zu sein. Doch die Macht bröckelt. Denn die Vierte Industrielle Revolution ist bereits in vollem Gange und wird stark von den Schwellenländern geprägt. Neue Unternehmen aus den Schwellenländern treiben maßgeblich die Künstliche Intelligenz, den Trend zur Elektromobilität und die selbstorganisierte Vernetzung der Computer voran. Sicher, mit Tesla hat der Südafrikaner Elon Musk in den USA einen weltführenden Anbieter von Elektroautos geschaffen. Doch in China sind aktuell mehr als 8 Millionen Elektroautos zugelassen, in den USA 2,4 Millionen.

Die Corona-Krise hat diese Veränderungen beschleunigt, brachte sie doch eine tiefgreifende Störung der weltweiten Lieferketten mit sich. Dies zeigte, wie abhängig der Westen heute von Computerchips, Halbleitern und industriellen Vorprodukten aus China und Taiwan geworden ist. Nicht nur technisch komplexe Autos, selbst simple Haushaltsgeräte wie Geschirrspüler oder Waschmaschinen werden in Europa mit lähmend langen Wartezeiten ausgeliefert, weil Komponenten aus Fernost fehlen. Für die Kunden westlicher Hersteller ist dies ärgerlich. Für die Unternehmen bedeutet dies hohe Umsatzverluste, die sie im Wettbewerb mit ihren Konkurrenten aus Fernost zurückwerfen.

Mit Macht will Europa nun seinen Rückstand bei den Technologien der Zukunft aufholen: Unter großen Anstrengungen sollen wieder Fabriken zur Herstellung von Chips aufgebaut werden. In den 1990er-Jahren wurden die Fertigungsstätten etwa in Sindelfingen zugunsten von Fertigungsstätten in China geschlossen. Auch Fabriken von Batterien, die für die Elektromobilität benötigt werden, sollen in Europa entstehen.

Doch die Weltgeschichte lässt sich nicht zurückdrehen. Selbst wenn Europa wieder Halbleiter und Batterien produzieren sollte, so kommen die notwendigen Rohstoffe doch fast ausnahmslos aus Schwellenländern. Für ein Elektroauto der Mittelklasse werden mehrere Kilogramm Lithium, Mangan, Kobalt, Graphit und Nickel benötigt. Weltgrößter Lieferant von Kobalt ist die Demokratische Republik Kongo. Lithium stammt meist aus Australien, China oder Chile, Nickel zum großen Teil aus Indonesien, Russland und den Philippinen. Die Veredelung dieser Rohstoffe findet heute zum großen Teil in China statt.

Die Gewinnung und Weiterverarbeitung der Rohstoffe, die der Westen für seine Industrie benötigt, finden immer mehr in Schwellenländern statt. So war es ja auch jahrzehntelang von den westlichen Regierungen gewollt – im Namen der Globalisierung, einer globalen Arbeitsteilung und einer Politik, die schmutzige oder energieintensive Industrien nicht mehr im Westen haben wollte. Jetzt zeigt sich, dass die Rechnung des Westens nicht aufgeht. Mit der Globalisierung sollten arbeitsintensive und umweltverschmutzende Tätigkeiten in den Schwellenländern angesiedelt werden, das geistige Know-how jedoch in der entwickelten Welt verbleiben.

Die Schwellenländer haben sich mit der ihnen zugewiesenen Rolle nicht begnügt und haben den Westen in vielen Aspekten technisch und wirtschaftlich überholt. Die Globalisierung hat nicht nur die Abhängigkeit des Westens von den Schwellenländern erhöht, sondern auch neue mächtige Konkurrenten entstehen lassen.

Der Westen wird sich auf eine neue Welt einstellen müssen, auf eine neue Verteilung der Macht in der Weltpolitik und in der Weltwirtschaft. Bisher konnte sich Europa noch gut in die *Pax Americana*, in die Weltordnung, wie sie nach dem Zweiten Weltkrieg entstanden ist, einfügen. Schließlich teilen die Amerikaner ähnliche Vorstellungen in den grundlegenden Fragen: Europa und die USA haben ein ähnliches Verständnis von Freiheit, von Fairness, von wirtschaftlichen Grundüberzeugungen, vom Ordnungsrahmen für Politik, Wirtschaft und Gesellschaft. Mit dem Aufstieg der Schwellenländer verschieben sich die Gewichte in der Welt, weil die Schwellenländer ihren Rückstand gegenüber dem Westen seit dem Beginn des 21. Jahrhunderts rasant aufgeholt haben und vor allem weil sie besser vorbereitet sind, um die Chancen der Vierten Industriellen Revolution zu nutzen. In vielen Bereichen haben sie den Westen längst überholt. In der Digitalisierung von Wirtschaft und öffentlichem Leben sind sie dem Westen weit voraus, besonders auch dank einer beherzten Entwicklung von Künstlicher Intelligenz.

Der Westen, besonders Europa, blickt ehrfürchtig auf China. Dem Land ist ja in den vergangenen 40 Jahren ein wirtschaftlicher Aufstieg gelungen, der beispiellos in der Wirtschaftsgeschichte ist und auch in anderen Teilen der Welt, in Afrika, in Asien und Lateinamerika, viele Menschen tief beeindruckt. So manche Eltern in Deutschland verabreichen ihren Kindern schon eifrig Chinesisch-Unterricht, weil sie China für das künftige Zentrum der Welt halten und ihre

Kinder schon heute die Sprache der neuen Weltmacht lernen sollen.

Doch das amerikanische Zeitalter wird mit Sicherheit nicht durch ein chinesisches abgelöst. Es wird eine lange Phase einer multipolaren Welt folgen, in der die USA immer noch und China immer mehr eine Stimme haben werden, aber auch viele andere Schwellenländer. In Indien setzte ein kräftiger Wirtschaftsaufschwung mit gut zehn Jahren Verzögerung im Vergleich zum chinesischen Take-Off ein, erst in den 1990er-Jahren mit der Liberalisierung der Weltwirtschaft nach dem Fall der Berliner Mauer und dem Zusammenbruch des sowjetischen Regimes. Doch die Wachstumsraten, die Indien in den folgenden 20 Jahren erreichen sollte, sind nicht minder beeindruckend als die Chinas. Und auch der Aufstieg in den 1990er-Jahren der damals sogenannten Tigerstaaten – Südkorea, Singapur, Taiwan und Hongkong, später auch Malaysia, Thailand, Indonesien und die Philippinen – war nicht weniger beeindruckend als der Indiens. In anderen Schwellenländern sind die Wachstumsraten nicht so hoch ausgefallen wie in China. Doch auch diese Länder erreichten ein Wachstum, das zwei- bis dreimal so kräftig liegt wie das in Europa. Und dadurch, dass der wirtschaftliche Aufstieg etwas langsamer verläuft als in China, lasten auch die sozialen und ökologischen Folgeprobleme nicht so sehr auf den Erfolgen.

In China haben sich in den vergangenen Jahrzehnten bedeutende Ungleichgewichte aufgebaut. Erst spät hat die Staatsführung den Wert einer sauberen Luft in den Metropolen und den Wert von verlässlich hygienischem Trinkwasser erkannt. Vor allem der Rückgang der Bevölkerung, auch wenn die Regierung die Ein-Kind-Politik mittlerweile lockert, wird nicht aufzuhalten sein. Wir haben schon zuvor gesehen, wie stark die Demographie das Wachstumspotenzial einer Volkswirtschaft bestimmt.

Die Entwicklung der Bevölkerung wird, wie wir gesehen haben, ein entscheidender Faktor für den Aufstieg oder Abstieg eines Landes werden. Sicher, Innovationen, harte Arbeit, Disziplin, kluge Investitionen, eine moderne Infrastruktur, Bildung und Gesundheitswesen, verlässliche Institutionen, vor allem aber die Produktivität der Arbeit ist ein wesentlicher Faktor, um ein Land dauerhaft auf der wirtschaftlichen Erfolgsspur zu halten. Eine wachsende Bevölkerung allerdings ist ein genauso wichtiger Faktor. Babys und Kinder sind ein wesentlicher Antrieb für Nachfrage – neben liebevollen Eltern brauchen sie Kleidung, ein Zuhause, Betreuung, Ärzte, Schulen, Horte und Kindergärten, Sportmöglichkeiten, Freizeit- und Urlaubsgelegenheiten. Kinder halten eine Gesellschaft dynamisch.

Ältere Menschen mögen in der Regel keine Veränderungen. In Ruhe und Beständigkeit wollen sie ihren Lebensabend genießen und vom Ersparten leben. Junge Menschen dagegen leben mit einem anderen Zeithorizont und akzeptieren die Gesellschaft und die Welt nicht zwingend so, wie sie sie vorfinden. Eine alternde Gesellschaft tendiert zur Besitzstandswahrung. Das Alter steht für Vermögen, die Jugend für Einkommen.

Trend zu Megacities

Das Bevölkerungswachstum in Afrika und Indien wird, so viel steht ebenfalls fest, zum größten Teil in den Städten stattfinden. Das bringt tiefgreifende Veränderungen in diesen Ländern mit sich. Die Menschen können sich nicht mehr selbst ernähren, sondern sind auf die Versorgung im Einzelhandel angewiesen. In vielen Landstrichen auf der Erde wird die Landwirtschaft zwangsläufig mechanisiert, industrialisiert, computerisiert, kurz intensiviert werden müssen, damit heimische Agrarprodukte in den Schwellenländern mit den hochtechnisierten Lebensmitteln, wie sie in Europa oder den USA hergestellt werden, konkurrieren können. Eine Intensivierung der Landwirtschaft bedeutet jedoch ebenfalls, dass große Teile der Landbevölkerung von der Landwirtschaft nicht mehr leben können und Arbeit in den Städten suchen werden.

Der Trend zum Leben in der Stadt, oder vielmehr in Megacities, wird die Politiker in den Schwellenländern vor gewaltige Herausforderungen stellen. Sie werden die gesamte städtische Infrastruktur aufbauen müssen: Wasserversorgung, Wasserentsorgung, Energieversorgung, Verkehr, öffentliche Verkehrsmittel, Schulen, Berufsschulen, Krankenhäuser, Sportstätten, Einkaufsmöglichkeiten, Internetkapazitäten und so weiter. Das wird immense Geldmittel verschlingen. Gleichzeitig bietet der Trend zur Stadt ungeahnte Möglichkeiten: In Städten lässt sich Infrastruktur leichter aufbauen als auf dem Land, wo durch die geringere Bevölkerungsdichte Investitionen in Kanäle, Leitungen und Verkehrsmittel unverhältnismäßig hohe Investitionen je Einwohner erfordern.

Auch erleichtert die Verdichtung der Einwohnerzahl die Kommunikation zwischen Berufsgruppen und ganzen Wirtschaftsbereichen. »Städtisches Wachstum ist eng mit den drei Dimensionen nachhaltiger Entwicklung verbunden: Soziales, Wirtschaft und Umwelt«, heißt es in einer Untersuchung zur Urbanisierung der Vereinten Nationen.[1] Eine gut verwaltete Urbanisierung, die auf einem langfristigen Verständnis der Bevölkerungsentwicklung basiert, könne dazu beitragen, die Vorteile einer hohen Dichte zu maximieren und gleichzeitig die Umweltzerstörung und andere potenzielle negative Auswirkungen einer wachsenden Zahl von Stadtbewohnern zu minimieren, lautet das optimistische Fazit der UN-Studie.

Die Vorzüge liegen nicht nur im Umweltbereich. Durch die räumliche Konzentration von Fähigkeiten, Wissen, Beschaffungs- und Absatzmärkten, die Verdichtung von Informationen und Kontakten sowie die Möglichkeit, unentgeltlich die städtische Infrastruktur zu nutzen, entstehen enorme Vorteile. In der Wirtschaftsgeographie wird diese Verdichtung mit dem Begriff »Cluster« bezeichnet.

Gezielte Herausbildung von Clustern

Die chinesische Regierung hat gezielt Städtecluster entwickelt. Heute gibt es 19 Stück davon. Das Perlflussdelta beispielsweise hat sich unter dem Schlagwort »Fabrik der Welt« auf fortschrittliche Produktion spezialisiert. Die Region umfasst Hongkong, aber auch Shenzhen, Guangzhou, Macau und Zhuhai. Das Jangtse-Delta wiederum mit seinem Zentrum Schanghai konzentriert sich ebenfalls auf innovative Fertigung, Technologie und Innovation und gilt als Tor zum asiatisch-pazifischen Markt. Die Region rund um Peking umfasst Peking als Zentrum für Politik, Bildung, Kultur und Forschung, aber auch die Region Tianjin mit ihrem Hafen als Logistikzentrum und die Provinz Hebei mit ihrer Schwerindustrie.

Ähnlich hat sich Chennai (bis 1996 Madras) an der indischen Ostküste als das »Detroit Indiens« profiliert, als das Zentrum der indischen Automobilproduktion. Mehr als 40 Prozent der in Indien hergestellten Autos kommen aus Chennai. BMW und Daimler haben sich dort angesiedelt, aber auch Ford, Honda, Hyundai, Isuzu und Robert Bosch.

Bengaluru (Bangalore) ist ein Zentrum der IT-Industrie geworden, das auch als das »indische Silicon Valley« bezeichnet wird. Alles, was in der globalen IT-Branche Rang und Namen

SPIEGEL Bestseller

Ashlee Vance

Elon Musk

Die Geschichte hinter einem der größten Unternehmer seit Thomas Edison, Henry Ford oder Howard Hughes. Elon Musk ist der »Real Iron Man« – in Anlehnung an einen der erfolgreichsten Comic-Helden der Welt. Die inspirierende und spannende Geschichte eines der erfolgreichsten Querdenker. In einem Umfang wie noch kein Journalist zuvor hatte Ashlee Vance exklusiven und direkten Zugang zu Elon Musk, seinem familiären Umfeld und persönlichen Freunden.

368 Seiten, 19,99 €, Hardcover

SPIEGEL Bestseller

Aya Jaff

Moneymakers

»MONEYMAKERS« zeigt, wie Du den Schritt an die Börse schaffst und welche Anlagestrategien am besten zum Erfolg verhelfen. Du erfährst, wie man im Internet nach den richtigen Informationen sucht, online investiert und welche Apps sinnvolle Begleiter sind. Ein absolutes Must-read für jeden, der Börse und Co. verstehen und endlich mitmischen will!

200 Seiten, 16,99 €, Broschur

hat, ist in Bengaluru vertreten: Amazon selbstverständlich, aber auch Intel, IBM, Cisco, Dell, Oracle, Infosys, Texas Instruments, McAfee, HP und die deutschen IT-Konzerne SAP und Software AG. Auch dank dieser Konzentration ist Indien heute der weltgrößte Exporteur von IT-Dienstleistungen.

Führend in der nächsten industriellen Revolution

Die erfolgreichen Schwellenländer haben nicht versucht, jenen westlichen Ökonomen zu folgen, die den aufstrebenden Ländern rieten, alle Entwicklungsstufen der entwickelten Länder im Eiltempo zu durchlaufen. Vielmehr haben sie es verstanden, überflüssige Entwicklungsstufen zu überspringen und die Chancen neuer Technologie zu nutzen. Heute sind viele Schwellenländer, wie wir zuvor festgestellt haben, im Bereich der Digitalisierung und der Künstlichen Intelligenz dem Westen weit voraus. Indien gestaltet schon in führender Rolle die Vierte Industrielle Revolution und die Vernetzung unserer Welt. Deshalb wird das Land auch in Zukunft hier führend sein. Gegenüber China hat Indien zudem den Vorteil, dass die Bevölkerung des Landes noch stark wächst. Neben Afrika ist Südasien die einzige Region auf der Welt, in der in den kommenden Jahrzehnten die Bevölkerung zunehmen wird. So wird Indien von einer demographischen Dividende profitieren, anders als sein mächtiges Nachbarland im Nordosten.

Manche Politiker im Westen mögen hoffen, dass der Aufstieg Chinas abrupt enden und das Land wieder in Stillstand oder gar Rückständigkeit zurückfallen wird. Das wird mit der allergrößten Wahrscheinlichkeit nicht geschehen. China wird dauerhaft ein mächtiges Mitglied der internationalen

Staatengemeinschaft bleiben. Noch liegt seine Wirtschaftsleistung gegenüber der amerikanischen zurück. Das amerikanische Bruttoinlandsprodukt lag Ende 2020 bei 20,9 Billionen Dollar, das chinesische zu realen Wechselkursen bei 17,7 Billionen Dollar. Doch in Kaufkraftparität gerechnet, übersteigt Chinas Wirtschaftsleistung schon die der USA. Noch liegen die beiden Mächte wirtschaftlich somit Kopf an Kopf. Doch in wenigen Jahren wird China die USA eindeutig überholen und zur größten Volkswirtschaft der Erde aufgestiegen sein.

Allerdings wird sich die Dynamik nach Westen verlagern, von China hin zu anderen Schwellenländern, nach Südostasien, nach Indien und schließlich nach Afrika, das wirtschaftlich noch vor dem Take-off steht, der Phase eines besonders dynamischen Wirtschaftswachstums. Besonders Indien und dann auch Afrika haben alle Chancen, die nächsten Wachstumsmotoren der Welt zu werden. Indien wird in den kommenden Jahren mehr und mehr einen Platz an der Spitze der Weltwirtschaft einnehmen. Die Voraussetzungen sind da: Die Bevölkerung wächst, sie ist jung, und vor allem ist die Jugend des Landes strebsam, fleißig und immer besser ausgebildet in den Berufen der Zukunft.

Das Gewicht Europas in der Welt schwindet

Während neue Wirtschaftsnationen auf den Plan treten, schrumpft das Gewicht Europas in der Weltwirtschaft. In den vergangenen Jahrzehnten ging es langsam, doch stetig zurück. Zählten europäische Konzerne in den 1990er-Jahren noch zu den führenden Unternehmen der Welt, so tauchen in den internationalen Ranglisten heute keine mehr aus der EU auf. Die Unternehmen mit der höchsten Unternehmensbewertung, gemessen an der Marktkapitalisierung an der Börse, waren im Sommer 2022: der saudische Ölkonzern Saudi Aramco mit 2383 Milliarden Dollar, Apple mit 2353 Milliarden Dollar, gefolgt von Microsoft mit 2019 Milliarden Dollar. Auf den weiteren Rängen liegen der Google-Konzern Alphabet, dann Tesla, die Beteiligungsgesellschaft Berkshire Hathaway und der Facebook-Eigner Meta. Rang 8 belegte der Halbleiterhersteller Taiwan Semiconductor, der immerhin noch einen Börsenwert von 540 Milliarden Dollar erreichte.[2] Die Unternehmen mit der höchsten Marktkapitalisierung in Europa waren zu diesem Zeitpunkt der schweizerische Nahrungsmittelkonzern Nestlé und der französische Luxuskonzern LVMH mit einem Börsenwert von jeweils 329 Milliarden Dollar. Beide befinden sich nicht unter den Top 20.

Beides zusammen, der wirtschaftliche Aufstieg der Schwellenländer und das schwindende Gewicht Europas in der Weltbevölkerung, werden die Maßstäbe in der Welt verrücken. Europa kann nicht mehr wie selbstverständlich davon ausgehen, dass alle Menschen die Ansichten und Grundsätze aus der Zeit der westlichen Aufklärung gleichermaßen schätzen. Die europäische Datenschutz-Grundverordnung (DSGVO) ist den Menschen in Kenia vielleicht nicht so wichtig, wenn sie im Kenyatta-Krankenhaus in Nairobi dank Telemedizin von Computern operiert werden können, die ein international anerkannter Medizinprofessor von London aus steuert. Was die Menschen in Europa unter Umständen als Bedrohung empfinden, erachten Menschen in anderen Teilen der Erde als großen Fortschritt.

Auch nehmen die Menschen in den Schwellenländern viele Werte, die wir im Westen für wichtig erachten, als bevormundende Werte wahr. Das gilt für die internationalen Institutionen, die der Westen geschaffen hat, genauso wie für die Werte und Debatten, die über diese Institutionen transportiert werden.

In dem Maße, in dem die Schwellenländer ihre eigenen Strukturen und Institutionen schaffen, wird es für den Westen schwieriger, seine Werte und Vorstellungen in der Welt durchzusetzen. In dem Maße, in dem die Schwellenländer untereinander Freihandelsabkommen schließen, entwickelt sich der Wirtschaftsaustausch zwischen diesen Ländern, ohne dass der Westen in irgendeiner Form Einfluss auf ihn nehmen könnte. Auch sind den Menschen in Schwellenländern die großen gesellschaftlichen Debatten, an denen sich die Menschen im Westen erhitzen können, in vielen Fällen relativ gleichgültig.

Der Westen muss sich eingestehen, dass Geld und Reichtum zunehmend in anderen Gegenden unseres Erdballs erwirtschaftet werden. Je mehr sich die Schwellenländer wirtschaftlich entwickeln, desto mehr Reichtum entsteht dort, Reichtum, der nach den Vorstellungen der Menschen dort verwendet wird. Und das sind nicht unbedingt die Vorstellungen des Westens.

Auf diese tiefgreifenden Veränderungen in der Welt sind die Europäer denkbar schlecht vorbereitet. Sie glauben immer noch, sie könnten ihre Werte in die Welt exportieren, je nach Zeitgeist, der gerade im politischen Tagesgeschäft in Europa vorherrscht. Einmal ist es die Forderung nach Bildung, dann werden in den armen Ländern der Welt kleinbäuerliche Strukturen oder alleinerziehende Frauen gefördert. Heute ist es der Kampf gegen den Klimawandel oder die Gleichheit zwischen den Geschlechtern.

Dabei hört der Westen zu wenig darauf, was den Schwellenländern wichtig ist. Im Islam beispielsweise haben Überlegungen zu nachhaltiger Wirtschaftsweise traditionell einen hohen Stellenwert. Der Islam unterscheidet zwischen *fitra*, der Schöpfung als ursprünglicher Ordnung, und *tawhid*, der Einheit der Schöpfung. Daneben gibt es den Begriff der *mizan*, des Gleichgewichts, den Zustand einer gut geregelten Schöpfung, die es zu bewahren gilt.[3] Die Rolle des Menschen im Islam ist die eines Sachwalters der Schöpfung. Der Mensch hat die Aufgabe, die Ordnung der Schöpfung zu erhalten. »Er darf die Früchte der Erde genießen, aber er darf ihre Ressourcen nicht verschwenderisch ausbeuten«, meint Sigrid Nökel, Forscherin am Kulturwissenschaftlichen Institut Essen.

Somit ist der Gedanke der Nachhaltigkeit, die Natur als Ausdruck der göttlichen Schöpfung zu achten und zu bewahren, im Islam seit jeher vollwertiger Bestandteil des spirituellen Wertekanons. Für den persischen Philosophen und Theologen Seyyid Hossein Nasr ist laut Nökel die Umweltkrise gar eine spirituelle Krise. Der Mensch, jeder einzelne Mensch, müsse die kosmologischen Gesetze erkennen und sich in sie einfügen. Insofern sind im Islam Vorstellungen von Nachhaltigkeit gegenwärtig, die über die Forderungen westlicher Umweltschützer weit hinausgehen und tief in spirituelle Dimensionen hineinragen. Bisher nimmt der Westen kaum wahr, was der Islam zur Formulierung von Nachhaltigkeit zu sagen hat, sondern versucht aggressiv, in den muslimischen Ländern seine Vorstellung von Nachhaltigkeit durchzusetzen.

Zu oft versucht der Westen, mit fertigen Konzepten die Schwellenländer im Süden zu beglücken. Das wird in Zukunft immer weniger funktionieren. China wird im Westen als wirtschaftlicher Eroberer dargestellt oder als eine riesige Heuschrecke, die besonders in Afrika auf Ausbeutung fixiert ist. In den Schwellenländern ist das Verhältnis zu China vielschichtiger. Selbstverständlich wird wahrgenommen, wie chinesische Unternehmen heimische Hersteller verdrängen, an Einfluss im öffentlichen Leben gewinnen und am Kampf gegen Korruption weniger Interesse zeigen als westliche Menschenrechtsorganisationen. Aber es wird auch gesehen, dass China investiert, ohne dieses Engagement an weitergehende gesellschaftliche Forderungen zu knüpfen. Chinesische Investoren betrachten Investitionen als wirtschaftliches Instrument, das sie ausschließlich unter wirtschaftlichen Aspekten betrachten. Chinesen versuchen nicht, den Menschen in Afrika, Asien und anderswo vorzuschreiben, was gut und was schlecht für sie ist. Sie akzeptieren die Bedingungen, die sie vor Ort vorfinden, so wie sie sind.

Diesen Veränderungen in der Welt muss sich der Westen stellen. Dafür kann es nur einen Weg geben: Der Westen muss wegkommen von paternalistischen Beziehungen zu den Schwellenländern, die diese sich ohnehin nicht mehr gefallen lassen werden. »Wir wollen ja nur helfen«, heißt es immer wieder in Europa. Niemand will sich ungebeten Hilfe aufzwingen lassen oder ungefragt Ratschläge anhören müssen. Darauf entgegnet der Westen im Grunde mit dem alten Spruchwort: Wer zahlt, schafft an. Wenn Europa Geld für Entwicklungszusammenarbeit ausgibt, dann wollen die Europäer auch entscheiden können, was mit diesem Geld geschieht. Nur sehen die Empfänger in Afrika genau, dass europäische Geschäftspartner der chinesischen Regierung nie vorschreiben würden, wie in China die Beziehungen zwischen Männern und Frauen gestaltet werden müssen, und dass sie nie den Amerikanern diktieren würden, ihre Kohlekraftwerke abzuschalten.

Dialog mit den Schwellenländern

Die Stärke Europas muss es werden, in einen echten Dialog mit den Schwellenländern zu kommen, Institutionen zu entwickeln, die einen gleichberechtigten Austausch ermöglichen. Die Länder vor Ort müssen die Gelegenheit bekommen auszudrücken, wo ihre Prioritäten liegen und wie sie angegangen werden können. Dann können westliche Vertreter einbringen, was sie dazu beitragen können, um Lösungen zu finden. Das wäre die Grundlage für eine echte Partnerschaft mit den Schwellenländern.

Bisher verlief der Aufstieg der Schwellenländer nicht konfrontativ. Das muss auch nicht der Fall sein, wenn der Westen in einen offenen Dialog mit diesen Ländern über die künftige Weltordnung eintritt und undogmatisch seine Werteüberzeugungen in diesen Dialog einbringt.

Es ist vielmehr Europa, das sich weitgehend von den Schwellenländern abschottet. Es werden vorrangig jene Waren und Dienstleistungen auf den Binnenmarkt gelassen, die den Europäern nutzen. Viele Agrarprodukte dürfen beispielsweise nur im Rohzustand nach Europa exportiert werden, aber nicht im verarbeiteten Zustand. Das hindert die Länder in Afrika oder Lateinamerika daran, eine moderne Industrie zur Verarbeitung von Lebensmitteln aufzubauen. Ein großer Schritt nach vorne wäre es, den Wirtschaftsaustausch mit den Schwellenländern zum beiderseitigen Vorteil zu fördern und unter dieser Vorgabe die Wirtschaftsbeziehungen neu zu gestalten.

Die Entwicklungsfinanziers, die der Westen geschaffen hat, werden allesamt von ihm dominiert. Die neuen Finanzinstitutionen, die China aufbaut, werden von China bestimmt. Ein bedeutender Schritt wäre es, die bestehenden Institutionen – IWF, Weltbank, Afrikanische Entwicklungsbank, Europäische Investitionsbank, Europäische Bank für Wiederaufbau und Entwicklung (EBRD), aber auch die Asiatische Entwicklungsbank oder die Asiatische Infrastruktur-Investitionsbank – so umzubauen, dass der Westen und die Schwellenländer gleichermaßen in ihnen vertreten sind und Gehör finden. Das wäre ein erster Schritt, um die Beziehungen zwischen alter und neuer Welt auf eine neue Grundlage zu stellen. Doch es wird nicht leicht sein, den dazu erforderlichen Konsens in diesen Institutionen herzustellen.

So schwierig es auch wird, die alten Institutionen politisch umzubauen, der Westen und die Schwellenländer brauchen in Wahrheit neue Institutionen, um in einen echten Dialog zu kommen. Die internationalen öffentlichen Finanzinstitute, die es heute gibt, sind dazu nicht geeignet, eine wirtschaftliche Integration anzuführen. Die Europäische Investitionsbank ist eine zutiefst europäische Institution wie auch die EBRD, die Europäische Bank für Wiederaufbau und Entwicklung. Auch die Afrikanische Entwicklungsbank oder die Asiatische Entwicklungsbank sind dafür nicht geeignet.

Auf der politischen Ebene gibt es keine gemeinsamen Institutionen, die den Dialog zwischen dem Westen und den Schwellenländern gestalten könnten. Doch ein Dialog braucht einen Ort, an dem er stattfinden kann. Bisher kommen europäische Staats- und Regierungschefs mit Vertretern der Schwellenländer auf verschiedenen Gipfeln zusammen, beispielsweise zwischen Afrika und der EU, zwischen Afrika und Frankreich, zwischen Afrika und Deutschland, zwischen der EU und Indien. Führende Politiker, Manager und Unternehmer treffen sich jährlich auf dem Weltwirtschaftsforum in Davos. Diese Treffen sind mit Sicherheit nützlich. Doch sie finden außerhalb eines institutionellen Rahmens statt, der auch tatsächlich Entscheidungen treffen kann.

Die erste Aufgabe solcher gemeinsamen Institutionen wird sein, zunächst einen Konsens über die wichtigen Entwicklungsziele zu schaffen: Welche Energieversorgung hilft Afrika wirklich? Wie sollen die Handelsbeziehungen zwischen der EU und den aufstrebenden Ländern langfristig aussehen? Wie können Finanzierungen und Investitionen gesichert werden? Aus den Antworten lässt sich dann ein konkretes Programm entwickeln.

Bevor es so weit ist, muss in Europa ein Bewusstsein dafür entstehen, dass eine neue Zeit angebrochen ist. Europa muss die neue Realität auf dem Globus zunächst zur Kenntnis nehmen. Das beginnt schon in der Schule, wo der Unterricht in Geschichte, Literatur, Religion und Kunst noch zu sehr auf das eigene Land ausgerichtet ist. Wir müssen uns öffnen und uns stärker mit der Geschichte und Kultur der Schwellenländer befassen. Wir müssen lernen zu akzeptieren, dass andere Länder andere Werte für wichtig erachten oder Werte anders gewichten, als wir es tun. Wenn wir diese Unterschiede als Grundlage für die Beziehungen zu anderen Kulturen nehmen, haben wir einen großen Schritt nach vorne gemacht.

- Die Dynamik der Schwellenländer wird sich von China nach Indien und Afrika verlagern.
- Der Westen sollte aufhören, sich gegenüber den Schwellenländern abzuschotten.
- Wir brauchen gemeinsame Institutionen für einen fairen Dialog zwischen der alten und der neuen Welt.

ANMERKUNGEN

Einleitung

1 Francis Fukuyama: *Das Ende der Geschichte. Wo stehen wir?* Kindler Verlag, 1992 (deutsche Ausgabe).

2 Christian Hiller von Gaertringen: *Lurgi verlagert Jobs ins Ausland.* Die Welt, 30. Januar 1997. https://www.welt.de/print-welt/article633569/Lurgi-verlagert-Jobs-ins-Ausland.html. Abgerufen am 29. April 2022.

3 Stephan Kaufmann: »BRICS-Staaten. Moskaus halbe Verbündete«, in: *Frankfurter Rundschau,* 25. August 2022. https://www.fr.de/wirtschaft/brics-staaten-russland-wladimir-putin-moskau-china-indien-verbuendete-91746630.html. Abgerufen am 30. März 2023.

4 Alfred Saùvy: »Trois mondes, une planète«, in: *L'Observateur,* 14. August 1952, Seite 14, www.homme-monde.org/societe/demo/sauvy/3mondes.html. Abgerufen am 3. Juli 2021.

5 Christian Hiller von Gaertringen: *Afrika ist das neue Asien. Ein Kontinent im Aufschwung.* Verlag Hoffmann und Campe, Hamburg, 2014.

Kapitel 1: Eine multipolare Welt

1 https://www.n-tv.de/politik/Kapitaen-der-Moskwa-ist-laut-Kiew-tot-article23271423.html. Abgerufen am 29. April 2022.

2 Reinhard Panse: »Krieg und Kapital – einst und jetzt«, in: *FINVIA Kapitalmarktausblick,* 13. April 2022. https://www.finvia.fo/kapitalmarktausblick/krieg-und-kapital-einst-und-jetzt. Abgerufen am 29. April 2022.

3 Mark Gurman: »Apple's Overdependence on China Shows in $8 Billion Supply-Chain Snag«, Bloomberg, 1. Mai 2022. https://www.bloomberg.com/news/newsletters/2022-05-01/will-apple-aapl-move-more-of-its-supply-chain-out-of-china-l2nchsuj. Abgerufen am 5. Juni 2022.

Kapitel 2: Die goldenen Zeiten des Westens – und eine Moral mit zweierlei Maß

1 Nicolas Braconnay: »La justice de la Révolution française à Vichy (1789-1944)«, in: *Vie publique*, 11. Juni 2019. https://www.vie-publique.fr/parole-dexpert/38525-la-justice-de-la-revolution-francaise-vichy. Abgerufen am 20. August 2022.

2 John Locke: *Two treaties of Government*, Buch II, Kapitel 2, § 4. Zitiert nach: https://en.wikisource.org/wiki/Two_Treatises_of_Government/Book_II#Chap._II._Of_the_State_of_Nature. Abgerufen am 8. Juni 2021.

3 Nach: Peter Dittmar: »Eine Gesellschaft, geprägt von Respekt«, in: *Die Welt*, 5. Mai 2006. https://www.welt.de/print-welt/article214480/Eine-Gesellschaft-gepraegt-von-Respekt.html. Abgerufen am 9. Juni 2021.

4 Nach: Peter Dittmar: »Eine Gesellschaft, geprägt von Respekt«, in: *Die Welt*, 5. Mai 2006. https://www.welt.de/print-welt/article214480/Eine-Gesellschaft-gepraegt-von-Respekt.html. Abgerufen am 9. Juni 2021.

Kapitel 3: Die Emanzipation der Schwellenländer und ihre Abkehr vom Westen

1 Europäische Union / Afrikanische Union: »The Africa-EU strategic partnership: A joint Africa-EU strategy«, Seite 2. https://africa-eu-partnership.org/sites/default/files/documents/eas2007_joint_strategy_en.pdf. Abgerufen am 7. Juni 2021.

2 Anja Karliczek: »Afrikanischer Wasserstoff ist der Stoff der Zukunft«, in: *Handelsblatt*, 3. November 2019. https://www.handelsblatt.com/meinung/gastbeitraege/gastkommentar-afrikanischer-wasserstoff-ist-der-stoff-der-zukunft/25179890.html?ticket=ST-10746129-j4sccoVQIhHqHS6c0b04-ap6. Abgerufen am 8. Juni 2021.

3 https://www.quora.com/Why-are-you-proud-of-China. Abgerufen am 8. Juni 2021.

4 Liang Qichao: Chinese Views of the West. Travel Impressions of Europe. https://ccnmtl.columbia.edu/services/dropoff/china_civ_temp/week11/pdfs/liangq.pdf. Abgerufen am 8. Juni 2021.

5 »China is betting that the West is in irreversible decline«, in: *The Economist*, 3. April 2021.

6 »Xi Jingping calls for more ›loveable‹ image for China in bid to make friends«, BBC, 2. Juni 2021. https://www.bbc.com/news/world-asia-china-57327177. Abgerufen am 7. Juni 2021.

7 »Does China Have Any Friends Left in the West?«, in: *Newsweek*, 27. April 2020. https://www.newsweek.com/does-china-have-any-friends-left-west-1500231. Abgerufen am 7. Juni 2021.

8 »China: längstes Highspeed-Schienennetz der Welt«, in: Deutsche Welle. https://www.dw.com/de/china-längstes-highspeed-schienennetz-der-welt/av-59697626. 11. Januar 2022. Abgerufen am 4. Oktober 2022.

9 Xinhua: »Xi Focus–Quotable Qutoes: Xi on global governance, int'l relations«, 24. Oktober 2021. http://www.news.cn/english/2021-10/24/c_1310265545.htm. Abgerufen am 21. August 2022.

10 https://www.msci.com/documents/10199/c0db0a48-01f2-4ba9-ad01-226fd5678111. Abgerufen am 7. Juni 2021.

11 Rana Mitter, Elsbeth Johnson: »What the West Gets Wrong About China«, in: *Harvard Business Review*, Mai-Juni 2022. https://hbr.org/2021/05/what-the-west-gets-wrong-about-china. Abgerufen am 21. August 2022.

12 Li Yang: »Move over West, Asia is here«, in: *China Daily*, 23. Dezember 2020. http://www.chinadaily.com.cn/opinion/2010-12/23/content_11742747.htm. Abgerufen am 21. August 2022.

13 »China invites South Africa to join BRIC: Xinhua«, Reuters, 24. Dezember 2010. https://www.reuters.com/article/us-bric-safrica-idUSTRE6BN1DZ20101224. Abgerufen am 21. August 2022.

14 Internationaler Währungsfonds (IMF): »Economic Outlook 2020«, Oktober 2020, Seite 2ff.

15 Internationaler Währungsfonds (IMF): »Economic Outlook 2022«, Oktober 2022, Seite 9.

16 »Club Class: A new study shows emerging economies are catching up«, in: *The Economist*, 13. August 2020. https://www.economist.com/finance-and-economics/2020/08/13/a-new-study-shows-emerging-economies-are-catching-up. Abgerufen am 7. Dezember 2020.

17 »Club Class: A new study shows emerging economies are catching up«, in: *The Economist*, 13. August 2020. https://www.economist.com/finance-and-economics/2020/08/13/a-new-study-shows-emerging-economies-are-catching-up. Abgerufen am 7. Dezember 2020.

18 Internationaler Währungsfonds: »World Economic Outlook Update July 2022. Gloomy and More Uncertain«. https://www.imf.org/en/Publications/WEO/Issues/2022/07/26/world-economic-outlook-update-july-2022. Abgerufen am 21. August 2022.

Kapitel 4: Was Europa im Umgang mit den Schwellenländern falsch macht – und China richtig

1 »Deutscher Strommix: Stromerzeugung Deutschland bis 2022«, Strom-Report. https://strom-report.de/strom/. Abgerufen am 21. August 2022.

2 Stephan Bauer: »Siemens Energy: Welche Strategien zu schwarzen Zahlen führen sollen«, 23. November 2020. https://www.finanzen.net/nachricht/aktien/abschied-vom-klimakiller-siemens-energy-welche-strategien-zu-schwarzen-zahlen-fuehren-sollen-9507926. Abgerufen am 6. Dezember 2020.

3 Global Coal Exit List: https://coalexit.org. Abgerufen am 6. Dezember 2020.

4 Liste der Größenordnungen von Leistung: https://de.wikipedia.org/wiki/Liste_von_Größenordnungen_der_Leistung#Gigawatt. Abgerufen am 6. Dezember 2020.

5 Matthias Peer, Axel Höpner: »Indischer Kohlemilliardär Gautam Adani. Das Feindbild der Klimaaktivisten«, in: *Handelsblatt*, 13. Januar 2020. https://www.handelsblatt.com/unternehmen/industrie/siemens-partner-in-australien-indischer-kohlemilliardaer-gautam-adani-das-feindbild-der-klimaaktivisten/25426422.html. Abgerufen am 21. August 2021.

6 Duncan Miri, Joe Bavier: »Africa's dream of feeding China hits hard reality«, Reuters, 28. Juni 2022. Abgerufen am 4. Oktober 2022.

7 Andrew Harding: »Juncker unveils EU's Africa plan to counter China«, BBC News, 12. September 2018. https://www.bbc.com/news/world-africa-45496655. Abgerufen am 5. Dezember 2020.

8 Europäische Kommission, Vertretung in Deutschland: »EU-Afrika-Strategie: Die EU setzt auf eine stärkere Partnerschaft«, 9. März 2020. https://ec.europa.eu/germany/news/2020309-eu-afrika-strategie-die-eu-setzt-auf-eine-staerkere-partnerschaft_de. Abgerufen am 5. Dezember 2020.

9 Markus Ziener: »Die ausländische Hilfe besetzt den Raum, der eigentlich von afrikanischen Denkern oder Politikern besetzt sein sollte«, Interview mit James Shikwati, in: *Neue Zürcher Zeitung*, 13. Juni 2019. https://www.nzz.ch/feuilleton/james-shikwati-kritisiert-im-interview-die-entwicklungshilfe-ld.1488221. Abgerufen am 6. Dezember 2020.

10 Kishore Mahbubani: »The Asian 21st Century«, YouTube, 24. Juni 2022. https://www.youtube.com/watch?v=Y3RYeyKIVHg. Abgerufen am 21. August 2022.

11 Allen Cassidy: »Der teuerste Wahlkampf aller Zeiten«, in: *Süddeutsche Zeitung*, 29. Oktober 2020. https://www.sueddeutsche.de/politik/us-wahl-kosten-trump-biden-1.5097635. Abgerufen am 21. August 2022.

12 Allen Cassidy: »Der teuerste Wahlkampf aller Zeiten«, in: *Süddeutsche Zeitung*, 29. Oktober 2020. https://www.sueddeutsche.de/politik/us-wahl-kosten-trump-biden-1.5097635. Abgerufen am 21. August 2022.

13 »Vietnam: Bruttoinlandsprodukt (BIP) pro Kopf in jeweiligen Preisen von 1980 bis 2021 und Prognosen bis 2027«. https://de.statista.com/statistik/daten/studie/324613/umfrage/bruttoinlandsprodukt-bip-pro-kopf-in-vietnam/. Abgerufen am 22. August 2022.

14 Dolors Folch: »China's greatest naval explorer sailed his treasure fleets as far as East Africa«, in: *National Geographic*. 5. Mai 2020. https://www.nationalgeographic.com/history/history-magazine/article/china-zheng-he-naval-explorer-sailed-treasure-fleet-east-africa. Abgerufen am 10. Oktober 2021.

15 Zitiert nach: Erika Fehse: »Blauer Himmel über der Ruhr«, in: *Deutschlandfunk Kultur*, 5. Juli 2011. https://www.deutschlandfunkkultur.de/blauer-himmel-ueber-der-ruhr.3720.de.html?dram:article_id=190398. Abgerufen am 7. Dezember 2020.

16 Nora Marie Zaremba: »Chinas Rolle bei der Klimakonferenz: Vom Sünder zum Retter«, in: *Der Tagesspiegel*, 7. November 2017. https://www.tagesspiegel.de/politik/chinas-rolle-bei-der-klimakonferenz-vom-suender-zum-retter/20552882.html. Abgerufen am 9. Juni 2021.

Kapitel 5: Die Gewichte in der Weltwirtschaft verschieben sich

1 »World's Billionaires List. The Richest in 2022«, in: *Forbes*. https://www.forbes.com/billionaires/. Abgerufen am 22. August 2022.

2 »World's Billionaires List. The Richest in 2022«, in: *Forbes*. https://www.forbes.com/billionaires/. Abgerufen am 22. August 2022.

3 »World's Billionaires List: The Richest in 2022«, in: *Forbes*. https://www.forbes.com/billionaires/. Abgerufen am 22. August 2022.

4 Sarah Pines: »Das teuerste digitale Kunstwerk soll 69 Millionen Dollar wert sein? Welch Ironie!«, in: *Neue Zürcher Zeitung*, 26. März 2021.

5 »1Q FY23 Financial Results Presentation«, in: *Reliance Industries Limited*, 22. Juli 2022. https://www.ril.com/getattachment/037ba65b-657e-4b5f-9a8f-92c6c031cd13/Financial%20Presentation%20-%20Q1%20Results.aspx. Abgerufen am 22. August 2022.

6 »Protz-Hochzeit in Indien: Ein Ja-Wort für 100 Millionen Dollar«, in: *Spiegel-Online*, 12. Dezember 2018. https://www.spiegel.de/panorama/leute/indien-milliardaer-laesst-sich-hochzeit-seiner-tochter-100-millionen-dollar-kosten-a-1243289.html. Abgerufen am 12. Dezember 2020.

7 Wikipedia: Stahlindustrie/Tabellen und Grafiken. https://de.wikipedia.org/wiki/Stahlindustrie/Tabellen_und_Grafiken. Abgerufen am 16. Dezember 2020.

8 https://en.wikipedia.org/wiki/List_of_steel_producers. Abgerufen am 30. September 2022.

9 Wikipedia: Liste der größten Stahlhersteller. https://de.wikipedia.org/wiki/Liste_der_größten_Stahlhersteller. Abgerufen am 7. Dezember 2020.

10 Wikipedia: Stahlindustrie/Tabellen und Grafiken. https://de.wikipedia.org/wiki/Stahlindustrie/Tabellen_und_Grafiken. Abgerufen am 16. Dezember 2020.

11 Klemens Kindermann: »Fusion mit Tata Steel gescheitert«, Deutschlandfunk, 10. Mai 2019. https://www.deutschlandfunk.de/thyssenkrupp-fusion-mit-tata-steel-gescheitert.766.de.html?dram:article_id=448459. Abgerufen am 16. Dezember 2020.

12 »Stahl und Aluminium: Trump verhängt Einfuhrzölle«, Tagesschau.de, 9. März 2018. https://www.tagesschau.de/wirtschaft/trump-zoelle-beschluss-101.html. Abgerufen am 22. August 2022.

13 David Lawder, Andrea Shalal: »U.S., EU end Trump-era tariff war over steel and aluminium«, Reuters, 30. Oktober 2022. https://www.reuters.com/world/us-eu-expected-announce-deal-ending-steel-aluminum-tariff-dispute-sources-say-2021-10-30/ Abgerufen am 1. Oktober 2022.

14 Michael Roth: »Arcelor-Chef Dollé: Der Verteidiger«, FAZ.net, 27. Januar 2006. https://www.faz.net/aktuell/wirtschaft/arcelor-chef-guy-doll-der-verteidiger-11258732.html. Abgerufen am 12. Dezember 2020.

15 »Most outrageous billionaire weddings«, in: *Forbes*. https://www.forbes.com/pictures/mlf45hgej/vanisha-mittal-and-amit-bhatia/?sh=54287af63a3d; und »10 Most Expensive Weedings in History Till 2020«, in: *Passion Buzz*. https://passionbuz.com/expensive-weddings/. Beide abgerufen am 12. Dezember 2020.

16 »Weltrohstahlproduktion 2019 um 3,4 Prozent gestiegen«, Fachverband Schrott, E-Schrott und Kfz-Recycling, 28. Januar 2020. https://www.bvse.de/schrott-elektronikgeraete-recycling/nachrichten-schrott-eschrott-kfz/5372-weltrohstahlproduktion-2019-um-3-4-prozent-gestiegen.html. Abgerufen am 12. Dezember 2020.

17 Antje Höning: »Thyssen-Krupp-Finanzchef schließt Staatsbeteiligung aus«, in: *Rheinische Post*, 11. Dezember 2020. https://rp-online.de/wirtschaft/unternehmen/Thyssen-Krupp-vorstand-keysberg-staatliche-beteiligung-ist-vom-tisch_aid-55122017. Abgerufen am 12. Dezember 2020.

18 Daimler Global Media Site: Großaktionäre haben Einfluss. https://media.daimler.com/marsMediaSite/de/instance/ko/Grossaktionaere-haben-Einfluss.xhtml?oid=9817819. Abgerufen am 9. Juni 2021.

19 Caspar Busse: »Größenwahnsinn kostet acht Milliarden Euro«, *in: Süddeutsche Zeitung*, 23. Februar 2017. https://www.sueddeutsche.de/wirtschaft/thyssen-krupp-groessenwahn-kostet-acht-milliarden-1.3390268. Abgerufen am 13. Dezember 2020.

20 Caspar Busse: »Größenwahnsinn kostet acht Milliarden Euro«, in: *Süddeutsche Zeitung*, 23. Februar 2017. https://www.sueddeutsche.de/wirtschaft/thyssen-krupp-groessenwahn-kostet-acht-milliarden-1.3390268. Abgerufen am 13. Dezember 2020.

21 Caspar Busse: »Thyssen-Krupp: Größenwahn kostet acht Milliarden Euro«, in: *Süddeutsche Zeitung*, 23. Februar 2017. https://www.sueddeutsche.de/wirtschaft/thyssen-krupp-groessenwahn-kostet-acht-milliarden-1.3390268. Abgerufen am 22. August 2022.

22 »Thyssen-Krupp beendet teures Amerika-Abenteuer«, in: *Manager Magazin Online*, 22. Februar 2017. https://www.manager-magazin.de/unternehmen/industrie/thyssenkrupp-stahlwerk-in-brasilien-verkauft-a-1135706.html. Abgerufen am 13. Dezember 2020.

23 »Thyssen-Krupp verkauft Edelstahlsparte«, in: *Manager Magazin Online*, 31. Januar 2012. https://www.manager-magazin.de/unternehmen/industrie/a-812362.html. Abgerufen am 13. Dezember 2020.

24 Maschinenbau-Wissen: Gewinnung und Herstellung von Aluminium, https://www.maschinenbau-wissen.de/skript3/werkstofftechnik/aluminium/77-alu-herstellung. Abgerufen am 7. Dezember 2020.

25 Stephan Günther: »kWh – wie viel Energie steckt in einer Kilowattstunde?«, Energieheld Blog. https://www.energieheld.de/blog/kwh-energie-eine-kilowattstunde/. Abgerufen am 7. Dezember 2020.

26 Für diese und alle folgenden Zahlen: Wikipedia: Liste der größten Aluminiumproduzenten. https://de.wikipedia.org/wiki/Liste_der_größten_Aluminiumproduzenten. Abgerufen am 7. Dezember 2020.

27 Wikipedia: Liste der größten Aluminiumproduzenten. https://de.wikipedia.org/wiki/Liste_der_größten_Aluminiumproduzenten. Abgerufen am 22. August 2022.

28 »Portugal privatisiert Energienetz«, in: *Neue Zürcher Zeitung*, 24. Januar 2012. https://www.nzz.ch/portugal_privatisiert_energienetz-1.14491239. Abgerufen am 13. Dezember 2020.

29 Hubert Prolongeau: »Les nouveaux propriétaires sont tout, sauf des amoureux du vin : la fin du rêve chinois dans le Bordelais«, in: *Le Monde*, 14. März 2022. https://www.lemonde.fr/economie/article/2022/03/14/les-nouveaux-proprietaires-sont-tout-sauf-des-amoureux-du-vin-dans-le-bordelais-la-fin-du-reve-chinois_6117382_3234.html. Abgerufen am 22. August 2022.

30 »Gegen steroidgefütterte staatseigene Betriebe kommen wir nicht an«, in: *IPG-Journal Internationale Politik und Gesellschaft*, 2. November 2020. https://www.ipg-journal.de/interviews/artikel/konkurrenz-mit-china-4755/. Abgerufen am 17. Dezember 2020.

31 Kenneth Rapoza: »The Post-Coronavirus World May Be The End Of Globalization«, in: *Forbes*, 3. April 2020. https://www.forbes.com/sites/kenrapoza/2020/04/03/the-post-coronavirus-world-may-be-the-end-of-globalization/?sh=2a6f27d97e66. Abgerufen am 17. Dezember 2020.

32 United Nations Conference on Trade and Development (Unctad). *World Investment Report 2022*. https://worldinvestmentreport.unctad.org/world-investment-report-2022/chapter-1---global-investment-trends-and-prospects/#fdi-flows. Abgerufen am 22. August 2022.

33 Nikolaus Doll, Gerhard Hegmann: »Fall Kuka schürt die Angst vor China«, in: *Die Welt Online*, 27. November 2018. https://www.welt.de/wirtschaft/article184525100/Midea-Fall-Kuka-wird-zum-Suendenfall-fuer-den-Standort-D.html. Abgerufen am 17. Dezember 2020.

34 Eugene Demaitre: »Yaskawa, Midea Join Forces for Robot Ventures«, *in: Robotics Business Review*, 14. Oktober 2015. https://www.roboticsbusinessreview.com/manufacturing/yaskawa_midea_join_forces_for_robot_ventures/. Abgerufen am 17. Dezember 2020.

35 »Kuka: Midea übernimmt Roboterbauer zu 94,5 Prozent«, in: *Wirtschaftswoche Online*, 8. August 2016. https://www.wiwo.de/unternehmen/mittelstand/kuka-midea-uebernimmt-roboterbauer-zu-94-5-prozent/13983738.html. Abgerufen am 17. Dezember 2020.

36 Nikolaus Doll, Gerhard Hegmann: »Fall Kuka schürt die Angst vor China«, in: *Die Welt Online*, 27. November 2018. https://www.welt.de/wirtschaft/article184525100/Midea-Fall-Kuka-wird-zum-Suendenfall-fuer-den-Standort-D.html. Abgerufen am 17. Dezember 2020.

37 Nikolaus Doll, Gerhard Hegmann: »Fall Kuka schürt die Angst vor China«, in: *Die Welt Online*, 27. November 2018. https://www.welt.de/wirtschaft/article184525100/Midea-Fall-Kuka-wird-zum-Suendenfall-fuer-den-Standort-D.html. Abgerufen am 17. Dezember 2020.

38 »Foreign-investment rules – For your protection«, in: *The Economist*, 14. November 2020. Seite 28.

39 https://en.wikipedia.org/wiki/Hinkley_Point_C_nuclear_power_station. Abgerufen am 4. Oktober 2022.

40 »Foreign-investment rules – For your protection«, in: *The Economist*, 14. November 2020. Seite 28.

41 Rachel Millard: »Rees-Mogg blocks China from accessing key information about Britain's power grid«, in: *The Telegraph*, 1. Oktober 2022. https://www.telegraph.co.uk/business/2022/10/01/rees-mogg-blocks-china-accessing-key-information-britains-power/. Abgerufen am 20. Oktober 2022.

42 »Décret n° 2019-1590 du 31 décembre 2019 relatif aux investissements étrangers en France«, in: *Légifrance*, https://www.legifrance.gouv.fr/jorf/id/JORFTEXT000039727443/. Abgerufen am 22. August 2022.

43 »Ein Scheitern Chinas nutzt dem deutschen Maschinenbau«, in: *Frankfurter Allgemeine Zeitung*, 17. Dezember 2020, Seite 25.

44 Sven Hauberg: »Xi Jinping droht Taiwan mit militärischer Eroberung – und verteidigt Chinas drastische Corona-Politik«, in: *Münchner Merkur*, 17. Oktober 2022. https://www.merkur.de/politik/china-xi-jinping-kommunistische-partei-parteitag-peking-hongkong-taiwan-usa-ukraine-corona-zr-91853677.html. Abgerufen am 20. Oktober 2022.

45 Jürgen Flauger: »Chinesen scheitern beim Einstieg ins deutsche Stromnetz«, in: *Handelsblatt Online*, 23. März 2018. https://www.handelsblatt.com/unternehmen/energie/netzbetreiber-50hertz-chinesen-scheitern-beim-einstieg-ins-deutsche-stromnetz/21107306.html?ticket=ST-15093248-fw4fJXFmA7XSjLXVSWHm-ap6. Abgerufen am 17. Dezember 2020.

46 Allianz: »Allianz verkauft Dresdner Bank an Commerzbank und wird größter Aktionär der Bank«, Pressemitteilung, 31. August 2008. https://www.allianz.com/de/investor_relations/mitteilungen/ir-meldungen/archiv_2008/page10.html. Abgerufen am 18. Dezember 2020.

47 Zitiert nach Reuters: »China's CDB, Commerzbank eye Dresdner-Bloomberg«, 5. August 2008. https://www.reuters.com/article/dresdner-china-idUSPEK27205820080805. Abgerufen am 2. Oktober 2022.

48 Mercedes Ruehl, James Kynge, Kiran Stacey: »Chinese state-backed funds invest in US tech despite Washington curbs«, in: *Financial Times*, 2. Dezember 2020. https://www.ft.com/content/745abeca-561d-484d-acd9-ad1caedf9e9e. Abgerufen am 18. Dezember 2020.

49 »China technology funds battle to hit profit targets«, in: *Financial Times*, https://www.ft.com/content/5f6d7ffb-575e-4532-9a4b-1658317d84a2. Abgerufen am 4. Oktober 2022.

Kapitel 6: Die Wachstumsdynamik der Schwellenländer

1 Statista: Japan: Durchschnittsalter der Bevölkerung von 1950 bis 2050 (Altersmedian in Jahren). https://de.statista.com/statistik/daten/studie/200666/umfrage/durchschnittsalter-der-bevoelkerung-in-japan/. Abgerufen am 11. Juni 2021.

2 Statista: China: Durchschnittsalter der Bevölkerung von 1950 bis 2050 (Altersmedian in Jahren). https://de.statista.com/statistik/daten/studie/200667/umfrage/durchschnittsalter-der-bevoelkerung-in-china/. Abgerufen am 11. Juni 2021.

3 Bundesinstitut für Bevölkerungsforschung: Medianalter der Bevölkerung (1950-2060). https://www.bib.bund.de/DE/Fakten/Fakt/B20-Medianalter-Bevoelkerung-1950-Vorausberechnung.html. Abgerufen am 11. Juni 2021.

4 Statista: Indien: Durchschnittsalter der Bevölkerung von 1950 bis 2050 (Altersmedian in Jahren). https://de.statista.com/statistik/daten/studie/200678/umfrage/durchschnittsalter-der-bevoelkerung-in-indien/. Abgerufen am 11. Juni 2021.

5 Suchi Keida, Sriram Gutta, Terri Chapman, Vidisha Mishra: »Here's what young Indians really want from life«, *World Economic Forum*, 5. Oktober 2018. https://www.weforum.org/agenda/2018/10/here-s-what-young-indians-really-want-from-life/. Abgerufen am 9. Juni 2021.

6 United Nations: Word Population Prospects 2022. https://www.un.org/development/desa/pd/sites/www.un.org.development.desa.pd/files/wpp2022_summary_of_results.pdf. Abgerufen am 4. Oktober 2022.

7 Statista: Forecast of the total population of Africa from 2020 to 2050. https://www.statista.com/statistics/1224205/forecast-of-the-total-population-of-africa/. Abgerufen am 4. Oktober 2022.

8 Macrotrends: Africa Fertility Rate 1950-2022. https://www.macrotrends.net/countries/AFR/africa/fertility-rate#:~:text=The%20fertility%20rate%20for%20Africa,a%201.28%25%20decline%20from%202018. Abgerufen am 22. August 2022.

9 Weltbank: Fertility rate, total (births per woman) – Chad. https://data.worldbank.org/indicator/SP.DYN.TFRT.IN?locations=IN%20%2F-TD. Abgerufen am 2. Oktober 2022.

10 United Nations: World Population Prospects 2022. https://www.un.org/development/desa/pd/sites/www.un.org.development.desa.pd/files/wpp2022_summary_of_results.pdf. Abgerufen am 4. Oktober 2022.

11 United Nations: World Population Prospects 2022. https://www.un.org/development/desa/pd/sites/www.un.org.development.desa.pd/files/wpp2022_summary_of_results.pdf. Abgerufen am 4. Oktober 2022.

12 Suchi Keida, Sriram Gutta, Terri Chapman, Vidisha Mishra: »Here's what young Indians really want from life«, in: *World Economic Forum*, 5. Oktober 2018. https://www.weforum.org/agenda/2018/10/here-s-what-young-indians-really-want-from-life/. Abgerufen am 9. Juni 2021.

13 »The 53 Top Indian Startups«, in Failory.com. https://www.failory.com/blog/top-indian-startups. Abgerufen am 20. Dezember 2020.

14 »Top 30 best-funded Brazilian startups 2020«, in: Disfold, 15. Oktober 2020. https://disfold.com/top-brazilian-startups/. Abgerufen am 20. Dezember 2020.

15 Kate Douglas: »Investment firm 88mph reveals what it looks for in African tech start-ups«, How we made it in Africa, 29. April 2013. https://www.howwemadeitinafrica.com/investment-firm-88mph-reveals-what-it-looks-for-in-african-tech-start-ups/26081/. Abgerufen am 20. Dezember 2020.

16 »88mph is taking a break from investing in startups«, 88mph Blog, 10. Juni 2015. http://www.88mph.ac/1108/88mph-is-taking-a-break-from-investing-in-startups/. Abgerufen am 20. Dezember 2020.

17 »Interview with Kresten Buch — Founder of 88mph – Part 2«, CNBC Africa, 14. Dezember 2020. https://www.youtube.com/watch?v=Uq4cWiXntiY. Abgerufen am 20. Dezember 2020.

18 Nima Elmi: »Here are 4 technology trends from emerging economies«, Weltwirtschaftsforum, 9. September 2020. https://www.weforum.org/agenda/2020/09/here-are-4-technology-trends-from-emerging-economies/. Abgerufen am 22. Dezember 2020.

19 Uschi Götz, Susanne Betz: »Ländle zittert – Furcht vor allmählicher Deindustrialisierung«, in: BR24, 8. März 2020.

20 Internationaler Währungsfonds: »Digitalizing Sub-Saharan Africa: Hopes and Hurdles«, in: Sub-Saharan Africa Outlook, 15. Juni 2020.

21 Landry Signé: »Tech investment is crucial to unlock Africa's potential in a post-coronavirus world«, in: *MIT Technology Review*, 20. Juli 2020. https://insights.techreview.com/tech-investment-is-crucial-to-unlock-africas-potential-in-a-post-coronavirus-world/. Abgerufen am 22. Dezember 2020.

22 World Health Organization: Health innovation across Africa to help fight COVID-19. 29.Oktober 2020. https://www.who.int/news-room/feature-stories/detail/health-innovation-across-africa-to-help-fight-covid-19. Abgerufen am 22. August 2022.

23 Nomura: How is technology transforming global markets? Video mit Euben Paracuelles, Chefökonom für die ASEAN-Region, April 2018. https://www.nomuraconnects.com/focused-thinking-posts/how-will-technology-transform-global-emerging-markets/. Abgerufen am 22. Dezember 2020.

24 Statista: Number of monthly active WeChat users from 2nd quarter 2011 to 1st quarter 2022. https://www.statista.com/statistics/255778/number-of-active-wechat-messenger-accounts/. Abgerufen am 22. August 2022.

25 Bundesministerium für Arbeit und Soziales: »Eckpunkte des Konjunkturprogramms: Corona-Folgen bekämpfen, Wohlstand sichern, Zukunftsfähigkeit stärken«, 3. Juni 2020. https://www.bmas.de/SharedDocs/Downloads/DE/Arbeitsmarkt/corona-folgen-bekaempfen-wohlstand-sichern-zukunftsfaehigkeit-staerken.pdf;jsessionid=23C8A276BF82FAB60483B3F1D0700A15.delivery2-replication?__blob=publicationFile&v=1. Abgerufen am 4. Oktober 2022.

26 Daniel Garisto: »Quantum Computing: China Is Pulling Ahead in Global Quantum Race, New Studies Suggest«, in: *Scientific American*, 15. Juli 2021. https://www.scientificamerican.com/article/china-is-pulling-ahead-in-global-quantum-race-new-studies-suggest/. Abgerufen am 22. August 2022.

27 Davide Strusani, Georges Vivien Houngbonon: »Artificial Intelligence supports development in emerging markets«, International Finance Corporation, 30. September 2019. https://ifc-org.medium.com/artificial-intelligence-supports-development-in-emerging-markets-f0047c48f209. Abgerufen am 9. Juni 2021.

28 McKinsey: The road ahead for e-mobility. 27. Januar 2020. https://www.mckinsey.com/industries/automotive-and-assembly/our-insights/the-road-ahead-for-e-mobility#. Abgerufen am 23. Dezember 2020.

Kapitel 7: Das Ringen um internationalen Einfluss

1 Ghalia Kadiri, Joan Tilouine: »A Addis-Abeba, le siege de l'Union africaine espionné par Pékin«, in: *Le Monde*, 26. Januar 2018. https://www.lemonde.fr/afrique/article/2018/01/26/a-addis-abeba-le-siege-de-l-union-africaine-espionne-par-les-chinois_5247521_3212.html. Abgerufen am 6. Juli 2021.

2 Frank Jansen: »Deutsche Sicherheitskreise geben Politikern Mitschuld«, in: *Tagesspiegel*, 31. Mai 2021. https://www.tagesspiegel.de/politik/daenen-halfen-nsa-beim-ausspaehen-von-merkel-deutsche-sicherheitskreise-geben-politikern-mitschuld/27242854.html. Abgerufen am 6. Juni 2022.

3 Rainer Woratschka: »Verhafteter BND-Mann spionierte angeblich für die CIA«, in: *Tagesspiegel*, 6. Juli 2014. https://www.tagesspiegel.de/politik/daenen-halfen-nsa-beim-ausspaehen-von-merkel-deutsche-sicherheitskreise-geben-politikern-mitschuld/27242854.html. Abgerufen am 6. Juni 2022.

4 Johannes Ritter, Hendrick Kafsack: »Das Wettrennen um die WTO-Spitze beginnt«, in: *Frankfurter Allgemeine Zeitung*, 7. Juli 2020.

5 Helga Schmidt: »Handelsabkommen mit der EU: Wie glaubwürdig sind Chinas Zusagen?«, Tagesschau.de. 2. Januar 2021. https://www.tagesschau.de/ausland/europa/china-investitionsabkommen-101.html. Abgerufen am 6. Juli 2021.

6 Joachim Lang: »Chinas neue Wirtschaftsstrategie ist ein Warnsignal«, in: *Frankfurter Allgemeine Zeitung*. 23. Dezember 2020, Seite 18.

7 Gabriel Felbermayr: »Standpunkt: Die EU geht zu Recht mit dem China-Abkommen voran«, in: *Frankfurter Allgemeine Zeitung*, 8. Januar 2021.

8 Kiel Institut für Weltwirtschaft: »Statement: Investitionsabkommen mit China: Bremsmanöver der EU ist bedauerlich«, 5. Mai 2021. https://www.ifw-kiel.de/de/media-pages/news-ext-links/2021/investitionsabkommen-mit-china-bremsmanoever-der-eu-ist-bedauerlich/. Abgerufen am 4. Oktober 2022.

9 Shona Murray: »EU-Parlament legt Investitions-Abkommen mit China auf Eis«, Euronews. 20. Mai 2021. https://de.euronews.com/2021/05/20/eu-parlament-legt-investitions-abkommen-mit-china-auf-eis. Abgerufen am 6. Juli 2021.

10 »Investitionsabkommen mit China: Bütikofer (Grüne): Klauseln zum Arbeitnehmerschutz sind ›wertloses Gerede‹«, in: *Deutschlandfunk*, 30. Dezember 2020. https://www.deutschlandfunk.de/investitionsabkommen-mit-china-buetikofer-gruene-klauseln.694.de.html?dram:article_id=490059. Abgerufen am 12. August 2021.

11 Helga Schmidt: »EU und China: Investitionsabkommen ohne Rückhalt«, Tagesschau.de. 5. Mai 2021. https://www.tagesschau.de/ausland/europa/eu-china-investitionsabkommen-101.html. Abgerufen am 6. Juli 2021.

12 Helga Schmidt: »EU und China: Investitionsabkommen ohne Rückhalt«, Tagesschau.de. 5. Mai 2021. https://www.tagesschau.de/ausland/europa/eu-china-investitionsabkommen-101.html. Abgerufen am 6. Juli 2021.

13 Marc Lanteigne: *China and International Institutions. Alternate Paths to Global Power.* Verlag Routledge, London, 2005, 1. Auflage. Abstract.

14 Stephen Olson, Clyde Prestowitz: »The Evolving Role of China in International Institutions«, in: *Economic Strategic Institute*, Januar 2011, Seite 4.

15 Leigh Hartman: »La Chine manipule les organisations internationales«, in: *Share America*, 30. November 2020. https://share.america.gov/fr/la-chine-manipule-les-organisations-internationales/. Abgerufen am 12. August 2021.

16 Stephen Olson, Clyde Prestowitz: »The Evolving Role of China in International Institutions«, in: *Economic Strategic Institute*, Januar 2011, Seite 7.

17 François Nordmann: »La Chine s'affirme dans les organisations internationales«, in: *Le Temps*. 10. Dezember 2019. https://www.letemps.ch/opinions/chine-saffirme-organisations-internationales. Abgerufen am 7. Juli 2021.

18 Jan Dirk Herbermann, Gregor Waschinski: »Streit zwischen USA und China lähmt die Weltgesundheitsorganisation«, in: *Handelsblatt*, 18. Mai 2020. https://www.handelsblatt.com/politik/international/bekaempfung-der-pandemie-streit-zwischen-usa-und-china-laehmt-die-weltgesundheitsorganisation/25840830.html?ticket=ST-3524555-V1tFyRk5gNxINjTik75u-ap6. Abgerufen am 7. Juli 2021.

19 »UN-Sicherheitsrat: ›Legitime Kandidaten‹«, in: *Frankfurter Allgemeine Zeitung*, 22. September 2004. https://www.faz.net/aktuell/politik/ausland/un-sicherheitsrat-legitime-kandidaten-1175004.html. Abgerufen am 11. August 2021.

20 »Kritik am G-20-Gipfel: ›Schleichende Entwertung der Weltorganisationen‹«, *in: Der Spiegel*, 21. Juni 2010. https://www.spiegel.de/politik/ausland/kritik-am-g-20-gipfel-schleichende-entwertung-der-weltorganisationen-a-701861.html. Abgerufen am 11. August 2021.

21 Weltbank: International Bank for Reconstruction and Development – Subscriptions and voting power of member countries. https://thedocs.worldbank.org/en/doc/a16374a6cee037e274c5e932bf9f88c6-0330032021/original/IBRDCountryVotingTable.pdf. Abgerufen am 4. Oktober 2022.

22 Statista: »Die 20 Länder mit dem größten Anteil am kaufkraftbereinigten globalen Bruttoinlandsprodukt (BIP) im Jahr 2020«. https://de.statista.com/statistik/daten/studie/166229/umfrage/ranking-der-20-laender-mit-dem-groessten-anteil-am-weltweiten-bruttoinlandsprodukt/. Abgerufen am 20. Oktober 2021.

23 Michael Bauchmüller: »Weltbank und Währungsfonds. Viel Einfluss für wenige«, *in: Süddeutsche Zeitung*, 17. Mai 2010. https://www.sueddeutsche.de/wirtschaft/weltbank-und-waehrungsfonds-viel-einfluss-fuer-wenige-1.513561. Abgerufen am 11. August 2021.

24 International Monetary Fund: Financing the Fund's Operations – Review of Issues. 11. April 2001. https://www.imf.org/external/np/tre/ffo/2001/fin3.pdf. Abgerufen am 11. August 2021.

25 Till Fähnders: »Einfluss in den ASEAN-Staaten: Hat China einfach mehr zu bieten?«, in: *Frankfurter Allgemeine Zeitung*, 15. November 2020. https://www.faz.net/aktuell/politik/ausland/wie-china-seinen-einfluss-in-den-asean-staaten-ausweitet-17053884.html. Abgerufen am 11. August 2021.

26 »IMF cautions Ghana against monetary financing of deficit«, in: *The Vaultz News*, 21. Juli 2021. https://thevaultznews.com/economics/economy/imf-cautions-ghana-against-monetary-financing-of-deficit/. Abgerufen am 11. August 2021.

27 Joy Business: »Ghana to get nearly $1bn in Special Drawing Rights from IMF«, in: *The Vaultz News*, 11. August 2021. https://thevaultznews.com/economics/economy/imf-cautions-ghana-against-monetary-financing-of-deficit/. Abgerufen am 11. August 2021.

28 »The unexpected lesson of Ghana's 17th IMF bailout«, in: *The Economist*, 11. August 2022. https://www.economist.com/leaders/2022/08/11/the-unexpected-lesson-of-ghanas-17th-imf-bail-out. Abgerufen am 22. August 2022.

29 Michael Marray: »Chinese-built port in Ghana operational by end of June«, in: *The Asset*, 5. Juni 2019. https://www.theasset.com/belt-road-online/37663/chinese-built-port-in-ghana-operational-by-end-of-june-. Abgerufen am 12. August 2021.

30 Elliot Smith: »China's $2 billion deal with Ghana sparks fears over debt, influence and the environment«, CNBC, 21. November 2019. https://www.cnbc.com/2019/11/21/chinas-2-billion-ghana-deal-fears-over-debt-influence-environment.html. Abgerufen am 12. August 2021.

31 Elliot Smith: »China's $2 billion deal with Ghana sparks fears over debt, influence and the environment«, CNBC, 21. November 2019. https://www.cnbc.com/2019/11/21/chinas-2-billion-ghana-deal-fears-over-debt-influence-environment.html. Abgerufen am 12. August 2021.

32 Joseph Hammond: »Sweet and Sour: China in Ghana«, in: *The Diplomat*, 4. Dezember 2019. https://thediplomat.com/2019/12/sweet-and-sour-china-in-ghana/. Abgerufen am 12. August 2021.

33 http://en.cadfund.com/Column/27/0.htm. Abgerufen am 6. Juni 2022.

34 Hendrik Ankenbrand, Gerald Braunberger: »Xi betreibt ›Impfstoffdiplomatie‹«, in: *Frankfurter Allgemeine Zeitung*, 26. Januar 2021, Seite 16.

35 »Foreign policy: Our bulldozers, our rules«, in: *The Economist*, 2. Juni 2021. https://www.economist.com/china/2016/07/02/our-bulldozers-our-rules. Abgerufen am 11. August 2021.

36 Trading Economics: German GDP. https://tradingeconomics.com/germany/gdp. Abgerufen am 4. Oktober 2022.

37 Abdi Latif Dahir: »The growing membership of a China-led development bank challenges the IMF-Worldbank orthodoxy«, in: *Quartz Africa*, 9. Mai 2018. https://qz.com/africa/1273424/kenya-joins-china-led-asian-infrastructure-investment-bank-aiib/ Abgerufen am 11. August 2021.

38 Salvatore Babones: »China's AIIB Expected To Lend $10-15B A Year, But Has Only Managed $4.4B in 2 Years«, in: *Forbes*, 16. Januar 2018. https://www.forbes.com/sites/salvatorebabones/2018/01/16/chinas-aiib-expected-to-lend-10-15b-a-year-but-has-only-managed-4-4b-in-2-years/?sh=2b24bc6837f1. Abgerufen am 22. August 2022.

39 Michael Verfürden: »Duisburg will ›Deutschlands China-Stadt‹ sein – doch bisher profitiert nur der Hafen«, in: *Handelsblatt*, 9. Februar 2021. https://www.handelsblatt.com/unternehmen/handel-konsumgueter/partnerschaft-mit-china-duisburg-will-deutschlands-china-stadt-sein-doch-bisher-profitiert-nur-der-hafen/26866194.html?ticket=ST-4570714-GrMNgcmOkuEbPeP25la7-ap6. Abgerufen am 11. August 2021.

40 »Jahrhundertprojekt ›Neue Seidenstraße‹«, MDR, ohne Datum. https://www.mdr.de/nachrichten/welt/osteuropa/politik/china-neue-seidenstrasse-osteuropa-100.html. Abgerufen am 11. August 2021.

41 Christoph Hein: »Indien versucht China die Grenzen aufzuzeigen«, in: *Frankfurter Allgemeine Zeitung*, 10. August 2021.

42 Amit Chaturvedi: »Stern message to China: Indian warships head to South China Sea«, in: *Hindustan Times*, 5. August 2021. https://www.msn.com/en-in/news/newsindia/stern-message-to-china-indian-warships-head-to-south-china-sea/ar-AAMX9Sp. Abgerufen am 11. August 2021.

43 Christoph Hein: »Demokratien im Indopazifik rücken enger zusammen«, in: *Frankfurter Allgemeine Zeitung*, 15. März 2021.

44 Christoph Hein: »Hanois alte Männer wollen es wieder wissen«, in: *Frankfurter Allgemeine Zeitung*, 26. Februar 2021, Seite 17.

45 »Circling back: China's ›dual-circulation‹ strategy means relying less on foreigners«, in: *The Economist*, 7. November 2020. https://www.economist.com/china/2020/11/07/chinas-dual-circulation-strategy-means-relying-less-on-foreigners. Abgerufen am 12. August 2021.

Kapitel 8: Die neue Rolle des Westens

1 United Nations, Department of Economic and Social Affairs: »World Urbanization Prospects 2018. Highlights«. https://population.un.org/wup/Publications/Files/WUP2018-Highlights.pdf. Abgerufen am 9. Oktober 2021.

2 https://www.marketscreener.com/stock-exchange/shares/. Abgerufen am 6. Juni 2022.

3 Nach: »Die Umweltkrise ist auch eine spirituelle Krise«, Gespräch von Eren Güvercin mit Sigrid Nökel. Qantara, 18. Mai 2009. https://de.qantara.de/inhalt/islam-natur-und-nachhaltigkeit-die-umweltkrise-ist-auch-eine-spirituelle-krise. Abgerufen am 10. Oktober 2021.

ÜBER DEN AUTOR

Christian Hiller von Gaertringen (*1964) hat Wirtschaftswissenschaften an der Université Lumière Lyon 2 und der Wirtschaftsuniversität Wien studiert. Er war Redakteur bei *Wirtschaftswoche, Die Welt* sowie der *Frankfurter Rundschau* und hat als Korrespondent für verschiedene französische Zeitungen (u.a. *Le Monde, Le Progrès*) in Deutschland gearbeitet. Von 2001 bis 2017 war er Redakteur der *Frankfurter Allgemeinen Zeitung* mit den Schwerpunkten Wirtschaft und Geopolitik, bevor er die Beratungsgesellschaft Africa Partners GmbH gründete. Er ist Mitglied des Think-Tanks La Verticale Afrique-Méditerrannée-Europe in Paris zur Integration des Raumes Afrika-Mittelmeer-Europa sowie Mitglied im Beirat des Zentrums für Inter-Disziplinäre Afrika-Forschung (ZIAF) der Goethe-Universität Frankfurt.

Von ihm sind bereits erschienen: *Deutsche Bank. Die Macht am Main* (Europäische Verlagsanstalt EVA, 2006), *Der schöne Schein. Warum Geld doch nicht schmutzig ist* (FAZ Buchverlag, 2012), *Afrika ist das neue Asien. Ein Kontinent im Aufschwung* (Hoffmann und Campe, 2014) und zusammen mit Dr. Peter Zolling *Computer sind auch nur Menschen* (Carl Hanser, 2017).

Weltordnung im Wandel

Ray Dalio

Vor einigen Jahren begann Ray Dalio, beunruhigende politische und wirtschaftliche Entwicklungen zu bemerken, denen er in seiner 50-jährigen Karriere noch nie zuvor begegnet war. Auf der Suche nach einer Erklärung entdeckte er, dass solche Kombinationen von Entwicklungen charakteristisch sind für Perioden des Übergangs, in denen sich Reichtum und Macht in einer Weise verschieben, die die Weltordnung neu gestaltet.
Dieses Buch analysiert die turbulentesten wirtschaftlichen und politischen Phasen der Geschichte, um zu zeigen, warum die vor uns liegenden Zeiten sich radikal von denen unterscheiden werden, die wir bisher erlebt haben.

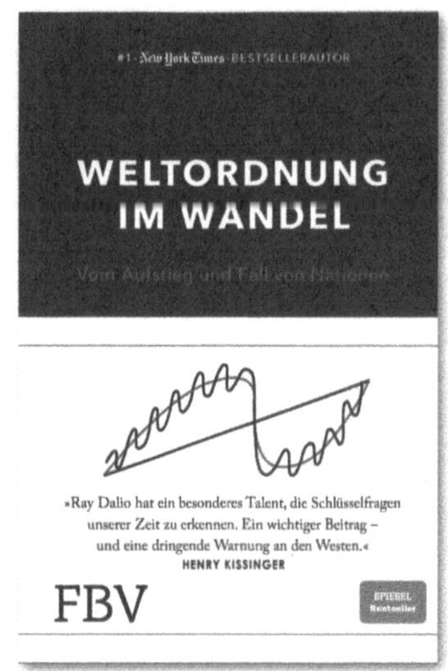

m-vg.de/qr/bLvsZ

672 Seiten | Hardcover | 29,99 € (D) | ISBN 978-3-95972-407-4

Die Männer von Davos

Peter S. Goodman

Der Triumph des Kapitalismus hat zu der Entstehung einer kleinen, aber sehr mächtigen Gruppe von Superreichen geführt: den Davos Men. Der preisgekrönte Wirtschaftskorrespondent der *New York Times*, Peter S. Goodman, porträtiert fünf repräsentative Davos Men: Seine Enthüllungen zeigen auf, dass die Plünderung der Welt durch den Davos Man Einfluss hat auf nahezu jeden Aspekt der modernen Gesellschaft: die schrumpfenden Möglichkeiten, einen existenzsichernden Lohn zu verdienen, die Anfälligkeit unserer Gesundheitssysteme, den Zugang zu erschwinglichem Wohnraum und sogar die Qualität der Kleidung, die man trägt. Vor allem jedoch legt er überzeugend dar, wie die Raubzüge des Davos Man zum Aufstieg rechtspopulistischer Bewegungen geführt und somit die Demokratie gefährlich destabilisiert haben.

m-vg.de/qr/bLvwj

512 Seiten | Hardcover | 29,99 € (D) | ISBN 978-3-95972-593-4

Krieg dem Westen

Douglas Murray

Die Geschichte der Menschheit ist die Geschichte von Sklaverei, Eroberungen, Vorurteilen, Völkermord und Ausbeutung. Der internationale Bestsellerautor Douglas Murray aber fragt: Woher kommt der Irrglaube, dass daran nur die westlichen Nationen die Schuld tragen?

In *Krieg dem Westen* zeigt Douglas Murray, wie der Wunsch nach notwendiger Aufklärung zunehmend in einen Angriff auf Vernunft, Demokratie, Wissenschaft und Fortschritt kippt. Vermeintlichen Gelehrten, Hasspredigern und Diktatoren, die Menschenrechte mit Füßen treten, wird so Tür und Tor geöffnet, um von ihren Schandtaten abzulenken und die Moral und den inneren Zusammenhalt des Westens zu zerstören.

m-vg.de/qr/bLvwl

332 Seiten | Hardcover | 25,00 € (D) | ISBN 978-3-95972-592-7

Die große Arbeiterlosigkeit

Sebastian Dettmers

Die immense Steigerung von Fortschritt, Produktivität und Wohlstand, die mit der Industrialisierung begann, wird in Kürze ihren Zenit erreicht haben. Nach Jahren der weltweiten Bevölkerungsexplosion und des steigenden wirtschaftlichen Wachstums ist die Menschheit nun dabei, überproportional zu altern und zu schrumpfen. Das bedeutet einen noch nie da gewesenen Mangel an qualifizierten Arbeitskräften und eine sinkende Produktivität. Letztlich droht ein Jahrhundert des Rückschritts: eine jahrzehntelange Rezession. Wir alle kennen Arbeitslosigkeit zur Genüge, aber die neue Herausforderung wird die der Arbeit**er**losigkeit.

m-vg.de/qr/bLvwm

256 Seiten | Hardcover | 25,00 € (D) | ISBN 978-3-95972-595-8

Indien Superpower

Michael Braun Alexander

In Kürze wird es mehr Einwohner zählen als jedes andere Land: Indien – das größte Volk der Geschichte. Allein in Delhi leben mehr Menschen als in allen deutschen Großstädten. Indiens Aufstieg zur globalen Wirtschaftsmacht begann vor 30 Jahren mit einem Reform-Big-Bang. Seitdem hat sich das Boom-Land zum fünftgrößten Wirtschaftsraum entwickelt; 2040 wird es voraussichtlich die USA einholen. In Zukunftsbranchen wie IT oder Telekommunikation hat es Länder wie Deutschland längst abgehängt. Der Wirtschaftsjournalist und Indien-Korrespondent Michael Braun Alexander zeichnet ein kritisch-konstruktives, spannendes Bild der aufstrebenden Supermacht.

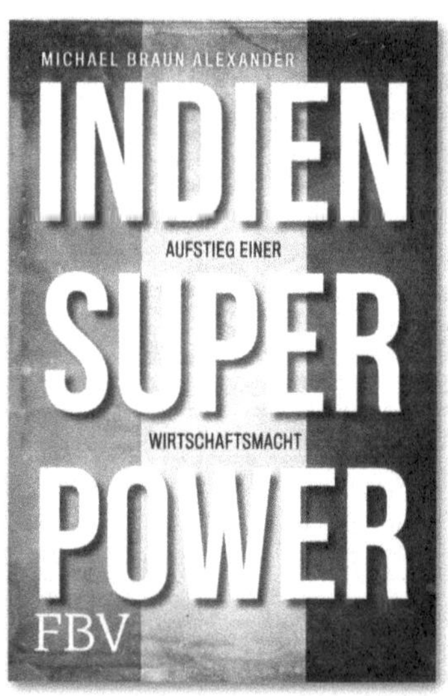

m-vg.de/qr/bLvna

400 Seiten | Hardcover | 22,99 € (D) | ISBN 978-3-95972-136-3